# Novos Paradigmas do Direito e Processo do Trabalho

## *Uma Visão Crítica de Acordo com as Decisões do STF*

# Novos Paradigmas do Direito e Processo do Trabalho

## *Uma Visão Crítica de Acordo com as Decisões do STF*

Coordenadores:
**Mariana Cavarra Bortolon**
**Vinícius de Miranda Taveira**

LACIER

**LACIER**

**Lacier Livraria e Editora**
**www.livrarialacier.com.br**



Rua Doutor Quirino, 808 – Centro
CEP 13015-081 – Campinas, SP – Brasil

Agosto, 2024

Diretor: *Lacier José de Rezende*
Coordenação editorial: *Peter Fritz Strotbek*
Projeto de capa: *Fabio Giglio*
Projeto gráfico e editoração eletrônica: *The Best Page*

Esta é uma obra coletiva.
A responsabilidade pelo conteúdo de cada texto
é exclusiva do seu autor.

**Ficha Catalográfica**

**Dados Internacionais de Catalogação na Publicação (CIP)**
**(Câmara Brasileira do Livro, SP, Brasil)**

N945 Novos paradigmas do direito e processo do trabalho : uma visão crítica de acordo com as decisões do STF / Coordenadores: Mariana Cavarra Bortolon, Vinícius de Miranda Taveira. — 1. ed. — Campinas, SP : Lacier Editora, 2024.
238 p. ; 17 x 24 cm.

ISBN 978-85-64412-29-3

1. Direito do trabalho — Brasil. 2. Direito processual do trabalho. 3. Processo trabalhista — Brasil. 4. Reforma trabalhista — Brasil. I. Bortolon, Mariana Cavarra. II. Taveira, Vinícius de Miranda.

CDU 347.9:331(81)

**Índices para catálogo sistemático:**

1. Processo do trabalho
2. Reforma trabalhista (Brasil)

Angela Schmidt da Rosa – Bibliotecária – CRB-14/1171

# Sumário

# Prefácio

O prefácio de um livro que aborda temas tão cruciais e contemporâneos quanto este **"Novos paradigmas do Direito e do Processo do Trabalho: uma visão crítica de acordo com as decisões do STF"** precisa, antes de qualquer outra coisa, contextualizar o leitor sobre a relevância e o impacto das decisões recentes do Supremo Tribunal Federal sobre temas trabalhistas. Temos feito isso, à frente da coordenação do Núcleo de Pesquisa e Extensão *"O trabalho além do Direito do Trabalho"* (vinculado ao Departamento de Direito do Trabalho e da Seguridade Social da Faculdade de Direito da Universidade de São Paulo), especialmente por ocasião da emissão das notas técnicas ns. 3/2023 e 1/2024, elaboradas a partir do convênio técnico celebrado com a Associação Nacional dos Magistrados da Justiça do Trabalho (Anamatra) no ano de 2023. A primeira fase da pesquisa debruçou-se sobre cinco anos de decisões do Supremo Tribunal Federal e foi lançada no Seminário *"Jurisdição Constitucional e Competência Material da Justiça do Trabalho"*, realizado pela Anamatra, com grande repercussão, no dia 5 de outubro de 2023, nas dependências da Escola Judicial do Tribunal Regional do Trabalho da 2ª Região.[1] À altura, já apontávamos que

> [...] (iv) o julgamento, pelo STF, da ADC 48 tem sido observado como paradigma principal em julgados com o tema relativo à existência de vínculo empregatício em várias categorias de trabalhadores, para além dos abrangidos pela Lei n. 11.442;
>
> (v) o fundamento da decisão da Reclamação 56499/RJ, paradigma utilizado em outros julgados, afasta a aplicação do princípio basilar do direito do trabalho da Primazia da Realidade, em violação ao texto constitucional;
>
> (vi) ocorre a falta do requisito necessário à admissão da reclamação constitucional, qual seja, a de estrita aderência do caso ao precedente paradigma, em processos em que se discute o reconhecimento de vínculo empregatício pela aplicação do art. 3º da CLT, bem como a ocorrência de fraude, nos termos do art. 9º da CLT;
>
> (vii) a necessidade de verificação de fatos e provas para o enquadramento jurídico destes trabalhadores aos julgados paradigmas se constitui em óbice intransponível à admissibilidade de Reclamação Constitucional, a teor da Súmula n. 279 do STF;
>
> (viii) a aplicação do princípio da primazia da realidade em concreta relação de trabalho será sempre o balizador da subsunção do caso à norma, implicando a verificação da ocorrência de fraude (art. 9º da CLT) e os fatos e provas colhidos nos autos, sendo, portanto, da Justiça do Trabalho, a competência para sua apreciação, nos termos do

(1) Evento disponível em: https://www.youtube.com/watch?v=Ot6QXNaZGkc. Acesso em: 29 jul. 2024.

art. 114, I da Constituição da República, não cabendo às partes a livre escolha dentre um cardápio de regimes laborais; [...][(2)]

A segunda fase, por sua vez, foi lançada no dia 1º de maio de 2024, durante o 21º Congresso Nacional dos Magistrados do Trabalho (Conamat), em Foz do Iguaçu/PR.[(3)] Nesse caso, analisaram-se todas as reclamações constitucionais julgadas pelas duas turmas do STF, entre julho de 2023 e fevereiro de 2024, pertinentes aos principais temas que suscitam debate sobre a competência material da Justiça do Trabalho e o reconhecimento de vínculo empregatício (transportadores autônomos da Lei n. 11.442/2007, trabalhadores nos "salões-parceiros" da Lei n. 13.352/2016, representantes comerciais autônomos da Lei n. 4.886/1965, motoristas uberizados, terceirizados, pejotizados etc.). Concluiu-se então, entre outros apontamentos, o seguinte:

a) em 52% das reclamações constitucionais analisadas, houve o revolvimento de fatos e provas (contrariando a própria jurisprudência do STF a respeito desse instrumento);

b) em 65% dos casos, os autos foram devolvidos para a origem ou houve a apreciação do mérito pelo STF (o que demonstra alto índice de procedência das reclamações constitucionais ajuizadas, estimulando imensamente o ajuizamento de novas reclamações);

c) em 21% dos casos, houve determinação de remessa dos feitos à Justiça comum (o que revela a cassação oblíqua de competências históricas da Justiça do Trabalho, remansosas há décadas); e

d) em 82% dos casos, houve a utilização da reclamação constitucional como sucedâneo recursal (subvertendo-se, também aqui, a jurisprudência consolidada do STF a respeito, e evidenciando-se o desvirtuamento no uso do instituto para desautorizar decisões da Justiça do Trabalho).

Nesse contexto, a presente obra, coordenada por MARIANA CAVARRA BORTOLON e VINÍCIUS DE MIRANDA TAVEIRA — ambos juízes do Trabalho do Tribunal Regional do Trabalho da 15ª Região —, não foge ao bom combate. Aliás, pela sua coragem político-dogmática, torna-se uma contribuição relevantíssima para se entenderem as mudanças profundas na jurisprudência do STF e as suas implicações jurídicas, políticas e econômicas, ao revisitar e reinterpretar preceitos constitucionais e legais e, nessa direção, erodir normas-princípios estabelecidas há décadas no âmbito da Justiça do Trabalho.

Em tal vereda, Mariana Cavarra Bortolon e Felipe Bernardes abrem a obra explorando o Tema de Repercussão Geral n. 1.046 e seus reflexos na jurisprudência do Tribunal Superior do Trabalho. Para os autores, "[...] *na análise da norma coletiva, é preciso levar em conta a teoria do conglobamento, associada ao princípio da adequação setorial negociada*", o que revela que pode

(2) Disponível em: https://www.anamatra.org.br/images/DOCUMENTOS/2023/Pesquisa_Anamatra_USP_1.pdf. ("Conclusão", p.144-146). Acesso em: 29 jul. 2024.

(3) Disponível em: https://images.jota.info/wp-content/uploads/2024/05/2o-relatorio-ntadt-anamatra-2024.pdf. Acesso em: 29 jul. 2024.

haver limitações ou supressões de direitos de indisponibilidade meramente relativa, *"desde que a norma, considerada no seu todo, preveja condições mais benéficas do que o padrão heterônomo estatal"*.

Vinícius Miranda Taveira, por sua vez, discute as súmulas e orientações jurisprudenciais do mesmo TST que foram golpeadas pelas recentes decisões do STF (como, *e.g.*, a Súmula n. 331, I e III, a OJ n. 383 da SBDI-1, as Súmulas ns. 450, 372 e 291, a Súmula n. 444 e a OJ n. 388 da SBDI-1 etc.). Tal análise é fundamental para se compreender como o Excelso Pretório tem redimensionado a cena jurídica trabalhista, desafiando entendimentos consolidados e propondo novas interpretações, muitas das quais reducionistas do próprio papel da Justiça do Trabalho, à luz de uma leitura mais liberal da Constituição.

O capítulo de Mauro Schiavi sobre a dispensa coletiva traz à tona as mudanças na jurisprudência do STF que afetam diretamente a prática das relações de trabalho. Schiavi analisa as implicações dessas decisões, enfatizando a necessidade de um equilíbrio entre a flexibilidade gerencial para as empresas e a proteção dos direitos dos trabalhadores.

Felipe Bernardes aborda a intrincada questão da litigiosidade trabalhista e estabelece uma reflexão importante sobre o porvir da Justiça do Trabalho e os caminhos para tornar o sistema jurídico-laboral mais justo e eficiente, controlando excessos impróprios de litigiosidade (por intermédio de sanções materiais e *punitive damages*, sanções processuais, ampliação dos limites subjetivos da coisa julgada etc.).

José Afonso Dallegrave, em seu provocativo capítulo denominado *"Um Patinho Feio Chamado Lei Trabalhista"*, põe em xeque a percepção negativa que amiúde se tem das leis trabalhistas no Brasil. Dallegrave argumenta que a legislação trabalhista é crucial para garantir condições dignas de trabalho e de justiça social, combatendo a visão de que essas leis são um entrave ao desenvolvimento econômico.

Rosangela Rodrigues Dias de Lacerda e Silvia Teixeira do Vale discutem a competência material da Justiça do Trabalho em relação aos servidores públicos, oferecendo uma análise detalhada das decisões do STF que impactaram o tema a partir da ADI n. 3.395. Esse capítulo é essencial para se entender os (des)caminhos da jurisdição trabalhista no trato dos direitos sociais dos servidores públicos estatutários e celetistas.

Anna Paula Toniato da Silva e Carlos Henrique Bezerra Leite exploram os precedentes do STF sobre terceirização e pejotização, levantando questões cruciais a propósito dos limites constitucionais das práticas sociais que envolvem terceirizados e pejotizados. Na mesma vereda, Fabiana Polano Zaparolli, Leandro Bocchi de Moraes e Luiz Gustavo Mendes de Paula Falleiros discutem os desafios da terceirização para o mundo do trabalho e a insegurança jurídica proveniente das decisões judiciais a esse respeito, subministrando uma visão abrangente acerca dos riscos e das oportunidades que a terceirização suscita no tempo presente. Também Tiago Mattoso Sacilotto analisa a terceirização trabalhista à luz da Lei n. 14.133/2021, destacando, no marco dos contratos administrativos, os limites e as possibilidades da fiscalização das empresas de prestação de serviços pelos órgãos da Administração Pública.

Gustavo Zabeu Vasen discute a ADI n. 5322 e a jornada de trabalho dos motoristas profissionais, abordando também a ação sindical. Este capítulo explora as decisões do STF que moldaram a regulamentação da jornada de trabalho desses profissionais, destacando os avanços e os desafios na defesa dos direitos dos motoristas.

Andrea M. L. Pasold aborda a adoção do regime de trabalho 12 x 36 mediante acordo individual, analisando a ADI n. 5.994 e suas possíveis contradições com outras decisões do STF. Para Pasold, "[...] o que sempre se denominou princípio da alteridade, que significa dizer que o risco da atividade corre por conta do empregador [...], agora é tratado como um peso que tem que ser retirado, não pode haver tanto risco, é o novo discurso".

Samantha Fonseca Steil Santos e Mello e Marcelo Francisco Nogueira, por fim, examinam as medidas atípicas de execução na Justiça do Trabalho, como a apreensão de passaporte e de carteira de habilitação, à luz do julgamento da ADI n. 5.941. Trata-se de um importante estudo para a perfeita compreensão das possibilidades de coerção indireta do devedor no âmbito das execuções trabalhistas.

Enfim, como bem se constata a partir das breves referências lançadas acima, esta coletânea surge no mercado editorial brasileiro como uma valiosa contribuição para o estudo do Direito e do Processo do Trabalho à luz da mais atual — e restritiva — jurisprudência da corte constitucional brasileira. Oferece-se à comunidade acadêmica e aos leitores em geral uma análise ampla, crítica e detalhada das mais relevantes e recentes decisões do STF em matéria jurídico-laboral, proporcionando uma razoável compreensão dos novos paradigmas que ora se moldam para o campo jurídico trabalhista (e, para mais, de seus notáveis equívocos).

Trata-se, por óbvio, de um quadro-compósito ainda em construção, como se infere dos recuos erráticos encontradiços na linha temporal coeva dos julgados do Supremo Tribunal Federal em sede laboral (confiram-se, *e.g.*, o voto inicial e final do Ministro Gilmar Mendes no ARE n. 1.018.459, quanto ao tema das contribuições assistenciais e de sua cobrança junto a trabalhadores não sindicalizados). Em contextos assim, é preciso oferecer novas tintas e novos materiais. Ei-los aqui, caro leitor.

Brasília, julho de 2024.

***Guilherme Guimarães Feliciano***

Professor Associado III do Departamento de Direito do Trabalho e da Seguridade Social da Faculdade de Direito da Universidade de São Paulo. Livre-Docente em Direito do Trabalho pela Faculdade de Direito da Universidade de São Paulo. Pós-Doutor em Direitos Humanos pela Faculdade de Direito da Universidade de Coimbra (*"Jus Gentium Conimbrigae"*/Centro de Direitos Humanos). Doutor em Direito Processual pela Faculdade de Direito da Universidade de Lisboa ("clássica"). Doutor em Direito Penal pela Faculdade de Direito da Universidade de São Paulo. Presidente da Associação Nacional dos Magistrados da Justiça do Trabalho (2015/2017). Membro do Conselho Nacional de Justiça na cadeira de juiz do Trabalho (2024/2026). Titular vitalício da Cadeira n. 53 da Academia Brasileira de Direito do Trabalho. Juiz Titular da 1ª Vara do Trabalho de Taubaté/SP.

# Reflexos do Tema 1.046 de Repercussão Geral do STF na Jurisprudência Trabalhista

*Mariana Cavarra Bortolon*[1]
*Felipe Bernardes*[2]

## Introdução

O Direito do Trabalho e o Processo do Trabalho têm sofrido, nos últimos tempos, forte influência dos precedentes vinculantes dos Tribunais Superiores, notadamente, do Supremo Tribunal Federal. Tal fato leva a um novo modelo de estudo da ciência trabalhista, já que tais decisões são de ordem obrigatória para aplicação do Direito.

A conhecida Reforma Trabalhista, inserida no ordenamento jurídico pela Lei n. 13.467/2017, gerou uma desregulamentação dos direitos trabalhistas, inclusive na seara do Direito Coletivo do Trabalho. Essa flexibilização tem ocorrido sistematicamente a partir da década de 1990, mas o modo que foi operada em 2017 foi inovador, pela quantidade de dispositivos celetistas alterados, sem participação popular e com consequente diminuição do patamar de direitos da classe trabalhadora.

Tal flexibilização tem sido aprofundada por certas decisões do Supremo Tribunal Federal, numa verdadeira desconstrução dos pilares do Direito do Trabalho, por meio de decisões judiciais. Nesse sentido, aponta Grijalbo Fernandes Coutinho:[3]

> A desconstrução do Direito do Trabalho deixou de ser mera pulverização neoliberal que aportou no Brasil a partir dos anos 1990, no processo de desencadeamento da luta econômica empreendida pelo capital para desregular

---

(1) Mestre em direitos e garantias fundamentais pela Faculdade de Direito de Vitória. Pesquisadora do núcleo de pesquisa "O trabalho além do Direito do Trabalho" da Faculdade de Direito de São Paulo. Juíza do trabalho no TRT da 15ª Região. Autora e Professora.

(2) Juiz do Trabalho. Mestre em Direito do Trabalho e da Seguridade Social (Universidade São Paulo). Membro do Instituto Brasileiro de Direito Processual e da Associação Brasileira de Direito e Economia. Autor das obras: "Manual de Processo do Trabalho" (5ª edição) e "O Direito do Trabalho no Supremo Tribunal Federal", ambas publicadas pela editora JusPodivm.

(3) COUTINHO, Grijalbo Fernandes. *Justiça política do capital:* a desconstrução do Direito do Trabalho por meio das decisões judiciais. São Paulo: Tirant lo Blanch, 2021.

> as relações de trabalho e, consequentemente, eliminar conquistas sociais da classe trabalhadora asseguradas pelo ordenamento jurídico nacional e internacional.
>
> (...)
>
> O STF alterou radicalmente a sua jurisprudência trabalhista moderada construída depois da vigência da Constituição de 1998. Essas alterações, promovidas desde 2007-2008 e, com maior profundidade a partir de 2013-2014 — radicalizadas, diga-se, entre 2016 e 2020 —, rebaixam o Direito do Trabalho ao seu patamar mais estreito das últimas oito ou nove décadas, em atendimento às principais pretensões econômicas do mercado neoliberal.

No campo do Direito Coletivo do Trabalho, a discussão da prevalência do negociado sobre o legislado, para desregulamentação de direitos trabalhistas, ganha fôlego com a introdução dos arts. 611-A e 611-B na Consolidação das Leis do Trabalho, pela Lei n. 13.467/2017. Embora não analise diretamente a constitucionalidade dos dispositivos citados, o STF, no ARE 1121633, em que reconhecida a repercussão geral originária do Tema 1.046, valida a prevalência do negociado sobre o legislado.

Apesar de impor certos limites para essa prevalência, certo é que a análise consentânea do Tema 1.046 com as bases estruturantes do Direito Coletivo do Trabalho exige uma interpretação cuidadosa da tese do STF, que leve em conta vários aspectos de seus fundamentos, e rejeite uma análise apressada, pura e simples do verbete.

O Tema 1.046 tem sido palco para reflexos profundos na jurisprudência trabalhista, inclusive com alteração de entendimentos sedimentados do Tribunal Superior do Trabalho, sobre determinadas matérias. As discussões se iniciam e, certamente, se aprofundarão, dada a subjetividade do que seria o patamar mínimo civilizatório da classe trabalhadora.

Nesse sentido, o presente estudo analisa detalhadamente o Tema 1.046 do STF, em seus diversos aspectos, demonstra as divergências interpretativas na jurisprudência do TST e, por fim, propõe uma interpretação emancipatória para o Tema 1.046, com vistas a salvaguardar a essência da união sindical do operariado.

## Análise do Tema 1.046

Sobre o tema dos limites da negociação coletiva, merecem destaque duas importantes decisões do STF:

— (i) a do RE 590415 (tema 152), julgado sob a sistemática da repercussão geral mais de dois anos antes da promulgação da Lei n. 13.467/2017 – a chamada "Reforma Trabalhista". Apesar de ser anterior à nova lei, a *ratio decidendi* firmada pela Corte deve ser levada em conta na interpretação dos arts. 611-A e 611-B, introduzidos na CLT pela mencionada lei.

— (ii) a do ARE 1121633 (Tema 1.046),[4] julgado em 2022, que tentou traçar as linhas gerais acerca da chamada "prevalência do negociado sobre o legislado".

Em resumo, o entendimento atual do STF é no sentido de que as normas coletivas (acordos e convenções coletivas de trabalho) podem suprimir ou reduzir direitos trabalhistas, realizando a adequação setorial negociada, desde que respeitados os seguintes grupos de normas: (i) normas constitucionais; (ii) normas previstas em convenções da OIT ratificadas pelo Brasil; (iii) normas infraconstitucionais que assegurem o patamar civilizatório mínimo, de modo a resguardar direitos essenciais da pessoa trabalhadora, tais como identificação profissional, dispositivos antidiscriminatórios, saúde e segurança do trabalho, entre outros.

De outro lado, apesar de não mencionado expressamente no julgado do Tema 1.046, a visão doutrinária que o embasa permite que se chegue à seguinte conclusão: art. 611-A, § 2º, da CLT, deve ser interpretado no sentido de que não há necessidade de *indicação* das contrapartidas recíprocas, mas estas devem sim existir.[5] Não se concebe, assim, a negociação coletiva apenas para renunciar direitos dos trabalhadores; alguma vantagem, ainda que não indicada expressamente, deve decorrer da leitura do instrumento coletivo, sob pena de sua nulidade.[6]

---

(4) "Recurso extraordinário com agravo. Direito do Trabalho. Processo-paradigma da sistemática da repercussão geral. Tema 1.046. 3. Validade de norma coletiva que limita ou restringe direito trabalhista. Matéria constitucional. Revisão da tese firmada nos Temas 357 e 762. 4. Fixação de tese: 'São constitucionais os acordos e as convenções coletivas que, ao considerarem a adequação setorial negociada, pactuem limitações ou afastamentos de direitos trabalhistas, independentemente da explicitação especificada de vantagens compensatórias, desde que respeitados os direitos absolutamente indisponíveis'. 5. Recurso extraordinário provido." (ARE 1121633, Relator(a): GILMAR MENDES, Tribunal Pleno, julgado em 2.6.2022, PROCESSO ELETRÔNICO REPERCUSSÃO GERAL – MÉRITO *DJe*-s/n DIVULG 27.4.2023 PUBLIC 28.4.2023).

(5) "(...) há previsão de que, se houver a contrapartida, esta deverá ser anulada em conjunto com a cláusula benéfica (...). Mas nem sempre será fácil enxergar qual cláusula foi negociada em benefício da outra, salvo se os sindicatos passarem a indicá-las expressamente. Em geral, o advogado e o juiz leem a norma coletiva sem a mínima noção da ordem com que foram pactuadas as cláusulas ou como se chegou ao consenso sobre, digamos, o adicional de horas extras" (SILVA, Homero Batista Mateus da. *Comentários...*, *op.cit.*, p. 135).

(6) Jorge Luiz Souto Maior apresenta interessante interpretação do voto do Min. Barroso no RE 590415, afirmando: "Em um país acostumado com negociações coletivas fundadas em abuso do poder econômico, mediante ameaças de desemprego, refutando-se, pois, o pressuposto da boa-fé, também porque não se apresentam aos trabalhadores as devidas informações sobre a situação econômica da empresa ou do segmento econômico específico, os pressupostos estabelecidos no voto não deixaram de ser um avanço na seara negocial trabalhista. (...) A validade dos pactos negociais será reconhecida 'desde que não transacionem setorialmente parcelas justrabalhistas de indisponibilidade absoluta'. A decisão do Supremo deixou claro que não se criou uma norma aberta, de prevalência do negociado sobre o legislado, como forma de instrumentalização de renúncia a direitos, conforme, aliás, equivocadamente, entendeu o Ministro Teori no RE 895.759, pois a validade da cláusula de quitação somente foi declarada na situação posta em julgamento porque se reconheceu estarem preenchidas certas condições (...). Nos termos do entendimento do STF, portanto, não se pode acolher como

Pode-se dizer, portanto, que há uma espécie de presunção relativa de que a norma coletiva que reduza ou suprima direitos é válida, mas tal presunção pode ser superada caso a simples leitura do documento demonstre que houve apenas renúncias a direitos trabalhistas, e não efetiva transação; e também nas hipóteses em que a transação envolver direitos trabalhistas de indisponibilidade absoluta.

Como se vê, a maior dificuldade (e ambiguidade) envolvendo o tema está justamente em definir o que vem a ser "norma infraconstitucional que assegure o patamar civilizatório mínimo", e aqui certamente há espaço para divergências interpretativas, as quais já vêm ocorrendo na jurisprudência trabalhista. Isso porque, quanto às normas constitucionais e convenções da OIT, parece não haver ambiguidade significativa, de modo que nessas duas hipóteses a norma coletiva evidentemente não pode fazer concessões.

Para melhor compreender as possibilidades e limites das normas coletivas à luz do Tema 1.046 do STF, vale fazer digressão sobre a evolução do tema na jurisprudência da própria Suprema Corte.

Nunca houve controvérsia acerca da possibilidade de que normas coletivas ampliassem os direitos do trabalhador. Assim, pode-se dizer que o objetivo da Lei n. 13.467/2017 foi o de permitir a supressão ou a redução de direitos, o que muitas vezes é chamado pelo eufemismo "flexibilização de direitos trabalhistas".(7) Usa-se uma expressão "atraente" para tentar reduzir a antipatia decorrente do real significado do que o fenômeno representa.

A grande questão que se coloca, em tal contexto, é a de saber quais são os limites da negociação coletiva no que tange à redução ou à supressão de direitos trabalhistas. As decisões do STF serve como importante norte, embora não seja suficiente para solucionar todas as controvérsias existentes, conforme se demonstrará, não sem antes analisar algumas premissas do voto condutor do Ministro Luís Roberto Barroso no Tema 152, que guiou o raciocínio da Corte.

> Min. Roberto Barroso: "Nos modelos de normatização autônoma, os conflitos entre capital e trabalho são, como regra, resolvidos no âmbito da sociedade civil, através de mecanismos de negociação coletiva entre sindicatos, associações profissionais e trabalhadores. Pode haver legislação estatal tutelando os direitos mais essenciais ou dispondo sobre procedimentos a serem observados no âmbito das negociações coletivas, mas as normas que regulam as relações de trabalho são produzidas pelos particulares, com considerável

---

válida norma coletiva que meramente reduza direitos trabalhistas ou que piore as condições de trabalho, sem qualquer tipo de compensação, até porque o '*caput*' do art. 7º da Constituição Federal deixa claro que os direitos e institutos trabalhistas, dentre eles a negociação coletiva, são instrumentos de 'melhoria da condição social dos trabalhadores' (SOUTO MAIOR, Jorge Luiz. 'Reforma' trabalhista no STF e duas decisões importantes. Disponível em: https://www.jorgesoutomaior.com/blog/reforma-trabalhista-no-stf-duas-decisoes-importantes. Acesso em: 9 jul.2020).

(7) Vólia Bomfim, por exemplo, usa as expressões "flexibilização" e redução de direitos como termos sinônimos, conforme explicita em *Direito do Trabalho*, p. 1.244.

liberdade, através de instrumentos similares aos acordos e convenções coletivas. Esse é o modelo típico das democracias consolidadas, defendido pela Organização Internacional do Trabalho.

13. Há, por outro lado, um modelo de normatização marcadamente heterônoma, que segue um padrão corporativo-autoritário, que rejeita a autocomposição e a produção de normas privadas, através da submissão do conflito trabalhista ao rigoroso controle do Estado, direta ou indiretamente, no último caso, por meio de uma legislação minuciosa, que procura se antecipar e/ou eventualmente sufocar o embate entre empregadores e trabalhadores. Nesse caso, a disciplina das relações de trabalho provém fundamentalmente do Estado. Os exemplos clássicos de tal padrão são as experiências da Itália fascista e da Alemanha nazista, no século XX, com influência em outros países, entre os quais, reconhecidamente, o Brasil".

O trecho transcrito representa uma linha de pensamento que tem sido bastante propagada, e que resulta de uma significativa inexatidão histórica. Trata-se de desvio de perspectiva que conduz a uma visão de certa forma preconceituosa com a legislação trabalhista.

De fato, tornou-se "lugar comum" a afirmativa de que a CLT seria um diploma legislativo antiquado, fruto do autoritarismo do Estado Novo, e inspirada na *Carta del Lavoro* da Itália fascista. No entanto, a Consolidação das Leis do Trabalho foi substancialmente alterada, desde sua edição em 1943. Dito ainda mais claramente: a CLT dos anos 2020 é completamente diferente da CLT de 1943, havendo atualmente pouquíssimos dispositivos remanescentes do texto originário. A grande maioria dos direitos trabalhistas está fora da CLT, ainda que hajam sido formalmente a ela incorporados[(8)].

A bem da verdade, desde 1965 nota-se uma tendência de redução dos direitos trabalhistas, de que são exemplos a Lei n. 5.107/66, que criou o FGTS em substituição à estabilidade no emprego, o trabalho temporário (Lei n. 6.019/74), o contrato provisório e o banco de horas (Lei n. 9.601/98), entre muitas outras[(9)]. Assim, não é pertinente o argumento de que "a redução de direitos trabalhistas se justifica porque a legislação do trabalho, no Brasil, é velha (...) e que se constitua mera cópia da *Carta del Lavoro*, de inspiração fascista".[(10)]

Análise histórica mais aprofundada demonstra que — além de a CLT ter sido completamente modificada ao longo de suas décadas de vigência — "a experiência que se recusou a fazer foi a da efetivação da legislação existente". Ademais, desde o final da década de 1950, quando a CLT tinha pouco mais de dez anos, foi desenvolvido o discurso desfavorável à legislação trabalhista, sob o argumento da necessidade de "modernização" e de adaptação às novas exigências do mercado, em fórmula discursiva que acabou se incorporando à cultura nacional.[(11)]

---

(8) Cf. SOUTO MAIOR, Jorge Luiz, *op.cit.*, vol. 1, parte II, p. 652.

(9) Para uma análise histórica detalhada dessa tendência, v. SOUTO MAIOR, Jorge Luiz, *op.cit.*, *loc. cit.*

(10) Cf. SOUTO MAIOR, Jorge Luiz, *op.cit.*, vol.1, parte II, p. 653.

(11) *Idem.*

A ideologia corporativista presente na *Carta del Lavoro* — a qual não era uma lei ou código, mas apenas uma proclamação de princípios— não influenciou exclusivamente o regime fascista italiano. Ao contrário, trata-se de concepção que foi adotada tanto em Estados autoritários, como em Estados liberais democráticos, com destaque para a França e para os Estados Unidos da América. A possibilidade de intervenção estatal no sindicato, em situações extremas, é um dos fatores que impossibilitam este país de ratificar a Convenção n. 87 da OIT, caracterizando a inexistência de liberdade sindical plena.(12)

Ademais, nada há de fascista ou autoritário numa legislação que assegure direitos individuais básicos ao trabalhador, tais como limitação de jornada, férias, intervalos para repouso, medidas de saúde e segurança do trabalho, previdência social, entre outros. Ao contrário, se há algo de corporativista no sistema de relações de trabalho no Brasil é a unicidade sindical e a representação sindical por categoria, institutos previstos no art. 8º da Constituição Federal — e não consta que alguém considere que a "Carta Cidadã" tenha inspiração fascista.(13)

---

(12) Veja-se, a respeito, o esclarecedor trecho do professor Cássio Casagrande: "A concepção 'corporativa' de ordem sindical (isto é, sindicato único autorizado e regulado pelo Estado) é anterior ao fascismo, que a abraçou tardiamente; ela estava presente em fins do século XIX tanto no positivismo sociológico de Augusto Comte, como na 'doutrina social' da Igreja Católica, especialmente nas encíclicas *Rerum Novarum* e *Quadragesimo Anno*. Essa ideologia corporativa da ordem sindical era uma reação reformista ao sindicalismo revolucionário de origem socialista e anarquista e estava em grande voga nas primeiras décadas do século XX como política conservadora, sendo adotada tanto em Estados autoritários (Itália, Turquia, Portugal e Brasil), como em Estados liberais democráticos, (França, Nova Zelândia e Estados Unidos). Observe-se que, quanto a este último país, após o *crash* de 1929 e a eleição de Franklin Delano Roosevelt para a presidência, o Congresso norte-americano aprovou, em 1935, a National Labor Relations Act, que tinha uma concepção que reservava importante papel ao Estado na organização dos sindicatos, através da instituição do National Labor Relations Board, órgão que tinha poder de organizar eleições entre trabalhadores para a formação de sindicatos (pelo critério de unicidade sindical) e de definir a dimensão das categorias (*bargaining unit*), além de instituir contribuições compulsórias (*agency fee*) destinadas às entidades sindicais. Além disso, como se sabe, essa legislação permitia até mesmo, em situações extremas, a intervenção do Estado em casos de greve, o que veio a ocorrer, por exemplo, durante a Guerra da Coreia, quando o governo Truman encampou siderúrgicas para pôr fim a conflitos trabalhistas. São essas características, aliás — ainda vigentes hoje na sua essência —, que impedem os EUA de assinarem a Convenção n. 87 da OIT, sobre liberdade sindical. Ou seja, trata-se de um modelo que em linhas gerais tem as mesmas inspirações ideológicas 'corporativas' da 'Carta del Lavoro', porém nunca se disse que o sistema de Direito Coletivo do Trabalho dos EUA é "fascista". (...) os princípios básicos da ordem sindical brasileira que comungariam dos mesmos conceitos adotados na Carta del Lavoro foram todos incorporados ao art. 8º da Constituição democrática e cidadã de 1988 (como tinham estado, também, nas Constituições de 1946 e 1967). Lá estão a unicidade, o registro sindical, as contribuições recolhidas via Estado e o poder normativo do judiciário. Pergunto se há alguém que, por esse simples fato, denomine a nossa vigente Carta constitucional de 'fascista'" (CASAGRANDE, Cássio. "Associar a CLT ao fascismo é uma mistificação da História". Disponível em: https://www.jota.info/paywall?redirect_to=//www.jota.info/opiniao-e-analise/colunas/o-mundo-fora-dos-autos/associar-a-clt-ao-fascismo-e-uma-mistificacao-da-historia-06082018 . Acesso em: 10 jul. 2020).

(13) Cf. CASAGRANDE, Cássio, *op.cit.*

Min. Roberto Barroso: "A transição do modelo corporativo-autoritário, essencialmente heterônomo, para um modelo justrabalhista mais democrático e autônomo tem por marco a Carta de 1988. A Constituição reconheceu as convenções e os acordos coletivos como instrumentos legítimos de prevenção e de autocomposição de conflitos trabalhistas; tornou explícita a possibilidade de utilização desses instrumentos, inclusive para a redução de direitos trabalhistas; atribuiu ao sindicato a representação da categoria; impôs a participação dos sindicatos nas negociações coletivas; e assegurou, em alguma medida, a liberdade sindical, vedando a prévia autorização do Estado para a fundação do sindicato, proibindo a intervenção do Poder Público em tal agremiação, estabelecendo a liberdade de filiação e vedando a dispensa do diretor, do representante sindical ou do candidato a tais cargos. Nota-se, assim, que a Constituição prestigiou a negociação coletiva, bem como a autocomposição dos conflitos trabalhistas, através dos sindicatos".

Correta a percepção manifestada nesse trecho do voto quanto ao fato de que a Constituição assegurou a liberdade sindical apenas em "alguma medida". O monopólio da representação da categoria e a unicidade sindical são entraves muito fortes, tanto que o Brasil, até hoje, não pode ratificar a fundamental Convenção n. 87 da OIT, que trata sobre liberdade sindical. O problema poderia ser resolvido mediante emenda constitucional que modificasse o art. 8º da CF. E, sem a garantia da liberdade sindical, a negociação coletiva não pode alcançar os objetivos que legitimam sua realização.(14).

Merece esclarecimentos a afirmação de que a Lei Maior teria admitido a atuação sindical inclusive para reduzir direitos trabalhistas. Se isso é verdade quanto à redução salarial, compensação de jornada de trabalho e turnos ininterruptos de revezamento (art. 7º, incisos VI, XIII e XIV), fato é que nada há, no texto constitucional, que dê um "cheque em branco" para que entes sindicais reduzam direitos trabalhistas. Ademais, o estímulo à negociação coletiva sempre se fez tendo em vista o objetivo de ampliar os direitos do trabalhador, não de reduzi-los.ccc(15).

O argumento *a fortiori*, no sentido de que, se o sindicato pode atuar para redução de salário, deve poder atuar para os demais temas atinentes ao contrato de trabalho ("quem pode o mais, pode o menos"), é bastante coerente e sedutor, mas deve ser apreendido com cautela. Primeiro, porque a relação de trabalho deve ser vista sob uma perspectiva

(14) "O uso e, principalmente, o êxito da negociação coletiva depende de vários fatores, dentre os quais cumpre destacar: a) garantia da liberdade e da autonomia sindical; b) razoável índice de sindicalização do grupo representado; c) espaço para a complementação e suplementação do sistema legal de proteção do trabalho" (SÜSSEKIND, Arnaldo, *op.cit.*, p. 401).

(15) "A negociação coletiva deve ser facilitada e fomentada, a fim de que possa, em maior escala, ampliar o nível imperativo da proteção legal ao trabalhador brasileiro" (SÜSSEKIND, Arnaldo, *op.cit.*, p. 405).

existencial, e não meramente patrimonial.[16] Sob essa ótica, não é correto dizer que quem pode transigir quanto a salário (valor patrimonial) pode transacionar quanto a *tudo* (valores existenciais, atinentes à integridade física e psíquica).

Além disso, a Constituição não estabelece os critérios para que seja possível a redução de direitos trabalhistas, razão pela qual é necessário buscar subsídios lógicos, teleológicos e históricos aptos a subsidiar o raciocínio do intérprete, o que pode ser feito com o suporte da doutrina, como parece ter sido feito pelo STF:

Min. Roberto Barroso (Tema 152): "de acordo com o princípio da adequação setorial negociada, as regras autônomas juscoletivas podem prevalecer sobre o padrão geral heterônomo, mesmo que sejam restritivas dos direitos dos trabalhadores, desde que não transacionem setorialmente parcelas justrabalhistas de indisponibilidade absoluta. Embora, o critério definidor de quais sejam as parcelas de indisponibilidade absoluta seja vago, afirma-se que estão protegidos contra a negociação *in pejus* os direitos que correspondam a um 'patamar civilizatório mínimo', como a anotação da CTPS, o pagamento do salário mínimo, o repouso semanal remunerado, as normas de saúde e segurança do trabalho, dispositivos antidiscriminatórios, a liberdade de trabalho etc. Enquanto tal patamar civilizatório mínimo deveria ser preservado pela legislação heterônoma, os direitos que o excedem sujeitar-se-iam à negociação coletiva, que, justamente por isso, constituiria um valioso mecanismo de adequação das normas trabalhistas aos diferentes setores da economia e a diferenciadas conjunturas econômicas".

> Em outro trecho, aduz: "a concepção paternalista que recusa à categoria dos trabalhadores a possibilidade de tomar as suas próprias decisões, de aprender com seus próprios erros, contribui para a permanente atrofia de suas capacidades cívicas e, por consequência, para a exclusão de parcela considerável da população do debate público".

O trecho acima transcrito é claramente inspirado na doutrina de Mauricio Godinho Delgado (citado diversas vezes no voto do ministro Roberto Barroso), que consagrou o princípio da adequação setorial negociada e a noção de patamar civilizatório mínimo.[17]

Godinho sustenta que o princípio da adequação setorial negociada determina que as normas coletivas autônomas prevalecem sobre a legislação estatal em duas hipóteses: (i) quando implementam "padrão setorial de direitos superior ao padrão geral oriundo da legislação heterônoma aplicável"; e (ii) quando as normas coletivas "transacionam setorialmente parcelas justrabalhistas de indisponibilidade apenas relativa (e não de indisponibilidade absoluta)".[18]

---

(16) Guilherme Guimarães Feliciano (*Curso...*, p. 210) menciona a existência de um "patrimonialismo histórico que colonizou o Direito do Trabalho desde os seus primórdios", mas defende que uma interpretação conforme a Constituição, ancorada nos arts. 1º, III e IV, 4º, II e 5º, *caput*, como ainda no item I, *a*, da Declaração da Filadélfia (1944) sinaliza para a necessidade de privilegiar a centralidade da pessoa, e não da contrapartida econômica.

(17) DELGADO, Mauricio Godinho, *op.cit.*, p. 1.255 e seguintes.

(18) *Idem.*

Na sequência, o autor esclarece que a negociação coletiva "não prevalece se concretizada mediante ato estrito de renúncia (e não transação)". Além disso, "não prevalece a adequação setorial negociada se concernente a direitos revestidos de indisponibilidade absoluta", esclarecendo que se trata de "parcelas imanadas por uma tutela de interesse público, por constituírem patamar civilizatório mínimo que a sociedade democrática não concebe ver reduzido em qualquer segmento profissional". Finaliza afirmando que "no caso brasileiro, esse patamar civilizatório mínimo está dado, essencialmente, por três grupos convergentes de normas trabalhistas heterônomas: as normas constitucionais em geral (...); as normas de tratados e convenções internacionais vigorantes no plano interno brasileiro; as normas legais infraconstitucionais que asseguram patamares de cidadania ao indivíduo que labora (preceitos relativos à saúde e segurança no trabalho, normas concernentes a bases salariais mínimas, normas de identificação profissional, dispositivos antidiscriminatórios etc.)"[(19)].

A impossibilidade de negociação coletiva sobre normas trabalhistas de indisponibilidade absoluta foi expressamente sufragada pelo STF nos temas 152 e 1.046. Sucede que, como bem observado no voto do ministro Barroso, há certa ambiguidade e indefinição quanto àquilo que venha a constituir o patamar civilizatório mínimo e que, portanto, não pode ser transacionado.

A jurisprudência trabalhista apresenta inúmeros exemplos controvertidos a respeito dos limites da negociação coletiva.[(20)] Na doutrina especializada, nota-se a existência de opiniões divergentes, algumas preconizando o elastecimento das possibilidades da negociação coletiva,[(21)] enquanto outras sustentam visão mais restritiva.[(22)]

---

(19) DELGADO, Mauricio Godinho, *op.cit.*, p. 1.255 e seguintes.

(20) Homero afirma que tentou "traçar um fio condutor das decisões, mas esse trabalho parece interminável e só tem a aumentar com a aparente simplicidade das duas listas ora enxertadas na CLT. (...) Chega a ser inacreditável que, no repertório de julgados do TST, constem discussões sobre cláusulas que admitem o trabalho noturno de adolescentes, vedam o direito de greve ou fixam taxas diferenciadas para sindicalizados e não sindicalizados" (SILVA, Homero Batista Mateus da, *Comentários...*, p. 133-4).

(21) .Vólia afirma que "apesar da expressão 'exclusivamente' contida no *caput* do art. 611-B da CLT, por óbvio que há outros vícios capazes de anular a norma coletiva ou uma cláusula contida no instrumento coletivo". Como exemplos, a autora aponta: vícios formais alusivos a quórum da assembleia do ente sindical; observância de "princípios, valores e regras constitucionais, sob pena de nulidade da cláusula violadora desse direito, mesmo que ele não esteja expressamente incluído nos incisos do art. 611-B da CLT", tais como: afastamento do vínculo de emprego; reduzir o adicional noturno, insalubre ou perigoso; banco de horas com prazo de compensação superior ao ano. De outro lado, a autora admite que a norma coletiva reduza ou suprima os seguintes direitos: retirar natureza salarial de qualquer sobressalário; autorizar alteração contratual *in pejus*; aumentar o limite diário de horas extras para fins de compensação; inclusão do trabalhador no inciso I do art. 62 da CLT para qualquer tipo de externo; alterar a data do pagamento dos salários além do 5º dia útil do mês subsequente; aumentar o prazo do contrato de experiência ou de qualquer contrato determinado. Conclui dizendo que 'enfim, a negociação coletiva poderá praticar amplas flexibilizações (revogações)'"(CASSAR, Vólia Bomfim. *Curso...*, p. 1.252 e 1.303).

(22) Homero aduz que a afirmação do art. 611-B da CLT, no sentido de que o rol de matérias infensas à negociação coletiva é taxativo, é "ousada e desprovida de base científica". Em seguida, elenca diversos temas

Há posições que associam a indisponibilidade absoluta aos direitos previstos na Constituição,[23] o que parece, entretanto, insuficiente, pois há direitos trabalhistas que nitidamente integram a noção de ordem pública, por envolverem a saúde e a segurança do trabalho (com os reflexos sociais daí decorrentes, como custos com o sistema de previdência social, incapacitação de trabalhadores etc.), mas que não constam expressamente do texto constitucional. É o que acontece, por exemplo, com o intervalo intrajornada e interjornadas, bem como normas sobre a duração do trabalho em geral, que evidentemente estão relacionadas à saúde e à segurança do trabalhador. Inconstitucional, portanto, o art. 611-B, parágrafo único, da CLT, a menos que se pretenda sustentar, por exemplo, a validade de uma jornada de trabalho de 24 horas seguidas de um motorista rodoviário, colocando em risco a vida de passageiros, pedestres e outros motoristas.[24]

O STF parece concordar com tal assertiva, pois o voto do ministro Barroso elencou como absolutamente indisponíveis alguns direitos que não constam do texto constitucional, tais como anotação de CTPS e as normas de saúde e segurança do trabalho.

---

que devem "ser mantidos fora da órbita" das normas coletivas, servindo como exemplos os seguintes casos extraídos da jurisprudência do TST: concessão de reajuste salarial contrário a leis de política salarial; fixação de taxas de homologação, contribuição sindical e confederativa para trabalhadores não sindicalizados; cláusulas com efeitos retroativos; descontos salariais superiores a 70% do salário, ao arrepio do art. 82, parágrafo único, da CLT; cláusulas discriminatórias entre sindicalizados e não sindicalizados; restrições ou condicionantes à garantia de emprego da gestante (SILVA, Homero Batista Mateus da, *Comentários...*, p. 143). Em outro trecho, aduz que "o respeito ao décimo-terceiro é mandatório porque ele tem assento constitucional, mas o legislador foi bem ardiloso ao dizer que a observância é apenas do valor nominal, abrindo brecha para as partes negociarem a retirada dos reflexos e das integrações" (SILVA, Homero Batista Mateus da, *Comentários...*, p. 144).

(23) .Luciano Martinez delimita com muita argúcia as fronteiras da negociação coletiva, estabelecendo os seguintes limites: somente pode abranger matérias trabalhistas; somente pode dizer respeito a direitos transindividuais; não pode infringir os direitos fundamentais assegurados ao trabalhador na qualidade de cidadão; não pode violar os direitos laborais mínimos protegidos por lei; não pode macular os direitos alheios, inclusive os direitos tributários do Estado. Quanto aos direitos mínimos protegidos em lei, o autor esclarece que a negociação coletiva não pode violar norma legal proibitiva, e tampouco o "núcleo civilizatório mínimo", expressão que associa aos direitos previstos na Constituição, que nunca poderão ser eliminados pela norma coletiva (Cf. MARTINEZ, Luciano, *Curso...*, p. 1.042-1.044).

(24) No mesmo sentido, Homero afirma: "alguns assuntos relevantes, como a supressão parcial da refeição, foram considerados matérias não ligadas à saúde pelo mesmo art. 611-B, parágrafo único — algo que reputamos inconstitucional e contraditório" (SILVA, Homero Batista Mateus da, *Comentários...*, p. 145). Quanto ao art. 611-A, que autoriza a negociação coletiva sobre determinadas matérias, o autor vaticina: "dificilmente obterá êxito o inciso XII: bastante ousado, ele prevê que a negociação coletiva estipule livremente o grau do adicional de insalubridade, em evidente contradição com o art. 611-B, XVII, que afirma ser matéria infensa à negociação coletiva o disposto nas normas regulamentadoras (NRs) do Ministério do Trabalho (...). Igualmente temerária é a fixação de horas extras — remuneradas ou compensadas — em ambientes insalubres, sem a aprovação das autoridades especializadas nas matérias; justifica-se a celeuma em torno dessa prorrogação porque não se trata meramente de compensação ou de banco de horas, mas de superexposição do trabalhador a agentes físicos, químicos e biológicos acima dos níveis de tolerância (...)" (SILVA, Homero Batista Mateus da, *Comentários...*, p. 138).

A decisão do Tema 1.046 referenda definitivamente essas ideias. Conforme consta do voto condutor do ministro Gilmar Mendes, a decisão possui alcance amplo, ditando os rumos das demandas que tenham por objeto o tema da prevalência de acordos e convenções coletivas sobre a legislação estatal. Ficou consignado, entretanto, que o julgado não abrangia a "validade de políticas públicas de inclusão da pessoa com deficiência e dos jovens e adolescentes no mercado de trabalho, que são definidas em legislação específica".

O voto condutor fixou três premissas a respeito da revisão de normas coletivas: (i) inaplicabilidade do princípio da proteção, tendo em vista a equivalência entre os negociantes; (ii) teoria do conglobamento na interpretação, sendo inviável a "atomização" das cláusulas; (iii) disponibilidade ampla dos direitos trabalhistas, desde que resguardado o patamar civilizatório mínimo.

O voto vencido do ministro Edson Fachin, no Tema 1.046, mencionou como um de seus fundamentos o art. 26 da Convenção Americana de Direitos Humanos,[25] o qual impõe ao Brasil o compromisso de potencializar progressivamente os direitos sociais, econômicos e culturais. Daí decorre o dever de não regressividade, de modo que "medidas de restrição ao seu exercício se deem mediante justificação concernente à totalidade de direitos sociais, econômicos e culturais".

De forma semelhante, o voto vencido da ministra Rosa Weber no Tema 1.046 preconizava que a adequação setorial seria permitida desde que "presente a transação, vale dizer, concessões recíprocas, e não a mera renúncia de direitos, e com indicação das contrapartidas, em observância ao princípio da transparência no processo de negociação coletiva".

Depreende-se que o ponto central da discussão travada no STF, e da divergência surgida no Plenário da Corte, disse respeito à questão necessidade, ou não, da indicação da existência de contrapartidas específicas na negociação coletiva. Em outras palavras: se a norma coletiva que suprima ou reduza direitos, para ser válida, necessariamente precisa indicar a criação de algum benefício aos trabalhadores.

A tese fixada no Tema 1.046 definiu explicitamente que são válidas normas coletivas que pactuem "limitações ou afastamentos de direitos trabalhistas, independentemente da explicitação especificada de vantagens compensatórias, desde que respeitados os direitos absolutamente indisponíveis". A nosso ver, entretanto, desnecessidade de *explicitação* de vantagens compensatórias é diferente de necessidade de *existência* de vantagens compensatórias, de modo que, em nosso entendimento, mesmo à luz da tese do Tema 1.046 há necessidade de que a norma coletiva, em seu conjunto, traga alguma espécie de benefício à categoria profissional, ainda que tal benefício não seja indicado explicitamente.

---

(25) CADH, art. 26. Os Estados Partes comprometem-se a adotar providências, tanto no âmbito interno como mediante cooperação internacional, especialmente econômica e técnica, a fim de conseguir progressivamente a plena efetividade dos direitos que decorrem das normas econômicas, sociais e sobre educação, ciência e cultura, constantes da Carta da Organização dos Estados Americanos, reformada pelo Protocolo de Buenos Aires, na medida dos recursos disponíveis, por via legislativa ou por outros meios apropriados.

Pensar diferentemente desvirtua o princípio da adequação setorial negociada, o qual é adotado como premissa da própria tese do Tema 1.046.

Cabe, ainda, destacar que não foi objeto dos temas 1.046 e 152 a discussão sobre a constitucionalidade dos arts. 611-A e 611-B da CLT. Segundo o voto do ministro Gilmar Mendes, "uma resposta mais efetiva sobre os limites da negociabilidade coletiva deve ser buscada na própria jurisprudência consolidada do TST e do STF em torno do tema".

## Reflexos na jurisprudência trabalhista

De acordo com a tese fixada no Tema 1.046 de Repercussão Geral do STF, linhas gerais e como visto acima, prevalece o negociado sobre o legislado, ainda que resultem em limitações ou afastamento de direitos trabalhistas, desde que observado o princípio da adequação setorial negociado e os direitos absolutamente indisponíveis, ou seja, aqueles que revelem um patamar mínimo civilizatório aos trabalhadores e trabalhadoras.(26)

Ao determinar o que seria esse patamar mínimo civilizatório, o ministro Gilmar Mendes, em seu voto, informou que esse plexo de direitos trabalhistas indisponíveis seria composto pelas normas constitucionais, pelas normas de tratados e convenções internacionais incorporadas ao Direito brasileiro e pelas normas que, mesmo infraconstitucionais, assegurassem garantias mínimas de cidadania, ou seja, muito embora não pertençam formalmente ao texto constitucional, são consideradas materialmente constitucionais.

A interpretação que se extrai desse importante trecho da decisão, que compõe, inclusive, parte essencial que sustenta a tese vencedora do Tema 1.046, é que o rol do art. 611-B da CLT é meramente exemplificativo, e não taxativo. Além disso, fica explícito que não é possível esgotar o rol de direitos trabalhistas indisponíveis, o que, logicamente, abre uma margem significativa de interpretação subjetiva dos órgãos judiciantes.

Tal fato trouxe intensos debates na jurisprudência trabalhista, notadamente no Tribunal Superior do Trabalho, gerando, inclusive, decisões turmárias conflitantes sobre uma mesma questão, o que revela uma face inevitável do Tema 1.046 na jurisprudência trabalhista.

Talvez, o erro seja justamente a tentativa de legislar sobre o direito de as partes atuarem livremente. Parece um tanto quanto contraditório que a Lei n. 13.467/2017 queira traduzir a prevalência do negociado sobre o legislado, impondo as matérias que

(26) Tese: "São constitucionais os acordos e as convenções coletivos que, ao considerarem a adequação setorial negociada, pactuam limitações ou afastamentos de direitos trabalhistas, independentemente da explicitação especificada de vantagens compensatórias, desde que respeitados os direitos absolutamente indisponíveis". ARE 1121633, rel. Min. Gilmar Mendes.

são livres de negociação e àquelas infensas à esfera negocial. Em uma verdadeira contradição legislativa, os arts. 611-A e 611-B se contrapõem e revelam a verdadeira intenção do Estado neoliberal em regular o Direito Coletivo do Trabalho a favor de seus interesses.

Instado a se manifestar sobre a questão, o STF formulou a tese que deu origem ao Tema 1.046, de observância obrigatória a todo Judiciário Trabalhista. Os reflexos são imensos, e este artigo busca demonstrar, brevemente, alguns temas sensíveis que sofreram a forte influência do Tema 1.046 de Repercussão Geral do STF.

Discute-se, por exemplo, se o grau de insalubridade é matéria que pode ser flexibilizada por negociação coletiva. A oitava Turma do TST, ao se debruçar sobre o assunto, no RR-711-29.2021.5.06.0017, decidiu que é inválida norma coletiva que estabelece grau médio de insalubridade para atividade de gari, varredor de avenidas, ruas e praças, por se tratar de norma referente à saúde e segurança do trabalho, constitucionalmente protegida pelo art. 7º, XXII e XXIII, da Constituição Federal de 1988, configurando-se, portanto, como direito de indisponibilidade absoluta, atraindo, por consequência, a exceção prevista no Tema 1.046.[27]

Por outro lado, decidiu a 5ª Turma do TST ser válida a redução do percentual do adicional de insalubridade por negociação coletiva, sob o fundamento de que a norma coletiva obedece ao preceito fixado no Tema 1.046, já que, diferentemente do direito ao adicional em si, o seu percentual é norma de disponibilidade relativa, conforme previsto, inclusive, no art. 611-A, XII, da CLT, podendo ser pactuada por acordo ou convenção coletiva.[28]

Seguindo o mesmo entendimento da 5ª Turma, também a 4ª Turma entende ser válida a norma coletiva que reduz o percentual do adicional de insalubridade, com base no Tema 1.046 e no art. 611-A, XII, da CLT.[29]

De forma diametralmente oposta, e se alinhando com entendimento já explicitado da 8ª Turma, decidiu a 3ª Turma do TST ser inválida norma coletiva que reduzia para 20% o adicional de insalubridade de trabalhadora que realizava a limpeza de banheiro coletivo de grande circulação. Fundamenta a 3ª Turma que o percentual do adicional de insalubridade é norma de segurança e saúde do trabalho, que garante dignidade humana e, portanto, faz parte do núcleo de absoluta indisponibilidade, de acordo com a interpretação sistemática da Constituição Federal (art. 7º, XXIII) e dos arts. 611-A, XII e 611-B, XVII e XVIII, da CLT.[30]

---

(27) RR-711-29.2021.5.06.0017, 8ª Turma, relatora Desembargadora convocada Marlene Teresinha Fuverki Suguimatsu, *DEJT* 8.7.2024.

(28) RR-643-20.2022.5.12.0036, 5ª Turma, relator Ministro Breno Medeiros, *DEJT* 28.6.2024.

(29) Ag-AIRR-920-14.2022.5.12.0011, 4ª Turma, relator Ministro Alexandre Luiz Ramos, *DEJT* 14.6.2024.

(30) Ag-AIRR-1207-08.2021.5.12.0012, 3ª Turma, relator Ministro Alberto Bastos Balazeiro, *DEJT* 7.6.2024.

Verifica-se, portanto, que a margem de subjetividade do que seria o núcleo material do patamar mínimo civilizatório, naturalmente, refletirá em decisões judicias conflitantes sobre uma mesma matéria, como é o caso do tema analisado.

Outra questão sensível que recebeu influência direta do Tema 1.046 de Repercussão Geral do STF é a possibilidade de redução do intervalo intrajornada por meio de negociação coletiva, independentemente de autorização ministerial específica. Como se sabe, o TST possui precedente persuasivo, consubstanciado na Súmula n. 437, II, com a seguinte redação:

> É inválida cláusula de acordo ou convenção coletiva de trabalho contemplando a supressão ou redução do intervalo intrajornada porque este constitui medida de higiene, saúde e segurança do trabalho, garantido por norma de ordem pública (art. 71 da CLT e art. 7º, XXII, da CF/1988), infenso à negociação coletiva.

Entretanto, com o precedente vinculante do STF e a fixação da tese prevista no Tema 1.046, algumas turmas do TST reviram o entendimento consagrado na súmula em questão, para dar lugar ao que consideram ser o conjunto de direitos trabalhistas disponíveis.

É o caso, por exemplo, da decisão proferida no RR-1001227-75.2019.5.02.0708, em que a 8ª Turma do TST decidiu sobre a validade da norma coletiva que reduziu o intervalo intrajornada para 30 minutos, independentemente de autorização ministerial. Os fundamentos da decisão apontam para a paridade ou simetria dos sujeitos que entabulam a negociação coletiva, não havendo um sujeito hipossuficiente, para a natureza apenas persuasiva da Súmula n. 437, II, do TST, que cede lugar ao precedente vinculante firmado pelo STF, e, finalmente, para a natureza da norma que prevê o intervalo intrajornada. Para a 8ª Turma, a norma que prevê o intervalo intrajornada não tem natureza de direito absolutamente indisponível e, portanto, deve prevalecer o negociado sobre o legislado.(31)

Do mesmo modo, entendeu a 2ª Turma do TST sobre a matéria. Aponta, em sua decisão, que as negociações coletivas que tenham por objeto reduções intervalares estiveram entre as situações do tipo que deram ensejo à manifestação do STF no julgamento do Tema 1.046 de Repercussão Geral, porquanto mencionada expressamente no acórdão proferido no exame do Recurso Extraordinário com Agravo 1.121.633 a revisão do entendimento manifestado quanto aos temas 357 (ampliação da jornada dos turnos de revezamento e intervalo intrajornada) e 762 (horas *in itinere*) da tabela de Repercussão Geral.(32) Nessa mesma linha, e com fundamentação muito semelhante, decidiu a 7ª Turma do TST.(33)

---

(31) RR-1001227-75.2019.5.02.0708, 8ª Turma, relator Desembargador convocado Carlos Eduardo Gomes Pugliesi, *DEJT* 2.7.2024.

(32) RRAg-1000535-93.2017.5.02.0434, 2ª Turma, relatora Desembargadora convocada Margareth Rodrigues Costa, *DEJT* 2.7.2024.

(33) RR-10237-03.2017.5.15.0084, 7ª Turma, relator Ministro Alexandre de Souza Agra Belmonte, *DEJT* 28.6.2024.

Diverge dessa linha de pensamento a 3ª Turma do TST, para quem a redução do intervalo intrajornada por norma coletiva é inválida. Segundo a 3ª Turma do TST, a consagração da tese resultante do Tema 1.046 impõe a existência de limites à negociação coletiva, orientados pela aplicação do princípio da adequação setorial negociada e pela indisponibilidade absoluta de determinados direitos. Equivale a afirmar que a prevalência do negociado sobre o legislado e a flexibilização das normas legais trabalhistas ocorrem apenas quando não se trate de direitos absolutamente indisponíveis, ou seja, quando não se fere o patamar civilizatório mínimo, que está intrinsecamente ligado à dignidade da pessoa humana, à cidadania, em especial sob o enfoque da sua dimensão social na seara trabalhista, e à valorização mínima de seu trabalho, na esteira dos incisos II, III e IV do art. 1º da Constituição Federal. Nesse sentido, para a 3ª Turma, com relação ao direito ao intervalo intrajornada, trata-se de direito absolutamente indisponível, não sendo passível de qualquer negociação coletiva.(34)

Por último, outro tema que sofre grandes impactos do Tema 1.046 de Repercussão Geral do STF é a possibilidade de extensão da jornada em turnos ininterruptos de revezamento, por meio de negociação coletiva.

Nesse sentido, a 8ª Turma do TST decidiu que é válida a norma coletiva que estabelece limitações ou supressões de direitos trabalhistas, desde que esses direitos não sejam absolutamente indisponíveis, o que não é o caso dos autos, pois a própria Constituição prevê, em seu art. 7º, XIV, a possibilidade de negociação coletiva sobre jornada de trabalho em turnos ininterruptos de revezamento. Ainda segundo o entendimento da 8ª Turma, o limite máximo de 2 horas no acréscimo da jornada, estabelecido no *caput* do art. 59 da CLT e utilizado na construção jurisprudencial da Súmula n. 423 do TST, não é um direito de indisponibilidade absoluta, pois não tem previsão constitucional.(35) No mesmo sentido, várias turmas do TST entendem da mesma forma.

Diferencia-se da hipótese narrada o descumprimento da norma coletiva em si. Nesse caso, entendeu a 3ª Turma do TST pela inaplicabilidade do Tema 1.046 quando do descumprimento da norma coletiva que previa o elastecimento do turno ininterrupto de revezamento. Nessa hipótese, segundo a 3ª Turma, não se trata de invalidade da norma coletiva em si, mas de seu reiterado descumprimento pelo empregador, o que, como consequência, gera a obrigação de pagar horas extras, a partir da sexta hora, dada a ineficácia da norma coletiva e a invalidade do turno ininterrupto de revezamento.(36)

Em sentido completamente oposto, decidiu a 1ª Turma do TST. Segundo a mencionada decisão, não há dúvida quanto à possibilidade de que, por meio de norma coletiva,

(34) RR-20265-54.2019.5.04.0702, 3ª Turma, relator Desembargador convocado Marcelo Lamego Pertence, *DEJT* 14.6.2024.

(35) RR-11472-23.2014.5.03.0026, 8ª Turma, relator Ministro Sergio Pinto Martins, *DEJT* 8.7.2024.

(36) Ag-AIRR-875-98.2015.5.18.0201, 3ª Turma, relator Ministro Jose Roberto Freire Pimenta, *DEJT* 26.3.2024.

possa se majorar para oito horas a jornada em turnos ininterruptos de revezamento (art. 7º, XIV, da Constituição Federal — parte final e Súmula n. 423 do TST). Também, segundo o julgado, é firme a jurisprudência do TST no sentido de que o labor extraordinário habitual consubstanciaria descumprimento da negociação coletiva e consequente ineficácia do pactuado.(37)

Não obstante, no julgamento do Recurso Extraordinário 1.476.596-MG, encaminhado ao Supremo Tribunal Federal como representativo da controvérsia (CPC/2015, art. 1.036, § 1º), o Plenário, por unanimidade, entendeu que a prática habitual de horas extras não consubstancia distinção relevante à incidência do Tema 1.046 e, portanto, não invalida ou torna inaplicável a negociação coletiva que autoriza o trabalho em turnos de revezamento com jornada de oito horas. Assim, aponta a 1ª Turma do TST a necessidade de superação da jurisprudência até então prevalecente na Corte Superior Trabalhista e, alinhando-se ao decidido pelo Supremo Tribunal Federal, reconhecer que a consequência da extrapolação habitual da jornada fixada por norma coletiva é o pagamento de tais horas como extras e não a desconsideração da jornada negociada coletivamente.(38)

Como se vê, portanto, a subjetividade do núcleo material do patamar mínimo civilizatório tem um impacto profundo na jurisprudência trabalhista à luz da tese fixada no Tema 1.046 de Repercussão Geral do STF. É claro que a solução não é a criação de um rol taxativo dos direitos trabalhistas absolutamente indisponíveis, já que isso poderia ferir, de modo profundo, a dignidade humana da classe trabalhadora. O melhor caminho é pacificar a jurisprudência no âmbito da Corte Superior Trabalhista, por meio de uma interpretação emancipatória do Tema 1.046.

## Proposta para uma interpretação emancipatória do Tema 1.046

Na tese do STF, como visto ao longo deste estudo, ficou assentado que:

São constitucionais os acordos e as convenções coletivos que, ao considerarem a adequação setorial negociada, pactuam limitações ou afastamentos de direitos trabalhistas, independentemente da explicitação especificada de vantagens compensatórias, desde que respeitados os direitos absolutamente indisponíveis.

A interpretação emancipatória da tese deve levar em conta também a *ratio decidendi* da decisão, em que menciona a teoria do conglobamento como sustentáculo para avaliação da validade ou invalidade da norma coletiva.

Isso significa que, muito embora não haja vantagem especificada em troca da supressão ou limitação de certo direito trabalhista, a norma coletiva em seu conjunto, em seu

---

(37) TST-RR-724-37.2012.5.09.0671, 1ª Turma, relator Ministro Amaury Rodrigues Pinto Junior, julgado em 22.5.2024.

(38) *Idem.*

todo, deve ser mais favorável à classe trabalhadora. Isso justifica, também, a menção ao princípio da adequação setorial negociada.

Como visto em capítulo próprio, segundo Mauricio Godinho Delgado,[39] o princípio da adequação setorial negociada é uma interface entre o arcabouço normativo heterônomo do Direito Individual do Trabalho, com o Direito Coletivo do Trabalho, permitindo harmonização das normas juscoletivas negociadas perante a legislação clássica estatal. Dessa harmonização, resultam dois critérios autorizativos e norteadores das negociações coletivas: o primeiro prevê que o padrão normativo autônomo é válido quando o padrão setorial de direitos autônomos é superior ao padrão heterônomo; o segundo prevê a validade da negociação setorial de direitos de disponibilidade apenas relativa.

Nesse sentido, melhor interpretação feita à tese vencedora é justamente a de que as negociações coletivas encontram limitações para se harmonizarem ao padrão heterônomo do Direito Individual do Trabalho. Tais limitações levam os sujeitos envolvidos nas negociações a observarem três importantes pilares: o princípio da adequação setorial negociada, a teoria do conglobamento e os direitos trabalhistas absolutamente indisponíveis.

Assim sendo, na prática forense, melhor forma de discutir a validade ou invalidade de determinada norma trabalhista é demonstrar que aquele padrão setorial de direitos negociados se referem a direitos trabalhistas apenas relativamente indisponíveis, bem como que a norma, muito embora não preveja vantagem especificada a certas limitações ou supressões de direito, em seu todo, continuam sendo mais benéficas que o padrão heterônomo estatal puro e simples.

Afinal, a razão de ser do Direito Coletivo do Trabalho é justamente a união da classe trabalhadora, em sindicatos e associações, para luta de melhores condições de vida, já que o trabalhador ou trabalhadora, individualmente, não tem força para negociar com seu empregador. Essa história de luta é que justifica a existência de um Direito Coletivo do Trabalho. Do contrário, se não fosse pela necessidade premente de busca de melhores condições de vida, não haveria nenhuma necessidade da organização coletiva da classe operária.

Qualquer interpretação dada às normas coletivas que fuja da essência do Direito Coletivo do Trabalho não deve ser admitida. A interpretação de que a negociação coletiva existe com a finalidade primordial de melhorar o padrão de vida da classe trabalhadora se alinha, também, com os objetivos das Convenções Coletivas ns. 98 e 154 da OIT, compromisso do qual o Brasil não pode se furtar, tendo em vista de ter ratificado ambos os tratados internacionais mencionados. Basta pensar que, para perder direitos, pura e simplesmente, a classe trabalhadora não precisa da força associativa de suas entidades sindicais.

---

(39) DELGADO, Mauricio Godinho. *Curso de Direito do Trabalho*. 21. ed. São Paulo: JusPodivm, 2024.

## Conclusão

O Tema 1.046 trouxe reflexos profundos na jurisprudência trabalhista, uma vez que, ao prever a prevalência do negociado sobre o legislado, mesmo em caso de supressão ou limitação de direitos, determinou a observância aos limites do princípio da adequação setorial negociada e ao patamar mínimo civilizatório.

Como não é possível estabelecer um rol fechado sobre os direitos absolutamente indisponíveis da classe trabalhadora, até porque tal tentativa seria inadequada às características estruturantes dos direitos fundamentais, resta uma margem expressiva de subjetividade para discussão de quais seriam esses direitos.

Tal subjetividade traz como consequência oscilações na jurisprudência trabalhista sobre a validade ou invalidade das normas coletivas. Essas oscilações são inevitáveis, e é esperada uma discussão profunda sobre temas sensíveis do Direito do Trabalho.

Este breve estudo propõe como atenuantes para esses reflexos do Tema 1.046 a pacificação das questões no âmbito dos Tribunais Superiores, por meio de uma interpretação emancipatória da tese do STF. Como visto, para ser consentâneo com as bases estruturantes do Direito Coletivo do Trabalho, as normas autônomas juscoletivas devem garantir, em seu todo, melhores condições de vida à classe trabalhadora, ainda que não prevejam vantagens especificadas para certas limitações ou supressões de direitos.

Isso quer dizer que, na análise da norma coletiva, é preciso levar em conta a teoria do conglobamento, associada ao princípio da adequação setorial negociada. Essa associação revela que pode haver limitações ou supressões de direitos de disponibilidade meramente relativa, desde que a norma, considerada no seu todo, preveja condições mais benéficas do que o padrão heterônomo estatal.

Qualquer interpretação diferente da proposta leva a uma violação frontal das Convenções ns. 98 e 154 da OIT, das quais o Brasil é signatário, o que não se admite. Não é demais lembrar que as Convenções da OIT, por tratarem de direitos humanos, têm *status* supralegal, posicionando-se, no ordenamento jurídico interno, acima das leis, com respeito à Constituição Federal.

## Referências

BOMFIM, Vólia. *Direito do Trabalho*. 19. ed. Rio de Janeiro: Método, 2022.

CASAGRANDE, Cássio. "Associar a CLT ao fascismo é uma mistificação da História". *Jota*. Disponível em: https://www.jota.info/paywall?redirect_to=//www.jota.info/opiniao-e-analise/colunas/o-mundo-fora-dos-autos/associar-a-clt-ao-fascismo-e-uma-mistificacao-da-historia-06082018. Acesso em: 10 jul. 2024.

COUTINHO, Grijalbo Fernandes. *Justiça política do capital:* a desconstrução do Direito do Trabalho por meio das decisões judiciais. São Paulo: Tirant lo Blanch, 2021.

DELGADO, Mauricio Godinho. *Curso de Direito do Trabalho*. 21. ed. São Paulo: Juspodivm, 2024.

FELICIANO, Guilherme Guimarães. *Curso crítico de Direito do Trabalho*. São Paulo: Saraiva, 2013.

FELICIANO, Guilherme Guimarães; PASQUALETO, Olívia de Quintana Figueiredo. "Amianto, meio ambiente do trabalho e responsabilidade civil do empregador". *Revista da Faculdade de Direito da Universidade de São Paulo*, v. 112, p. 163-186, jan./dez. 2017.

MARTINEZ, Luciano. *Curso de Direito do Trabalho*, 11. ed. São Paulo: Saraiva Educação, 2020.

SILVA, Homero Batista Mateus da. *Comentários à Reforma Trabalhista*. 2. ed. rev., atual. e ampl. São Paulo: RT, 2017.

SOUTO MAIOR, Jorge Luiz. *Curso de Direito do Trabalho*. vol. I, parte I. São Paulo: LTr, 2011.

______. *História do Direito do Trabalho no Brasil:* curso de direito do trabalho. vol. I, parte II. São Paulo: LTr, 2017.

______. 'Reforma' trabalhista no STF e duas decisões importantes. Disponível em: https://www.jorgesoutomaior.com/blog/reforma-trabalhista-no-stf-duas-decisoes-importantes. Acesso em: 10 jul. 2024.

SÜSSEKIND, Arnaldo. *Direito Constitucional do Trabalho*. Rio de Janeiro: Renovar, 1999.

# A Superação de Súmulas e Orientações Jurisprudenciais do Tribunal Superior do Trabalho por Decisões Vinculantes do Supremo Tribunal Federal

*Vinícius de Miranda Taveira*(1)

## Introdução

Nós, operadores do Direito na área trabalhista, temos nos deparado nos últimos anos com uma profunda mutação das balizas do Direito do Trabalho, do Processo do Trabalho e da competência da Justiça do Trabalho. Foram diversas as inovações legislativas visando ao aprofundamento da flexibilização de direitos laborais, destacando-se as Leis ns. 11.442/2007, alterada pela Lei n. 13.103/2015 (Lei do Transportador Autônomo de Cargas — TAC), 13.352/2016 (Lei do Salão Parceiro), 13.429/2017 (Lei da Terceirização), 13.467/2017 (Reforma Trabalhista). Ao lado disso, a Lei n. 13.874/2019 (conversão da MP n. 881/2019) instituiu a Declaração de Direitos de Liberdade Econômica, na busca de reforçar a proteção à livre-iniciativa e ao livre exercício de atividade econômica e disposições sobre a atuação do Estado como agente normativo e regulador.

Paralelamente ao novo cenário normativo, o Supremo Tribunal Federal (STF), a partir de 2017, mudou seu posicionamento em relação às ações constitucionais e recursos extraordinários sobre temas trabalhistas. Até então, a Corte Constitucional raramente julgava temas decididos pela Justiça do Trabalho, sob o fundamento de que as violações constitucionais arguidas pelos recorrentes em recursos extraordinários ou pelos autores nas ações de controle concentrado caracterizavam-se como pretensas inconstitucionalidades

(1) Juiz do Trabalho no TRT da 15ª Região. Professor. Mestre em Função Social do Direito. Especialista em Direito Público.

reflexas, não desafiando, assim, a atuação do Tribunal Constitucional.(2) Contudo, nos últimos anos, temos visto inúmeros julgados do STF tratando de assuntos de Direito do Trabalho — que anteriormente não chegavam até a Corte — além de restringir a competência da Justiça do Trabalho, estabelecendo novos paradigmas em temas sensíveis na seara laboral. Entre tantos julgados, destacamos os Temas de Repercussão Geral 725, 1.046 e 1.143, assim como a ADPF 324.

As decisões do STF acerca de assuntos trabalhistas, em sua maior parte, revelam uma tendência de reinterpretação da Constituição com viés liberal do ponto de vista econômico, priorizando a livre-iniciativa individual e a negociação coletiva em detrimento do dirigismo contratual trabalhista e da proteção do hipossuficiente na relação empregatícia.

Em tal contexto, um número significativo de vertentes jurisprudenciais do Tribunal Superior do Trabalho (TST), consolidados em súmulas e orientações jurisprudenciais (OJs), acabaram sendo superadas ou relativizadas por precedentes vinculantes do STF.

Em que pese não concordemos com muitos dos posicionamentos do Supremo Tribunal Federal em temas trabalhistas, o fato é que as decisões proferidas em controle concentrado de constitucionalidade e em Recursos Extraordinários com Repercussão Geral configuram-se como precedentes vinculantes e, portanto, devem ser seguidos pelo Poder Judiciário.

No presente artigo, analisaremos, de forma sucinta e objetiva, algumas das principais súmulas e orientações jurisprudenciais (OJs) do TST que, de acordo com a nossa compreensão, foram diretamente atingidas pelas recentes decisões da Corte Constitucional.

## 1. A terceirização em atividade-fim: Tema 725 e ADPF 324 *versus* Súmula n. 331 do TST

Temas dos mais recorrentes nas reclamações trabalhistas, sem sombra de dúvidas, são a terceirização e a responsabilização subsidiária das tomadoras dos serviços, objetos de calorosos debates jurisprudenciais e doutrinários.

Até 2017, as jurisprudências dos tribunais trabalhistas e a doutrina especializada majoritária tinham entendimento convergente sobre os limites da terceirização, em consonância com a Súmula n. 331 do TST:

> Súmula n. 331:
>
> CONTRATO DE PRESTAÇÃO DE SERVIÇOS. LEGALIDADE

(2) Em 2010, ao deliberar sobre o Tema 357 de Repercussão Geral (AI 825675 RG, relator Min. Gilmar Mendes), que tinha como objeto a validade de normas coletivas que reduziam o intervalo intrajornada e aumentavam a jornada no turno ininterrupto, o Pleno do STF entendeu na época que a matéria tinha natureza infraconstitucional e, portanto, não tinha repercussão geral. Igualmente, no Tema 762, que tratava sobre a redução do valor da hora *in itinere*, julgado em 2014 (RE 820729 RG, rel: Min. Teori Zavascki), o Pleno afastou a repercussão geral pelo mesmo motivo.

> I – A contratação de trabalhadores por empresa interposta é ilegal, formando-se o vínculo diretamente com o tomador dos serviços, salvo no caso de trabalho temporário (Lei n. 6.019, de 3.1.1974).
>
> II – A contratação irregular de trabalhador, mediante empresa interposta, não gera vínculo de emprego com os órgãos da Administração Pública direta, indireta ou fundacional (art. 37, II, da CF/1988).
>
> III – Não forma vínculo de emprego com o tomador a contratação de serviços de vigilância (Lei n. 7.102, de 20.6.1983) e de conservação e limpeza, bem como a de serviços especializados ligados à atividade-meio do tomador, desde que inexistente a pessoalidade e a subordinação direta.
>
> IV – O inadimplemento das obrigações trabalhistas, por parte do empregador, implica a responsabilidade subsidiária do tomador dos serviços quanto àquelas obrigações, desde que haja participado da relação processual e conste também do título executivo judicial.
>
> V – Os entes integrantes da Administração Pùblica direta e indireta respondem subsidiariamente, nas mesmas condições do item IV, caso evidenciada a sua conduta culposa no cumprimento das obrigações da Lei n. 8.666, de 21.6.1993, especialmente na fiscalização do cumprimento das obrigações contratuais e legais da prestadora de serviço como empregadora. A aludida responsabilidade não decorre de mero inadimplemento das obrigações trabalhistas assumidas pela empresa regularmente contratada.
>
> VI – A responsabilidade subsidiária do tomador de serviços abrange todas as verbas decorrentes da condenação referentes ao período da prestação laboral.

De acordo com a tradicional jurisprudência do TST, consubstanciada no texto do item I da Súmula n. 331 desde sua edição em 1994, considerava-se ilícita a terceirização em atividade-fim e a terceirização com subordinação e pessoalidade entre tomador de serviço e trabalhador terceirizado.

Conforme explica Mauricio Godinho Delgado, na edição de sua renomada obra *Curso de Direito do Trabalho*, que antecedeu as Leis ns. 13.429/2017 e 13.467/2017:

> Para a Constituição, em consequência, a terceirização sem peias, sem limites, não é compatível com a ordem jurídica brasileira. As fronteiras encontradas pela experiência jurisprudencial cuidadosa e equilibrada para a prática empresarial terceirizante, mantendo esse processo disruptivo dentro de situações manifestamente delimitadas, atende, desse modo, o piso intransponível do comando normativo constitucional.(3)

Ocorre que, em 2017, a Lei n. 13.467/17 alterou a Lei n. 6.019/74, autorizando expressamente a terceirização de serviços relacionados a quaisquer atividades da tomadora nos arts. 4º-A e 5º-A, inclusive as atividades principais:

---

(3) DELGADO, Mauricio Godinho. *Curso de Direito do Trabalho*. 16. ed. rev. e ampl.. São Paulo: LTr, 2017. p. 513.

> Art. 4º-A. Considera-se prestação de serviços a terceiros a transferência feita pela contratante da execução de quaisquer de suas atividades, inclusive sua atividade principal, à pessoa jurídica de direito privado prestadora de serviços que possua capacidade econômica compatível com a sua execução.
>
> (...)
>
> § 2º Não se configura vínculo empregatício entre os trabalhadores, ou sócios das empresas prestadoras de serviços, qualquer que seja o seu ramo, e a empresa contratante.
>
> (...)
>
> Art. 5º-A: Contratante é a pessoa física ou jurídica que celebra contrato com empresa de prestação de serviços relacionados a quaisquer de suas atividades, inclusive sua atividade principal.

Pouco tempo após, em 2019, o Plenário do Supremo Tribunal Federal concluiu o julgamento da ADPF 324 e do RE 958.252 (Tema 725 de Repercussão Geral), reconhecendo a licitude ampla da terceirização, inclusive em atividades finalísticas, como se vê nas teses firmadas:

> Tese – Tema 725 de Repercussão Geral (RE 958.252):
>
> É lícita a terceirização ou qualquer outra forma de divisão do trabalho entre pessoas jurídicas distintas, independentemente do objeto social das empresas envolvidas, mantida a responsabilidade subsidiária da empresa contratante.
>
> Tese – ADPF 324:
>
> I – É lícita a terceirização de toda e qualquer atividade, meio ou fim, não se configurando relação de emprego entre a contratante e o empregado da contratada; II – A terceirização, compete à contratante: i) verificar a idoneidade e a capacidade econômica da terceirizada; e ii) responder subsidiariamente pelo descumprimento das normas trabalhistas, bem como por obrigações previdenciárias, na forma do art. 31 da Lei n. 8.212/1993.

Percebe-se, assim, que a exegese jurisprudencial do TST no sentido de que a terceirização somente era considerada lícita em atividades-meio — entendimento este consubstanciado no item I e na parte final do item III da Súmula n. 331 do TST — foi literalmente superada pelas inovações normativas, bem como pelo posicionamento adotado pelo STF nas teses do Tema 725 de Repercussão Geral e da ADPF 324. A propósito, colacionamos abaixo trecho da ementa do RE 958.252, afirmando a inconstitucionalidade da Súmula n. 331 no que se refere à vedação da terceirização na atividade-fim:

> Em conclusão, a prática da terceirização já era válida no direito brasileiro mesmo no período anterior à edição das Leis ns. 13.429/2017 e 13.467/2017, independentemente dos setores em que adotada ou da natureza das atividades contratadas com terceira pessoa, reputando-se inconstitucional a Súmula n.. 331 do TST, por violação aos princípios da livre iniciativa (arts. 1º, IV, e 170 da CRFB) e da liberdade contratual (art. 5º, II, da CRFB).

Importante ressaltar que as teses firmadas pelo STF afetam, inclusive casos anteriores às Leis ns. 13.429/17 e 13.467/17, conforme destacado explicitamente na fundamentação e na ementa do acórdão do RE 958.252 (Tema 725 de Repercussão Geral):

> As contratações de serviços por interposta pessoa são hígidas, na forma determinada pelo negócio jurídico entre as partes, até o advento das Leis ns. 13.429/2017 e 13.467/2017, marco temporal após o qual incide o regramento determinado na nova redação da Lei n. 6019/1974. (...)

Assim, de acordo com os precedentes vinculantes da Corte Constitucional, o fato de o trabalhador terceirizado atuar na atividade-fim da tomadora de serviços não é mais suficiente para invalidar a terceirização. Entendemos, ainda, que, por força do disposto no art. 4º-A da Lei n. 6.019/74 e das decisões no Tema 725 e na ADPF 324, não há como se sustentar que a subordinação estrutural ou objetiva, uma vez que, ao se autorizar a terceirização na atividade-fim da tomadora, é evidente que, em tal situação, o trabalhador terceirizado pode se inserir, inclusive, no cerne do objeto social da empresa tomadora, sem que isso configure fraude.

Contudo, apesar de a Lei e a jurisprudência do STF admitirem a terceirização na atividade finalística da tomadora de serviços, a terceirização pode, excepcionalmente, revelar-se como ilícita nos casos em que se constate subordinação direta entre a tomadora de serviços e o trabalhador terceirizado. Isso porque, de acordo com o art. 4º-A, § 1º, da Lei n. 6.019/74, a empresa prestadora de serviços é quem contrata, remunera e dirige o trabalho realizado por seus empregados.

Sobre o tema, o TST já analisou a questão, como se vê nos julgados a seguir colacionados:

> Recurso de revista dos reclamados 1 – Terceirização. Vínculo de emprego com o tomador dos serviços. Subordinação. Enquadramento como bancário. fraude. Ilicitude. Repercussão geral. RE 958.252. *Distinguishing.* (RR – 1787-61.2011.5.06.0010, relatora Ministra: Delaíde Miranda Arantes, Data de Julgamento: 20.11.2018, 2ª Turma, Data da publicação: *DEJT* 23.11.2018).

> RECURSO DE REVISTA. RECURSO EXTRAORDINÁRIO. REPERCUSSÃO GERAL. (...) TERCEIRIZAÇÃO. (...) TESE FIXADA PELO SUPREMO TRIBUNAL FEDERAL. ADPF 324, RE 928.252 E RE 791.932. *DISTINGUISHING*. SUBORDINAÇÃO DIRETA AO TOMADOR DOS SERVIÇOS. VÍNCULO DE EMPREGO CARACTERIZADO. (...). 1. Em que pese o posicionamento firmado pelo Supremo Tribunal Federal no julgamento da ADPF 324 e do RE 958.252 e do RE 791.932, de repercussão geral, no sentido de que "é lícita a terceirização ou qualquer outra forma de divisão do trabalho entre pessoas jurídicas distintas, independentemente do objeto social das empresas envolvidas, mantida a responsabilidade subsidiária da empresa contratante", no caso, verifica-se distinção fático-jurídica (*distinguishing*) em relação à tese ali fixada, uma vez que o reconhecimento do vínculo de emprego não resultou apenas do labor do autor em atividade-fim da tomadora dos serviços, mas da

constatação da "presença de subordinação do autor em face da primeira ré, para quem prestava serviços diretamente, utilizando-se do espaço e equipamentos desta, nos mesmos moldes que antes fazia, quando era diretamente contratado pela primeira ré até o ano de 1999". 2. Verifica-se, assim, que o caso dos autos não se amolda à hipótese dirimida pelo STF, razão pela qual não há retratação a ser feita nos moldes do art. 1.039 do CPC/2015 (art. 543-B, § 3º, CPC/73). 3. Impõe-se, nesse contexto, a manutenção do acórdão em que não conhecido o recurso de revista da primeira reclamada. (RR-62900-79.2007.5.09.0072. Rel. Min. Hugo Carlos Scheuermann, 1ª Turma, *DEJT* 7.6.2019).

Além de repercutir nas ações que versam sobre a terceirização típica, as teses firmadas no Tema 725 de Repercussão Geral e na ADPF 324 têm sido consideradas pelo Supremo Tribunal Federal como paradigmas para chancelar outras relações jurídicas que não propriamente a relação de trabalho terceirizado. A Corte Constitucional tem dado uma interpretação extremamente ampla aos precedentes mencionados, admitindo como lícitas outros modelos de arranjos contratuais de prestação de serviços, tais como a pejotização, a parceria e a franquia, mesmo quando presentes os requisitos da relação de emprego, cassando centenas de sentenças e acórdãos da Justiça do Trabalho que reconheciam vínculos de emprego em tais situações.

Em diversas Reclamações Constitucionais, o STF tem analisado a pejotização como uma modalidade de terceirização. Na leitura da Corte Constitucional, a pessoa jurídica (ainda que sociedade unipessoal) figura como prestadora de serviços e seu sócio (mesmo que seja o único sócio) figura como trabalhador terceirizado, de modo a afastar o reconhecimento do vínculo de emprego com a tomadora de serviços, como se vê nos seguintes julgados.

AGRAVO INTERNO EM RECLAMAÇÃO. PRESTAÇÃO DE SERVIÇOS POR MEIO DE PESSOA JURÍDICA. "PEJOTIZAÇÃO". RECONHECIMENTO DE VÍNCULO EMPREGATÍCIO. INADEQUAÇÃO. ADPF 324. ACÓRDÃO. DESRESPEITO CONFIGURADO. 1. O Plenário, ao apreciar a ADPF 324, declarou lícita a terceirização ou qualquer outra forma de divisão do trabalho mesmo que relacionada à atividade-fim. 2. A prestação de serviços por intermédio de pessoa jurídica, fenômeno conhecido como "pejotização", não constitui, só por si, fraude trabalhista, mas concretização da liberdade negocial admitida pelo Supremo no julgamento da ADPF 324. 3. Agravo interno provido.

(Rcl 53688 AgR, Relator(a): Ricardo Lewandowski, relator(a) p/ Acórdão: NUNES MARQUES, Segunda Turma, Data da publicação: 12.12.2023).

CONSTITUCIONAL, TRABALHISTA E PROCESSUAL CIVIL. AGRAVO INTERNO NA RECLAMAÇÃO. OFENSA AO QUE DECIDIDO POR ESTE TRIBUNAL NO JULGAMENTO DA ADPF 324 E DO TEMA 725 DA REPERCUSSÃO GERAL. RECURSO DE AGRAVO DESPROVIDO. 1. O acórdão recorrido considerou ilegítima a terceirização, pois entendeu evidenciada a prática de pejotização, utilizando-se de um contrato civil entre pessoas jurídicas para descaracterizar o vínculo de emprego. 2. A controvérsia que se apresenta nestes autos é comum tanto ao que decidido no julgamento da ADPF 324 (Rel. Min. ROBERTO BARROSO) quanto no do Tema 725-RG (RE 958.252, Rel. Min. LUIZ FUX), oportunidade em que esta CORTE fixou tese no sentido de ser lícita a terceirização ou qualquer outra forma de divisão

> do trabalho entre pessoas jurídicas distintas, independentemente do objeto social das empresas envolvidas, mantida a responsabilidade subsidiária da empresa contratante. 3. A conclusão adotada pelo acórdão recorrido acabou por contrariar os resultados produzidos nos RE 958.252 (Rel. Min. LUIZ FUX) e ADPF 324 (Rel. Min. ROBERTO BARROSO), a sugerir, consequentemente, o restabelecimento da autoridade desta CORTE quanto ao ponto. 4. Recurso de Agravo a que se nega provimento. (Rcl 58301 AgR-segundo, relator(a): Alexandre de Moraes, Primeira Turma, Data da publicação: 3.5.2023).

Vemos com extrema preocupação a autorização irrestrita da terceirização na atividade-fim, uma vez que a prática tem mostrado que a terceirização é comumente usada como mero instrumento econômico de redução de custos produtivos, com o consequente rebaixamento dos patamares salariais e de outros benefícios sociais dos trabalhadores, além de colocar milhares de trabalhadores em situação de enorme insegurança financeira, com agravamento do risco à saúde.

Nesse sentido, há estudos comprovando que os salários dos trabalhadores terceirizados são, em média, 24,7% inferiores em relação aos empregados contratados diretamente pelas empresas.[(4)] O mesmo estudo indica que os acidentes do trabalho fatais são mais frequentes na terceirização. Isso se deve ao fato de que as tomadoras transferem às prestadoras de serviços a responsabilidade pela adoção de medidas de segurança, treinamento e fiscalização, sendo certo que as prestadoras de serviços, na maior parte das vezes, não detêm o mesmo *know-how* que as tomadoras nem a mesma estrutura financeira para arcar com os custos inerentes às medidas preventivas.

Ao lado disso, a terceirização dilui as categorias econômicas, enfraquecendo, por conseguinte, os sindicatos na tutela dos interesses dos trabalhadores, em especial na negociação coletiva, o que tende a agravar, também, as condições de trabalho dos não terceirizados.

Ademais, a praxe tem nos mostrado que parte significativa das prestadoras de serviços são pequenas empresas, sem capacidade patrimonial e financeira, sendo bastante frequente a dispensa de trabalhadores terceirizados sem o pagamento das verbas rescisórias, nem mesmo o saldo de salários.

Também nos aflige o posicionamento do Supremo Tribunal Federal sobre a pejotização, pois inúmeras decisões do STF permitem tal forma de contratação de modo amplo, ainda que presentes a subordinação direta, a pessoalidade, a onerosidade e a não eventualidade, contrapondo-se aos princípios da irrenunciabilidade dos direitos trabalhistas e da primazia da realidade sobre a forma.

---

(4) SECRETARIA NACIONAL DE RELAÇÕES DE TRABALHO E DEPARTAMENTO INTERSINDICAL DE ESTATÍSTICA E ESTUDOS SOCIOECONÔMICOS. *Terceirização e desenvolvimento: uma conta que não fecha: dossiê acerca do impacto da terceirização sobre os trabalhadores e propostas para garantir a igualdade de direitos*. São Paulo: Central Única dos Trabalhadores, 2014. Disponível em: https://www.cut.org.br/acao/dossie-terceirizacao-e-desenvolvimento-uma-conta-que-nao-fecha-7974.

A pejotização sem limites impede que os trabalhadores desfrutem de direitos sociais consagrados constitucionalmente (tais como limitação da jornada, horas extras, férias, FGTS e décimo terceiro salário, seguro-desemprego), enfraquece o movimento sindical, fragiliza a proteção à saúde e segurança no trabalho, aumentando o número de acidentes do trabalho e doenças ocupacionais.

Além de todos as graves consequências mencionadas, a pejotição irrestrita também impacta diretamente as receitas da Previdência Social, com potencial de gerar uma gravíssima questão social nos próximos anos, deixando um número imenso de trabalhadores fora da malha de proteção social previdenciária.

## 2. Tema 383 de Repercussão Geral *versus* OJ n. 383 da SDI-1 do TST

Na esteira do Tema 725 de Repercussão Geral e da ADPF 324, o STF decidiu em 2021 o Tema 383 de Repercussão Geral (RE 635.546), estabelecendo que, à luz dos princípios da livre-iniciativa e da livre concorrência, o ordenamento jurídico brasileiro não prescreve a equiparação ou isonomia salarial entre empregados da empresa prestadora de serviços terceirizados e os empregados contratados diretamente pela contratante.

> TESE – Tema 383 de Repercussão Geral:
>
> A equiparação de remuneração entre empregados da empresa tomadora de serviços e empregados da empresa contratada (terceirizada) fere o princípio da livre iniciativa, por se tratar de agentes econômicos distintos, que não podem estar sujeitos a decisões empresariais que não são suas.

Vale transcrever, também, a ementa do RE 635.546, *leading case* do Tema 383, que revela o entendimento adotado pela Corte Suprema:

> Direito constitucional e do Trabalho. Terceirização de atividade-fim. Equiparação remuneratória. Descabimento. 1. Recurso extraordinário em que se debate se o empregado de empresa contratada teria direito à equiparação remuneratória com o empregado da empresa tomadora do serviço, quando ambos atuarem na mesma atividade-fim. 2. Conforme decisão proferida pelo Supremo Tribunal Federal nos autos da ADPF 324, rel. Min. Luís Roberto Barroso, a terceirização das atividades-meio ou das atividades-fim de uma empresa tem amparo nos princípios constitucionais da livre iniciativa e da livre concorrência, que asseguram aos agentes econômicos a liberdade de decidir como estruturarão seu negócio (art. 170, *caput* e inc. IV, CF). 3. Do mesmo modo, a decisão sobre quanto pagar ao empregado é tomada por cada empresa, de acordo com suas capacidades econômicas, e protegida pelos mesmos princípios constitucionais. Portanto, não se pode sujeitar a contratada à decisão da tomadora e vice-versa. 4. Além disso, a exigência de equiparação, por via transversa, inviabiliza a terceirização para fins de redução de custos, esvaziando o instituto. 5. Recurso provido. tese: "A equiparação de remuneração entre empregados da empresa tomadora de serviços e empregados da empresa contratada (terceirizada) fere o princípio da livre iniciativa, por se tratar de agentes econômicos distintos, que não podem estar sujeitos a decisões empresariais que não são suas".

(RE 635.546, relator(a): Marco Aurélio, relator(a) p/ Acórdão: ROBERTO BARROSO, Tribunal Pleno. Data do julgamento 29.3.2021. Data da publicação: 19.5.2021).

Logo, a partir do julgamento do Tema 383 de Repercussão Geral, restou literalmente superada a OJ n. 383 da SDI-1 do TST, que tem o seguinte teor:

OJ 383 DA SBDI-1:

TERCEIRIZAÇÃO. EMPREGADOS DA EMPRESA PRESTADORA DE SERVIÇOS E DA TOMADORA. ISONOMIA. ART. 12, *"A"*, DA LEI N. 6.019, DE 3.1.1974.

A contratação irregular de trabalhador, mediante empresa interposta, não gera vínculo de emprego com ente da Administração Pública, não afastando, contudo, pelo princípio da isonomia, o direito dos empregados terceirizados às mesmas verbas trabalhistas legais e normativas asseguradas àqueles contratados pelo tomador dos serviços, desde que presente a igualdade de funções. Aplicação analógica do art. 12, *"a"*, da Lei n. 6.019, de 3.1.1974.

## 3. ADPF 501 *versus* Súmulas ns. 450, 372 e 291 do TST

No julgamento da ADPF 501, o Supremo Tribunal Federal declarou de modo expresso a inconstitucionalidade da Súmula n. 450 do TST, invalidando as decisões judiciais não transitadas em julgado que, amparadas no texto sumular, tenham aplicado a sanção de pagamento em dobro com base no art. 137 da CLT.(5)

A Súmula n. 450 do TST, declarada inconstitucional, assim estabelecia:

Súmula n. 450

É devido o pagamento em dobro da remuneração de férias, incluído o terço constitucional, com base no art. 137 da CLT, quando, ainda que gozadas na época própria, o empregador tenha descumprido o prazo previsto no art. 145 do mesmo diploma legal.

(5) ADPF 501: *ARGUIÇÃO DE DESCUMPRIMENTO DE PRECEITO FUNDAMENTAL. CONSTITUCIONAL E TRABALHISTA. Súmula n. 450 DO TRIBUNAL SUPERIOR DO TRABALHO. PAGAMENTO DA REMUNERAÇÃO DE FÉRIAS EM DOBRO QUANDO ULTRAPASSADO O PRAZO DO ART. 145 DA CLT. IMPOSSIBILIDADE DE O PODER JUDICIÁRIO ATUAR COMO LEGISLADOR POSITIVO. AUSÊNCIA DE LACUNA. INTERPRETAÇÃO RESTRITIVA DE NORMA SANCIONADORA. OFENSA À SEPARAÇÃO DE PODERES E AO PRINCÍPIO DA LEGALIDADE. PROCEDÊNCIA. 1. Os poderes de Estado devem atuar de maneira harmônica, privilegiando a cooperação e a lealdade institucional e afastando as práticas de guerrilhas institucionais, que acabam minando a coesão governamental e a confiança popular na condução dos negócios públicos pelos agentes públicos. Precedentes. 2. Impossibilidade de atuação do Poder Judiciário como legislador positivo, de modo a ampliar o âmbito de incidência de sanção prevista no art. 137 da CLT para alcançar situação diversa, já sancionada por outra norma. 3. Ausência de lacuna justificadora da construção jurisprudencial analógica. Necessidade de interpretação restritiva de normas sancionadoras. Proibição da criação de obrigações não previstas em lei por súmulas e outros enunciados jurisprudenciais editados pelo Tribunal Superior do Trabalho e pelos Tribunais Regionais do Trabalho (CLT, art. 8º, § 2º). 4. Arguição julgada procedente.* (ADPF 501, relator(a): Alexandre de Moraes, Tribunal Pleno, julgado em 8.8.2022, PROCESSO ELETRÔNICO *DJe*-163 DIVULG 17.08.2022 Data da publicação: 18.8.2022)

Logo, de acordo o precedente firmado pelo STF, o pagamento fora do prazo do art. 137 da CLT não impõe ao empregador o pagamento em dobro das férias, pois a sanção criada pela jurisprudência consolidada na Súmula n. 450 do TST viola a tripartição dos Poderes e o princípio da legalidade.

Ocorre que, a nosso ver, a *ratio decidendi* extraída do precedente vinculante não atinge somente o entendimento consolidado na Súmula n. 450 do TST, pois o fundamento determinante da ADPF 501 consiste, em suma, no reconhecimento da inconstitucionalidade de decisões judiciais que criam obrigações e sanções não previstas na lei, por afronta à separação dos poderes e do princípio da legalidade. A propósito, destacamos os seguintes trechos da fundamentação do acórdão:

> (...) Tendo por parâmetros hermenêuticos esses núcleos axiológicos extraídos da Constituição Federal — separação de poderes e sistema de freios e contrapesos —, conclui-se que, nada obstante seja imprescindível a concretização dos direitos sociais previstos na Constituição Federal, o propósito de proteger o trabalhador não pode exponenciar-se a ponto de originar sanções jurídicas não previstas na legislação vigente, ante a impossibilidade de o Judiciário atuar como legislador positivo. (...)
>
> Sob o enfoque da legalidade, portanto, importa ressaltar que a ausência de um adequado patamar de juridicidade para assentar uma obrigação (entre as quais figura a sanção) evidencia uma situação violadora do princípio da reserva legal (...) revela-se igualmente impossível transportar a cominação fixada em determinada hipótese de inadimplemento para uma situação distinta, ante a necessidade de conferir interpretação restritiva a normas sancionadoras. (...)

Assim, na linha da *ratio decidendi* da ADPF 501, entendemos que, ao menos, outras duas súmulas do TST também foram superadas pelo mesmo precedente vinculante: a Súmula n. 291,[6] que reconhece o direito à indenização em caso de supressão de horas extras habituais; e a Súmula n. 372,[7] a qual estabelece que, se recebida a gratificação de função por mais de dez anos, o empregador não pode retirá-la com base no princípio da estabilidade financeira.

Com efeito, não existe norma legal em nosso ordenamento jurídico prevendo a sanção ou a indenização estabelecida na Súmula n. 291 do TST. Ao contrário disto, diversas

(6) Súmula n. 291 do TST: *HORAS EXTRAS. HABITUALIDADE. SUPRESSÃO. INDENIZAÇÃO. A supressão total ou parcial, pelo empregador, de serviço suplementar prestado com habitualidade, durante pelo menos 1 (um) ano, assegura ao empregado o direito à indenização correspondente ao valor de 1 (um) mês das horas suprimidas, total ou parcialmente, para cada ano ou fração igual ou superior a seis meses de prestação de serviço acima da jornada normal. O cálculo observará a média das horas suplementares nos últimos 12 (doze) meses anteriores à mudança, multiplicada pelo valor da hora extra do dia da supressão.*

(7) Súmula n. 372 do TST: *GRATIFICAÇÃO DE FUNÇÃO. SUPRESSÃO OU REDUÇÃO. LIMITES. I – Percebida a gratificação de função por dez ou mais anos pelo empregado, se o empregador, sem justo motivo, revertê-lo a seu cargo efetivo, não poderá retirar-lhe a gratificação tendo em vista o princípio da estabilidade financeira. II – Mantido o empregado no exercício da função comissionada, não pode o empregador reduzir o valor da gratificação.*

normas preceituam limites à jornada de trabalho e impõem aos empregadores o dever de garantir condições de saúde aos trabalhadores, tais como art. 7º, VIII e XXII, da CF e arts. 58 e 157 da CLT.

Logo, à luz do precedente vinculante estabelecido na ADPF 501, com fundamento na legalidade e na tripartição de poderes, não se justifica a imposição de sanção ao empregador sem previsão legal, especialmente porque a supressão de horas extras constitui-se como verdadeiro exercício regular do direito pelo empregador, em cumprimento do seu dever legal de promover a saúde dos trabalhadores, de modo que o empregador não pode ser apenado por cumprir suas obrigações.

Em relação à Súmula n. 372 do TST, sabe-se que a Lei n. 13.467/2017 inclui o novo § 2º no art. 468 da CLT,[8] afastando explicitamente o direito à incorporação da gratificação de função. Porém, em razão do teor da Súmula n. 372, há entendimento jurisprudencial admitindo que, se completados dez anos antes da entrada em vigor da Reforma Trabalhista, o empregado tem direito adquirido à incorporação da gratificação.

Entretanto, é fato que não existe norma legal garantindo a manutenção da gratificação de função mantida por mais de dez anos, mesmo antes da Lei n. 13.467/2017. Aliás, o § 1º do art. 468, mesmo antes da Lei n. 13.467/2017, reconhecia a validade de reversão do empregado ao cargo anteriormente ocupado, deixando o cargo de confiança.

Portanto, em consonância com a ADPF 501, entendemos que a Súmula n. 372 do TST também foi superada, inclusive quanto ao período pretérito à Lei n. 13.467/2011, visto que inexistia norma legal conferindo tal obrigação ao empregador, de sorte que, à luz do precedente vinculante referido, a imposição do dever de pagar a gratificação de função contraria o princípio da legalidade e da tripartição de poderes.

## 4. Escala de 12 por 36: ADIs 4.842 e 5.994 *versus* Súmula n. 444 do TST e OJ 388 da SDI-1

Outro tema de enorme incidência nas reclamações trabalhistas é a escala de 12 por 36, comumente adotada por vigilantes, profissionais e saúdes e outras categorias. São bastante comuns as ações questionando a validade ou a eficácia da adoção do regime de 12 por 36, pleiteando-se as horas extras a partir da 8ª hora diária, além de outros pedidos, tais como DSRs e feriados.

Sobre o assunto, o Tribunal Superior do Trabalho editou a Súmula n. 444, que assim dispõe:

> Súmula n. 444 do TST:
>
> JORNADA DE TRABALHO. NORMA COLETIVA. LEI. ESCALA DE 12 POR 36. VALIDADE. É valida, em caráter excepcional, a jornada de doze horas de trabalho por trinta e seis

(8) CLT, art. 468, § 2º: *A alteração de que trata o § 1º deste artigo, com ou sem justo motivo, não assegura ao empregado o direito à manutenção do pagamento da gratificação correspondente, que não será incorporada, independentemente do tempo de exercício da respectiva função.*

de descanso, prevista em lei ou ajustada exclusivamente mediante acordo coletivo de trabalho ou convenção coletiva de trabalho, assegurada a remuneração em dobro dos feriados trabalhados. O empregado não tem direito ao pagamento de adicional referente ao labor prestado na décima primeira e décima segunda horas.

Em 2017, ainda antes mesmo da Reforma Trabalhista, o Supremo Tribunal Federal julgou a ADI 4.842, na qual declarou constitucional o art. 5º da Lei n. 11.901/09, que autoriza a escala de 12 por 36 para os bombeiros civis.

> DIREITO DO TRABALHO. JORNADA DO BOMBEIRO CIVIL. JORNADA DE 12 (DOZE) HORAS DE TRABALHO POR 36 (TRINTA E SEIS HORAS) DE DESCANSO. DIREITO À SAÚDE (ART. 196 DA CRFB). DIREITO À JORNADA DE TRABALHO (ART. 7º, XIII, DA CRFB). DIREITO À PROTEÇÃO CONTRA RISCO À SAÚDE DO TRABALHADOR (ART. 7º, XXII, DA CRFB). 1. A jornada de 12 (doze) horas de trabalho por 36 (trinta e seis) horas de descanso não afronta o art. 7º, XIII, da Constituição da República, pois encontra-se respaldada na faculdade, conferida pela norma constitucional, de compensação de horários. 2. A proteção à saúde do trabalhador (art. 196 da CRFB) e à redução dos riscos inerentes ao trabalho (art. 7º, XXII, da CRFB) não são "ipso facto" desrespeitadas pela jornada de trabalho dos bombeiros civis, tendo em vista que para cada 12 (doze) horas trabalhadas há 36 (trinta e seis) horas de descanso e também prevalece o limite de 36 (trinta e seis) horas de jornada semanal. 3. Ação direta de inconstitucionalidade julgada improcedente.
>
> (ADI 4842, relator(a): Edson Fachin, Tribunal Pleno, julgado em 14.9.2016, PROCESSO ELETRÔNICO *DJe*-174 DIVULG 7.8.2017 Data da publicação: 8.8.2017).

No mesmo ano, foi promulgada a Reforma Trabalhista (Lei n. 13.467/17), que regulamentou a matéria no art. 59-A,[(9)] o qual foi declarado constitucional pelo STF na ADI 5.994, como se vê na ementa:

> Ação Direta de Inconstitucionalidade. 2. Jornada de trabalho 12 por 36. Pactuação por acordo individual. Art. 59-A da CLT, na redação dada pela Lei n. 13.467, de 13 de julho de 2017. Reforma Trabalhista. 3. Alegação de violação ao disposto no art. 7º, incisos XIII, XIV e XXVI, da Constituição Federal. Inocorrência. 4. ADI 4.842, rel. Min. Edson Fachin, Tribunal Pleno, julgado em 14.9.2016. 5. Ação Direta de Inconstitucionalidade julgada improcedente.
>
> (ADI 5994, relator(a): Marco Aurélio, relator(a) p/ Acórdão: Gilmar Mendes, Tribunal Pleno, julgado em 3.7.2023, PROCESSO ELETRÔNICO *DJe*-s/n DIVULG 8.8.2023 Data da publicação: 9.8.2023).

---

(9) CLT, Art. 59-A: *Em exceção ao disposto no art. 59 desta Consolidação, é facultado às partes, mediante acordo individual escrito, convenção coletiva ou acordo coletivo de trabalho, estabelecer horário de trabalho de doze horas seguidas por trinta e seis horas ininterruptas de descanso, observados ou indenizados os intervalos para repouso e alimentação.*

Parágrafo único. A remuneração mensal pactuada pelo horário previsto no caput deste artigo abrange os pagamentos devidos pelo descanso semanal remunerado e pelo descanso em feriados, e serão considerados compensados os feriados e as prorrogações de trabalho noturno, quando houver, de que tratam o art. 70 e o § 5º do art. 73 desta Consolidação.

Não se pode deixar de ressaltar que, no julgamento do Tema 1.046 de Repercussão Geral, o STF reconheceu a prevalência das normas autônomas sobre as normas heterônomas, desde que respeitado o princípio da adequação setorial negociada, decisão esta que também repercute na interpretação sobre a validade e eficácia da escala de 12 por 36, visto que muitas vezes tal escala é prevista e regulada por normas coletivas.

Portanto, à luz do que foi decidido nas ADIs 4.842 e 5.994, no Tema 1.046 de Repercussão Geral e, ainda, com base no disposto no art. 59-A da CLT, declarado constitucional pelo STF, chegamos às seguintes conclusões interpretativas, em relação ao período posterior à vigência da Lei n. 13.467/2011:

> (i) A escala de 12 por 36 é válida, podendo ser estabelecida por norma coletiva ou por acordo individual, nos termos do art. 59-A da CLT.
>
> (ii) Diante do permissivo do art. 59-A e, ainda, da prevalência das normas coletivas em sintonia com o Tema 1.046 de Repercussão Geral, a escala de 12 por 36 não mais pode ser encarada como medida de caráter excepcional, contrariamente à premissa da Súmula n. 444 do TST. Consequentemente, as horas extras habituais não são suficientes para descaracterizar a escala de 12 por 36.
>
> (iii) Em razão do que expressamente dispõe o parágrafo único do art. 59-A, os trabalhadores que atuam em escala de 12 por 36 não têm direito ao pagamento em dobro dos feriados trabalhados.
>
> (iv) Na escala em análise, o intervalo intrajornada de 1 hora pode ser indenizado em vez de fruído, sem que a supressão invalide a escala de 12 por 36, uma vez que o art. 59-A expressamente assim autoriza de modo literal.
>
> (v) Em decorrência do texto expresso do § 1º do art. 59-A, os trabalhadores em escala de 12 por 36 não fazem jus às horas reduzidas noturnas nem às horas noturnas em prorrogação.

Diante do no novo contexto normativo da escala 12 por 36, acima sintetizado, temos que a Súmula n. 444 do TST foi superada a partir da vigência da Lei n. 13.467/2017, pois, ao contrário do que nela consagrado, a escala de 12 por 36 deixou de ter caráter excepcional, podendo até mesmo ser estabelecida por acordo individual nos termos do art. 59-A da CLT.

Como reflexo da mudança normativa e da superação do caráter excepcional da escala de 12 por 36, entendemos que a descaracterização do regime de 12 por 36 somente deve ocorrer em casos excepcionalíssimos, não bastando, para tanto, a existência de horas extras decorrentes dos minutos residuais que antecedem ou sucedem, nem mesmo poucas folgas trabalhadas ou supressão de intervalo. A propósito, vale destacar que o *caput* do art. 59-A expressamente permite a indenização do intervalo intrajornada em vez de sua fruição.

Ao lado disso, diversamente da Súmula n. 444, o § 1º do art. 59-A literalmente exclui o direito ao pagamento em dobro dos feriados laborados na escala de 12 por 36, de modo que, também neste tema, a referida súmula foi ultrapassada.

O julgado do TST abaixo colacionado, posterior ao julgamento das ADIs 4.842 e 5.994, revela a tendência de superação da Súmula n. 444:

> AGRAVO. AGRAVO DE INSTRUMENTO EM RECURSO DE REVISTA. VIGÊNCIA DA LEI N. 13.467/2017. REGIME DE JORNADA DE TRABALHO 12 por 36. PRESTAÇÃO DE HORAS EXTRAS HABITUAIS. DESCARACTERIZAÇÃO DO REGIME. VALIDADE DA NORMA COLETIVA. TEMA 1.046. (...)
>
> 3. Não há dúvida quanto à possibilidade de que, por meio de norma coletiva, possa se fixar jornada em escala de 12 por 36, nesse sentido é o entendimento cristalizado na Súmula n. 444 do TST.
>
> 4. No mesmo sentido, é o que se extrai da tese fixada pelo Supremo Tribunal Federal no julgamento do Tema 1.046 da Repercussão Geral apregoa que "são constitucionais os acordos e as convenções coletivos que, ao considerarem a adequação setorial negociada, pactuam limitações ou afastamentos de direitos trabalhistas, independentemente da explicitação especificada de vantagens compensatórias, desde que respeitados os direitos absolutamente indisponíveis".
>
> 5. De outro lado, a jurisprudência deste Tribunal Superior do Trabalho se firmou no sentido de que o labor extraordinário habitual consubstanciaria descumprimento da negociação coletiva e consequente ineficácia do pactuado, de modo que deveriam ser pagas, como extras, as horas excedentes da 8ª diária e 44ª semanal.
>
> 6. Não obstante, no julgamento do Recurso Extraordinário n. 1.476.596-MG, encaminhado ao Supremo Tribunal Federal como representativo da controvérsia (CPC/2015, art. 1.036, § 1º), o Plenário, por unanimidade, entendeu que a prática habitual de horas extras não consubstancia distinção relevante à incidência do Tema 1.046 e, portanto, não invalida ou torna inaplicável a negociação coletiva que autoriza o trabalho em turnos de revezamento com jornada de oito horas.
>
> 7. É certo que o julgamento se referia ao trabalho em turnos de revezamento, porém, não se vislumbra como chegar a conclusão diversa em relação à negociação coletiva que pactua a jornada de trabalho em escalas de 12 por 36.
>
> 8. Nesse contexto, corolário lógico é superar a jurisprudência até então prevalecente e, alinhando-se ao decidido pelo Supremo Tribunal Federal, reconhecer que a consequência da extrapolação habitual da jornada em escalas de 12 por 36, fixada por norma coletiva, é o pagamento das horas que extrapolam a 12ª diária como extras e não a desconsideração da jornada negociada coletivamente.
>
> Agravo a que se nega provimento.
>
> (TST – TST-Ag-AIRR – 1636-86.2016.5.06.0021. 1ª Turma. Relator AMAURY RODRIGUES PINTO JUNIOR. 23.5.2024).

Outro ponto que merece destaque é que o § 1º do art. 59-A preceitua que as prorrogações de trabalho noturno já se consideram compensadas na escala de 12 por 36.

Com isso, o § 1º do art. 59-A excluiu o direito às horas noturnas reduzidas na escala de 12 por 36, afastando, também, a incidência do § 5º do art. 73, que versa sobre as horas noturnas em prorrogação.

Por conseguinte, entendemos que a OJ 388 da SDI-1, sobre horas noturnas em prorrogação na escala de 12 por 36, foi totalmente superada a partir da vigência da Lei n. 13.467/2011:

> 388. JORNADA 12 por 36. JORNADA MISTA QUE COMPREENDA A TOTALIDADE DO PERÍODO NOTURNO. ADICIONAL NOTURNO. DEVIDO.
>
> O empregado submetido à jornada de 12 horas de trabalho por 36 de descanso, que compreenda a totalidade do período noturno, tem direito ao adicional noturno, relativo às horas trabalhadas após as 5 horas da manhã.

## 5. Tema 1.046 *versus* Súmulas ns. 437, 451 e 109 do TST

Em abril de 2023, o Supremo Tribunal Federal concluiu o julgamento do Tema 1.046 de Repercussão Geral (ARE 1121633),[(10)] decidindo que as normas convencionais podem limitar ou afastar direitos trabalhistas que não se constituam como absolutamente irrenunciáveis, firmando a seguinte tese:

> São constitucionais os acordos e as convenções coletivos que, ao considerarem a adequação setorial negociada, pactuam limitações ou afastamentos de direitos trabalhistas, independentemente da explicitação especificada de vantagens compensatórias, desde que respeitados os direitos absolutamente indisponíveis.

Da leitura do acórdão e da tese fixada no Tema 1.046, extraímos os seguintes preceitos: (i) validade de normas heterônomas que limitem ou afastem e direitos trabalhistas; (ii) desde que respeitados os direitos absolutamente indisponíveis e observado o princípio da adequação setorial negociada; (iii) independentemente de especificação de vantagens compensatórias.

A seguir, analisaremos as repercussões do Tema 1.046 sobre as Súmulas ns. 437, 451 e 109 do TST.

---

(10) *Recurso extraordinário com agravo. Direito do Trabalho. Processo-paradigma da sistemática da repercussão geral. Tema 1.046. 3. Validade de norma coletiva que limita ou restringe direito trabalhista. Matéria constitucional. Revisão da tese firmada nos temas 357 e 762. 4. Fixação de tese: "São constitucionais os acordos e as convenções coletivas que, ao considerarem a adequação setorial negociada, pactuem limitações ou afastamentos de direitos trabalhistas, independentemente da explicitação especificada de vantagens compensatórias, desde que respeitados os direitos absolutamente indisponíveis." 5. Recurso extraordinário provido.* (ARE 1121633, relator(a): Gilmar Mendes, Tribunal Pleno, julgado em 02.06.2022, PROCESSO ELETRÔNICO REPERCUSSÃO GERAL – MÉRITO *DJe*-s/n DIVULG 27.04.2023 Data da publicação: 28.4.2023)

## *5.1. Súmula n. 437 do TST: Intervalos intrajornada*

Em que pese o intervalo intrajornada tenha evidente relação com saúde e segurança do trabalhador, o próprio legislador, no art. 71, § 3º, da CLT admite sua redução por autorização do Ministério do Trabalho em Emprego, o que denota a natureza de indisponibilidade relativa. Alia-se a isso que o art. 59-A da CLT, declarado constitucional pelo STF, permite a indenização do intervalo, reforçando, assim, a licitude da redução por negociação coletiva.

No mesmo sentido, o § 5º do art. 71 da CLT permite a redução ou fracionamento do intervalo intrajornada mediante norma coletiva aos motoristas, cobradores e empregados no setor de transporte coletivo de passageiros, lembrando que a referida norma foi declarada constitucional pelo STF na ADI 5.322.[11]

---

(11) *CONSTITUCIONAL E TRABALHISTA. CLT – Lei n. 13.103/2015. POSSIBILIDADE DE REGULAMENTAÇÃO DO EXERCÍCIO DA PROFISSÃO DE MOTORISTA. NECESSIDADE DE ABSOLUTO RESPEITO AOS DIREITOS SOCIAIS E ÀS NORMAS DE PROTEÇÃO AO TRABALHADOR PREVISTAS NO Art. 7º DA CONSTITUIÇÃO FEDERAL. RAZOABILIDADE NA PREVISÃO DE NORMAS DE SEGURANÇA VIÁRIA. PARCIAL PROCEDÊNCIA DA AÇÃO. 1. Compete ao Congresso Nacional regulamentar, especificamente, a profissão de motorista profissional de cargas e de passageiros, respeitando os direitos sociais e as normas de proteção ao trabalhador previstos na Constituição Federal. 2. São legítimas e razoáveis as restrições ao exercício da profissão de motorista em previsões de normas visando à segurança viária em defesa da vida e da sociedade, não violando o texto constitucional a previsão em lei da exigência de exame toxicológico.* ***3. Reconhecimento da autonomia das negociações coletivas (art. 7º, XXVI, da CF). Constitucionalidade da redução e/ou fracionamento do intervalo intrajornada dos motoristas profissionais, desde que ajustado em acordo ou convenção coletiva de trabalho****. 4. A Constituição Federal não determinou um limite máximo de prestação em serviço extraordinário, de modo que compete à negociação coletiva de trabalho examinar a possibilidade de prorrogação da jornada da categoria por até quatro horas, em sintonia com a previsão constitucional disciplinada no art. 7º, XXVI, da CF. 5. Constitucionalidade da norma que prevê a possibilidade, excepcional e justificada, de o motorista profissional prorrogar a jornada de trabalho pelo tempo necessário até o veículo chegar a um local seguro ou ao destino. 6. O SUPREMO TRIBUNAL FEDERAL fixou orientação no sentido da constitucionalidade da adoção da jornada especial de 12 x 36, em regime de compensação de horários (art. 7º, XIII, da CF). 7. Não há inconstitucionalidade da norma que prevê o pagamento do motorista profissional por meio de remuneração variável, que, inclusive, possui assento constitucional, conforme disposto no inciso VII do art. 7º da Constituição Federal. 8. Compete ao Ministério do Trabalho e Emprego a regulamentação das condições de segurança, sanitárias e de conforto nos locais de espera, repouso e descanso dos motoristas profissionais de cargas e passageiros. 9. É inconstitucional o dispositivo legal que permite a redução e/ou o fracionamento dos intervalos interjornadas e do descanso semanal remunerado. Normas constitucionais de proteção da saúde do trabalhador (art. 7º, XXII, da CF). 10. Inconstitucionalidade na exclusão do tempo de trabalho efetivo do motorista profissional, quando está à disposição do empregador durante o carregamento/descarregamento de mercadorias, ou ainda durante fiscalização em barreiras fiscais ou alfandegárias, conhecido como "tempo de espera". Impossibilidade de decote da jornada normal de trabalho e nem da jornada extraordinária, sob pena de desvirtuar a própria relação jurídica trabalhista reconhecida. 11. Inconstitucionalidade de normas da Lei n. 13.103/2015 ao prever hipótese de descanso de motorista com o veículo em movimento. Prejuízo ao efetivo descanso do trabalhador. 12. PARCIAL CONHECIMENTO DA AÇÃO DIRETA COM PARCIAL PROCEDÊNCIA, DECLARANDO INCONSTITUCIONAIS: (a) a expressão "sendo facultados o seu fracionamento e a coincidência com os períodos de parada obrigatória na condução do veículo estabelecida pela Lei n. 9.503, de 23 de setembro de 1997 – Código de Trânsito Brasileiro, garantidos o mínimo de 8 (oito) horas ininterruptas no primeiro período e o gozo do remanescente dentro das 16 (dezesseis) horas seguintes ao fim do primeiro período", prevista na parte final do § 3º do art. 235-C; (b) a expressão "não sendo computadas como jornada de trabalho e nem como horas extraordinárias", prevista na parte final do § 8º do art. 235-C; (c) a expressão "e o tempo de espera", disposta na parte final do § 1º do art. 235-C, por arrastamento; (d) o § 9º do*

Assim, com a fixação da tese do Tema 1.046 e levando em conta que o próprio STF, na ADI 5.322, admitiu a possibilidade de fracionamento ou redução do intervalo na Lei n. 13.103/205 (que versa sobre motoristas profissionais), entendemos que a alínea II da Súmula n. 437 do TST restou superada, uma vez que o referido verbete jurisprudencial expressamente veda a negociação coletiva que reduza o tempo de intervalo intrajornada, contrariando o entendimento consolidado no Tema 1.046 de Repercussão Geral:

> Súmula n. 437:
>
> INTERVALO INTRAJORNADA PARA REPOUSO E ALIMENTAÇÃO. APLICAÇÃO DO ART. 71 DA CLT
>
> (...)
>
> II – É inválida cláusula de acordo ou convenção coletiva de trabalho contemplando a supressão ou redução do intervalo intrajornada porque este constitui medida de higiene, saúde e segurança do trabalho, garantido por norma de ordem pública (art. 71 da CLT e art. 7º, XXII, da CF/1988), infenso à negociação coletiva.

Embora não tenha sido objeto da questão debatida no julgamento do Tema 1.046, é importante lembrar que a Lei n. 13.467/2017 incluiu os arts. 611-A e 611-B na CLT, com o fim de fixar novas balizas para a autonomia privada coletiva, as quais também devem nortear a análise da validade, eficácia e interpretação das normas convencionais a partir da vigência da Lei n. 13.467/2017. Destaca-se o inciso III do art. 611-A, que autoriza de modo literal a redução do intervalo por negociação coletiva, corroborando a licitude de negociações coletivas reduzindo o tempo de intervalo intrajornada.

> Art. 611-A. A convenção coletiva e o acordo coletivo de trabalho têm prevalência sobre a lei quando, entre outros, dispuserem sobre:
>
> (...)
>
> III – intervalo intrajornada, respeitado o limite mínimo de trinta minutos para jornadas superiores a seis horas;

---

*art. 235-C da CLT, sem efeito repristinatório; (e) a expressão "as quais não serão consideradas como parte da jornada de trabalho, ficando garantido, porém, o gozo do descanso de 8 (oito) horas ininterruptas aludido no § 3º do § 12 do art. 235-C"; (f) a expressão "usufruído no retorno do motorista à base (matriz ou filial) ou ao seu domicílio, salvo se a empresa oferecer condições adequadas para o efetivo gozo do referido repouso", constante do caput do art. 235-D; (g) o § 1º do art. 235-D; (h) o § 2º do art. 235-D; (i) o § 5º do art. 235-D; (j) o inciso III do art. 235-E, todos da CLT, com a redação dada pelo art. 6º da Lei n. 13.103/2015; e (k) a expressão "que podem ser fracionadas, usufruídas no veículo e coincidir com os intervalos mencionados no § 1º, observadas no primeiro período 8 (oito) horas ininterruptas de descanso", na forma como prevista no § 3º do art. 67-C do CTB, com redação dada pelo art. 7º da Lei n. 13.103/2015.* (ADI 5322, relator(a): Alexandre de Moraes, Tribunal Pleno, julgado em 3.7.2023, PROCESSO ELETRÔNICO *DJe*-s/n DIVULG 29.8.2023 Data da publicação: 30.8.2023)

## 5.2. Súmula n. 451 do TST: Participação nos Lucros e Resultados

Ainda como impacto do Tema 1.046, entendemos que o entendimento consubstanciado na Súmula n. 451 do TST, sobre PLR, também foi ultrapassado, visto que tal vantagem não se insere no âmbito dos direitos absolutamente indisponíveis dos trabalhadores:

> Súmula n. 451
>
> PARTICIPAÇÃO NOS LUCROS E RESULTADOS. RESCISÃO CONTRATUAL ANTERIOR À DATA DA DISTRIBUIÇÃO DOS LUCROS. PAGAMENTO PROPORCIONAL AOS MESES TRABALHADOS. PRINCÍPIO DA ISONOMIA.
>
> Fere o princípio da isonomia instituir vantagem mediante acordo coletivo ou norma regulamentar que condiciona a percepção da parcela participação nos lucros e resultados ao fato de estar o contrato de trabalho em vigor na data prevista para a distribuição dos lucros. Assim, inclusive na rescisão contratual antecipada, é devido o pagamento da parcela de forma proporcional aos meses trabalhados, pois o ex-empregado concorreu para os resultados positivos da empresa.

Neste sentido, o seguinte julgado da 1ª Turma do TST de 2023:

> PARTICIPAÇÃO NOS LUCROS E RESULTADOS. REGULAMENTAÇÃO POR MEIO DE INSTRUMENTO COLETIVO. PEDIDO DE DEMISSÃO. HIPÓTESE QUE NÃO SE ENQUADRA NAS HIPÓTESES NEGOCIADAS. TEMA 1.046.
>
> 1. É certo que a Súmula n. 451 do TST consagrou o entendimento de que seria inválido o acordo coletivo que afasta o direito à participação nos lucros nos casos de rescisão antecipada do contrato de trabalho. 2. Não obstante, o Supremo Tribunal Federal, no julgamento do Tema 1.046, firmou tese no sentido de que são válidas as negociações coletivas que restrinjam direitos trabalhistas que não sejam considerados indisponíveis.
>
> 3. A Participação nos Lucros é direito inserido no diploma constitucional com viés programático, na medida em que sua disciplina foi atribuída à legislação ordinária (art. 7º, XI, da Constituição Federal), não se consubstanciando em direito indisponível, tanto que o art. 611-A, XV, da CLT o inclui entre as hipóteses em que a negociação coletiva prevalece sobre o legislado.
>
> 4. Ademais, a própria Lei n. 10.101/2000 previu a regulamentação do benefício mediante negociação com a entidade sindical.
>
> 5. Diante desse quadro, forçoso é reconhecer a superação do entendimento consubstanciado na Súmula n. 451 do TST, motivo pelo qual considera-se que o Tribunal Regional, ao estender o benefício à hipótese não abrangida pelo instrumento convencional, violou o art. 7º, XXVI, da Constituição Federal, preceito que garante o reconhecimento das negociações coletivas, ex vi do precedente vinculante do Supremo Tribunal Federal no julgamento do Tema 1.046.
>
> Recurso de revista conhecido e provido.
>
> (TST-RR-20093-67.2022.5.04.0101, 1ª Turma, redator designado Min. Amaury Rodrigues Pinto Junior, 11.10.2023)

## *5.3. Súmula n. 109 do TST: Compensação da gratificação de função com as horas extras, prevista em normas coletivas de bancários*

A Súmula n. 109 do TST, que trata especificamente sobre bancários, tem a seguinte redação:

> GRATIFICAÇÃO DE FUNÇÃO
>
> O bancário não enquadrado no § 2º do art. 224 da CLT, que receba gratificação de função, não pode ter o salário relativo a horas extraordinárias compensado com o valor daquela vantagem.

Ocorre que, a partir de 2018, as convenções coletivas dos bancários passaram a estabelecer de modo expresso e detalhado, que, caso sejam deferidas por sentenças a 7ª e a 8ª horas extras para empregados que recebam gratificação de função do art. 224, § 2º da CLT, os valores pagos a título da referida gratificação devem ser compensados com as horas extras deferidas.

Assim, levando em conta o Tema 1.046 de repercussão geral, o disposto no art. 611-A da CLT e, ainda, diante do que dispõem as convenções coletivas dos bancários, temos que a Súmula n. 109 do TST foi parcialmente superada, não incidindo a súmula quando houver norma coletiva vigente em sentido contrário.

Os julgados das 3ª, 4ª e 5ª Turmas do TST a seguir colacionados, posteriores à conclusão do julgamento do Tema 1.046, vão na mesma direção:

> AGRAVO EM RECURSO DE REVISTA. COMPENSAÇÃO DA GRATIFICAÇÃO DE FUNÇÃO COM OS VALORES DEVIDOS A TÍTULO DE HORAS EXTRAS, OBJETO DE CONDENAÇÃO JUDICIAL. PREVISÃO EM NORMA COLETIVA. VALIDADE. INCIDÊNCIA DA TESE FIXADA PELO SUPREMO TRIBUNAL FEDERAL NO TEMA 1.046 EM REPERCUSSÃO GERAL (ARE 1.121.633). INAPLICABILIDADE DA SÚMULA N. 109 DO TST. (...) Na hipótese vertente, a gratificação de função tem natureza salarial, sendo possível eventual ajuste sobre a parcela, desde que procedido mediante convenção ou acordo coletivo, pois o art. 7º, inciso VI, da Constituição Federal preconiza a irredutibilidade salarial, salvo negociação coletiva, como no caso destes autos. Ou seja, não se trata de direito revestido de indisponibilidade absoluta, tampouco há supressão de direito constitucionalmente assegurado, como as horas trabalhadas, normais ou em sobrejornada. Nesse sentido, precedentes de Turmas desta Corte. Desse modo, impõe-se o reconhecimento da validade da Cláusula 11ª da CCT de 2018/2020, renovada na CCT de 2020/2022 dos bancários, para determinar a compensação do valor percebido a título de gratificação de função com as 7ª e 8ª horas extras deferidas em juízo. Recurso de revista conhecido e provido. (TST-Ag-RR-1000926-88.2021.5.02.0052, 3ª Turma, rel. Min. José Roberto Freire Pimenta, 22.11.2023)
>
> (...) RECURSO DE REVISTA – POSSIBILIDADE DE COMPENSAÇÃO DO VALOR RECEBIDO A TÍTULO DE GRATIFICAÇÃO DE FUNÇÃO COM O VALOR DAS HORAS EXTRAS DEFERIDAS EM JUÍZO EM RAZÃO DE PREVISÃO EM NORMA COLETIVA – RECURSO PROVIDO. (...) 3. No caso dos autos, o objeto da cláusula 11ª da CCT 2018/2020 refere-se à possibilidade de

compensação do valor recebido pelo bancário a título de gratificação de função com o valor das horas extras deferidas em juízo, o que atende aos parâmetros do precedente vinculante do STF, fixados no ARE 1121633, de relatoria do Min. Gilmar Mendes, além dos constitucionais e legais suprarreferidos, pois se está legitimamente flexibilizando norma legal atinente a jornada de trabalho. 4. Portanto, afastado o entendimento da Súmula n. 109 do TST, neste caso específico de previsão da possibilidade de compensação em norma coletiva, merece provimento do recurso patronal a fim de se realizar a pleiteada dedução dos valores. Recurso de revista provido.

(TST-RR-1001731-77.2019.5.02.0386, 4ª Turma, rel. Min. Ives Gandra da Silva Martins Filho, 23.5.2023)

(...) RECURSO DE REVISTA REGIDO PELA Lei n. 13.467/2017. BANCO BRADESCO S.A. COMPENSAÇÃO DAS HORAS EXTRAS COM A GRATIFICAÇÃO DE FUNÇÃO PREVISTA EM NORMA COLETIVA. TRANSCENDÊNCIA POLÍTICA CARACTERIZADA. 1. Hipótese em que o Tribunal Regional reformou sentença para afastar a validade da norma coletiva em que prevista a compensação da gratificação de função recebida pelo Autor, com o valor das 7ª e 8ª horas extras deferidas, objeto de condenação judicial, em razão do não enquadramento do trabalhador bancário na exceção prevista no § 2º do art. 224 da CLT. (...) 3. A compensação dos valores pagos a título da gratificação de função em causa, cujo pressuposto é o exercício de cargo gravado com fidúcia diferenciada, com o valor das horas extras posteriormente reconhecidas em juízo, quando prevista em norma coletiva, é plenamente válida e deve ser respeitada, sob pena de maltrato ao art. 7º, XXVI, da CF. Trata-se de disposição autônoma editada em linha da harmonia com os postulados essenciais da probidade e da boa-fé objetiva (CC, art. 422 /c o art. 8º da CLT) e que pretende encerrar a situação de absoluta insegurança ligada à caracterização das funções diferenciadas a que se refere o § 2º do art. 224 da CLT, objeto de milhares de ações judiciais em curso perante a Justiça do Trabalho. A Súmula n. 109 deste TST, resultante de seis julgados editados entre os anos de 1978 e 1980, é inespecífica e não se aplica à situação concreta, em que há, como visto, regulação jurídica autônoma, em norma coletiva de trabalho plenamente válida (CLT, art. 611-A, I e V) e chancelada pelo STF (Tema 1.046). Impositivo, portanto, o reconhecimento da validade da cláusula coletiva que estabelece a compensação das horas extras com a gratificação de função, por não se tratar de matéria albergada pela vedação imposta na tese firmada pela Suprema Corte. Configurada a transcendência política da questão, reconhece-se a violação do art. 7º, XXVI da CF. Recurso de revista conhecido e provido.

(TST-RR-1001322-67.2020.5.02.0386, 5ª Turma, relator: Min. Douglas Alencar Rodrigues, 17.3.2023)

## 6. Considerações finais

A partir de 2017, o Supremo Tribunal Federal proferiu inúmeras decisões tratando de assuntos de Direito do Trabalho e Processo do Trabalho, estabelecendo novos paradigmas em temas sensíveis na seara laboral. Tais decisões da Corte Constitucional em matérias trabalhistas, em sua maior parte, revelam uma tendência de reinterpretação da Constituição com viés liberal do ponto de vista econômico, priorizando a livre-iniciativa individual e a negociação coletiva em detrimento do dirigismo contratual trabalhista e da tutela da parte hipossuficiente na relação empregatícia.

Em tal contexto, um número significativo de vertentes jurisprudenciais do Tribunal Superior do Trabalho, consolidados em súmulas e orientações jurisprudenciais, acabaram sendo superadas ou relativizadas por precedentes vinculantes do STF.

Embora não concordemos com muitos entendimentos que prevaleceram nas decisões do Supremo Tribunal Federal em temas trabalhistas, é fato que tais julgamentos em controle concentrado e em Recursos Extraordinários com Repercussão Geral são precedentes vinculantes e, portanto, devem ser seguidos pelo Poder Judiciário.

No presente artigo, analisamos de forma sucinta e objetiva, algumas das principais súmulas e orientações jurisprudenciais do TST, que, na nossa visão, foram diretamente atingidas pelas recentes decisões da Corte Constitucional.

Entre as súmulas e OJs superadas, destacamos as seguintes:

(1) Súmula n. 331, item I e parte final do item III, do TST, em decorrência das teses do Tema 725 de Repercussão Geral e da ADPF 324, assim como das alterações legislativas advindas das Leis ns. 13.429/2017 e 13.467/2017.

(2) OJ 383 da SDI-1, em razão do Tema 383 de Repercussão Geral.

(3) Súmulas ns. 450, 372 e 291 do TST, como efeito do precedente vinculante da ADPF 501.

(4) Súmula n. 444 do TST e OJ 388 da SDI-1, superadas pelas ADIs 4.842 e 5.994, assim como pelo art. 59-A da CLT.

(5) Súmulas ns. 437, 451 e 109 do TST, em razão do Tema 1.046 de Repercussão Geral.

Sabemos que são questões novas, complexas e controversas, ainda não pacificadas pela jurisprudência dos Tribunais Trabalhistas, de modo que o propósito do presente artigo não é esgotar os temas, mas contribuir para o debate envolvendo os reflexos das decisões do Supremo Tribunal Federal sobre a jurisprudência consolidada do TST e o futuro do Direito do Trabalho.

## Referências

DELGADO, Mauricio Godinho. *Curso de Direito do Trabalho*. 16. ed., rev. e ampl. São Paulo: LTr, 2017.

SECRETARIA NACIONAL DE RELAÇÕES DE TRABALHO E DEPARTAMENTO INTERSINDICAL DE ESTATÍSTICA E ESTUDOS SOCIOECONÔMICOS. *Terceirização e desenvolvimento: uma conta que não fecha: dossiê acerca do impacto da terceirização sobre os trabalhadores e propostas para garantir a igualdade de direitos.* Secretaria Nacional de Relações de Trabalho e Departamento Intersindical de Estatística e Estudos Socioeconômicos. São Paulo: Central Única dos Trabalhadores, 2014. Disponível em: https://www.cut.org.br/acao/dossie-terceirizacao-e-desenvolvimento-uma-conta-que-nao-fecha-7974.

TST. *Ag-AIRR – 1636-86.2016.5.06.0021*. 1ª Turma. Relator Amaury Rodrigues Pinto Junior, data da publicação: 23.5.2024.

______. *Ag-RR-1000926-88.2021.5.02.0052*. 3ª Turma. Rel. Min. José Roberto Freire Pimenta, data da publicação: 22.11.2023.

______. *RR-1001731-77.2019.5.02.0386*. 4ª Turma. Rel. Min. Ives Gandra da Silva Martins Filho, 23.5.2023.

______. *RR-1001322-67.2020.5.02.0386*. 5ª Turma. Relator: Min. Douglas Alencar Rodrigues, Data da publicação: 17.3.2023.

______. *RR-20093-67.2022.5.04.0101*. 1ª Turma. Relator designado Min. Amaury Rodrigues Pinto Junior, data da publicação: 11.10.2023.

______. *RR-1787-61.2011.5.06.0010*. Relatora Ministra Delaíde Miranda Arantes, Data de Julgamento: 20.11.2018, 2ª Turma, data da publicação: 23.11.2018.

______. *RR-62900-79.2007.5.09.0072*. Relator Min. Hugo Carlos Scheuermann, 1ª Turma, DEJT, Data de Data da publicação: 7.6.2019.

______. *ADPF 501*. Relator: Alexandre de Moraes, Tribunal Pleno, 18.8.2022.

______. *ADPF 324*. Relator: Min. Roberto Barroso, Tribunal Pleno, data da publicação: 6.9.2019.

______. *ADI 4.842*. Relator: Edson Fachin, Tribunal Pleno, data da publicação: 8.8.2017.

______. *ADI 5.322*. Relator: Alexandre de Moraes, Tribunal Pleno, data da publicação: 30.8.2023.

______. *ADI 5.994*. Relator: Min. Marco Aurélio, relator(a) p/ Acórdão: Gilmar Mendes, Tribunal Pleno, julgado em 3.7.2023, data da publicação: 9.8.2023.

______. *ARE 1.121.633*. Relator: Min. Gilmar Mendes, Tribunal Pleno, Data da publicação: 28.4.2023.

______. *Rcl 536.88AgR*. Relator: Min. Ricardo Lewandowski, relator(a) p/ Acórdão: NUNES MARQUES, Segunda Turma, Data da publicação: 12.12.2023.

______. *Rcl 58.301 AgR*. Relator: Min. Alexandre de Moraes, Primeira Turma, Data da publicação: 3.5.2023.

______. *RE 635.546*. Relator: Min. Marco Aurélio, relator(a) p/ Acórdão: ROBERTO BARROSO, Tribunal Pleno. Data da publicação: 19.5.2021.

STF. *RE 958.252*. Relator: Min. Luiz Fux, Tribunal Pleno. Data da publicação: 13.9.2019.

# Dispensa Coletiva: Novo Direcionamento em Face da Atual Jurisprudência do Supremo Tribunal Federal

*Mauro Schiavi*[1]

## 1. Da extinção do contrato de trabalho

O contrato de trabalho se inicia por manifestação de vontade tácita ou expressa (art. 442, da CLT), se desenvolve e termina em razão de vários fatores. Embora idealizado para perdurar no tempo (princípio da continuidade), o contrato de trabalho, em determinado momento, irá se extinguir.

Não há, na doutrina, consenso sobre as nomenclaturas das hipóteses de extinção do contrato de trabalho.

A doutrina costuma denominar o término do contrato de trabalho com as expressões: *terminação, extinção* ou *dissolução* do contrato de trabalho. A CLT, a partir do art. 477 fala utiliza a expressão *rescisão*. Preferimos o termo **extinção** como gênero que engloba todas as espécies de término do contrato de trabalho, tanto as espécies levadas a efeito por iniciativa de uma ou das duas partes, inexecução culposa do contrato de trabalho por uma ou ambas as partes, como as causas que independem da vontade das partes, como caso fortuito ou força maior, e causas naturais, como a morte do empregado e término do contrato do contrato de trabalho por prazo determinado.

## 2. A Constituição de 1988, Convenção n. 158, da OIT, e o fim da estabilidade

Dispõe o art. 7º, I, da Constituição Federal:

> "Relação de emprego protegida contra despedida arbitrária ou sem justa causa, nos termos de lei complementar, que preverá indenização compensatória, dentre outros direitos."

---

(1) Juiz Titular da Vara do Trabalho de Cajamar/SP (exerce a Magistratura do Trabalho há 23 anos). Doutor e Mestre em Direito pela PUC/SP. Professor Universitário. Autor de 25 livros sobre Direito e Processo do Trabalho.

Diante do referido dispositivo constitucional, fora fixada proteção contra a dispensa arbitrária ou sem justa causa nos termos de lei complementar, que jamais fora editada e que preveria indenização compensatória, dentre outros direitos.

Nos termos do art. 10, I do ADCT, até que seja promulgada a lei complementar a que se refere o art. 7º, I, da Constituição, I – fica limitada a proteção nele referida ao aumento, para quatro vezes, da porcentagem prevista no art. 6º, *"caput"* e § 1º, da Lei n. 5.107 de 13 de setembro de 1966 (atual art. 18, da Lei n. 8036/90).

Diante do art. 10, I do ADCT e do art. 18, da Lei n. 8.036/90, enquanto não editada a Lei Complementar a que se refere o inciso I do art. 7º, da CF, a indenização pela dispensa sem justa causa é o valor de 40% dos depósitos de FGTS existentes na conta vinculada do trabalhador à época da rescisão do contrato de trabalho, chamada de multa de 40% sobre o FGTS.

Para parte da doutrina, o art. 7º, I, da Constituição Federal tem eficácia imediata, e assegura garantia de emprego ao trabalhador, podendo a futura Lei Complementar estabelecer parâmetros, mas não restringir esse direito.

Nesse sentido, sustenta José Afonso da Silva[(2)]:

> "A Constituição não conferiu uma garantia absoluta do emprego. Os debates na Constituinte, neste tema, foram os mais acirrados, variando de uma postura de livre desfazimento unilateral do contrato de trabalho até uma vedação quase absoluta ao desfazimento. Prevaleceu uma fórmula que não é de todo satisfatória, conforme disposto no art. 7º, I (...)Protege-se a relação de emprego contra a despedida arbitrária ou sem justa causa, nos termos de lei complementar. O que é que fica dependendo da lei complementar: a definição da proteção à relação de emprego ou a definição do que seja despedida arbitrária ou sem justa causa? Temos para nós que a garantia do emprego é um direito, por si bastante, nos termos da Constituição, ou seja, a norma do art. 7º, I, é por si só suficiente para gera o direito nela previsto (...)Indenização não é garantia da relação de emprego."

Em nossa visão, há proteção contra duas modalidades de dispensa, quais sejam:

**a) dispensa arbitrária:** trata-se de dispensa ilícita praticada pelo empregador, em regra, com abuso de direito (art. 187 do CC) como nas hipóteses de dispensa do empregado detentor de garantia de emprego (gestante, acidentado, etc.), ou por motivo discriminatório (orientação sexual, idade, etc.). Esta modalidade de dispensa, por ser contrária ao direito, autoriza o empregado à reintegração no

(2) *Curso de Direito Constitucional Positivo*. 43. ed. São Paulo: Malheiros e JusPodivm, 2020. p. 292-293.

emprego por lapso de tempo determinado e a receber indenização por dano moral (ou extrapatrimonial);

**b) dispensa sem justa causa:** esta modalidade de extinção do contrato de trabalho, praticada por vontade unilateral do empregador é tida, por grande parte da doutrina, como uma atitude lícita do empregador, também denominada de direito *potestativo* do empregador, ou seja, um ato que depende, para ter validade, da vontade única do empregador.

A doutrina, em geral, tem interpretado as expressões *dispensa arbitrária* ou *sem justa causa* como sinônimas, possibilitando ao empregador pôr fim ao contrato de trabalho de forma unilateral, mediante pagamento de verbas rescisórias: saldo de salário, férias vencidas e/ou proporcionais, 13º salários vencidos e/ou proporcional, aviso prévio, e multa de 40% sobre o FGTS. Além disso, o empregado poderá movimentar os depósitos de FGTS, e caso preenchido o requisito temporal da Lei n. 7.998/90, terá direito ao seguro-desemprego.

O Brasil chegou a ratificar a Convenção n. 158 da OIT que trata da proteção contra a dispensa, regulamentando o art. 7º, I, da CF.

Dispõe o art. 4º, da Convenção n. 158, da OIT:

> "Não se dará término à relação de trabalho de um trabalhador a menos que exista para isso uma causa justificada relacionada com sua capacidade ou seu comportamento ou baseada nas necessidades de funcionamento da empresa, estabelecimento ou serviço."

Diante do referido dispositivo, o empregador somente pode tomar a inciativa de pôr fim ao contrato de trabalho, se houver uma causa justificada relacionada ao comportamento do empregado ou baseadas nas necessidades de funcionamento da empresa.

A referida Convenção foi aprovada pelo Brasil, pelo Decerto Legislativo n. 68, de 16 de setembro de 1992. No entanto fora denunciada pelo Estado Brasileiro pelo Decreto n. 1.855, de 10 de abril de 1996.

Os juristas apontaram incompatibilidades entre a Convenção n. 158, e o sistema constitucional brasileiro, destacando-se os seguintes argumentos:

a) A Convenção n. 158 da OIT ingressou no ordenamento jurídico brasileiro com *status* de Lei Ordinária (posição do Supremo Tribunal Federal na época), enquanto o art. 7º, I, da CF, exige Lei Complementar;

b) A Constituição Brasileira, no art. 7º, I, não assegura a estabilidade como forma de proteção da relação de emprego, e sim indenização, enquanto a Convenção n. 158 assegura a Estabilidade no Emprego como forma de proteção contra a dispensa.

Nesse sentido, sustenta Amauri Mascaro Nascimento[3]:

> "O sistema brasileiro não segue a teoria da dispensa causada recomendada pela OIT. Segundo o sistema constitucional brasileiro a proteção contra dispensa arbitrária ou sem justa causa faz-se mediante o pagamento de indenização (ADCT, 10), garantida a estabilidade para casos especiais, como os do dirigente sindical (V, art. 8º, VIII), da gestante e do cipeiro (ADCT, art. 10). Logo, o direito do empregado despedido, nas dispensas individuais, é à indenização, como regra constitucional geral, no caso o acréscimo sobre o FGTS, abolida que foi, pela Constituição de 1988, a estabilidade decenal e generalizado, independentemente de opção, o enquadramento dos empregados no regime do FGTS, substitutivo da estabilidade decenal, salvo para os que antes de 1988 adquiriram o direito. A reintegração cabe apenas para os portadores das estabilidades especiais."

Na ADC 39, o STF julgou a constitucionalidade da denúncia da Convenção n. 158 realizada pelo chefe do executivo brasileiro em 1997. Por maioria, o Tribunal considerou inconstitucional a denúncia realizada unilateralmente pelo Presidente da República, sem passagem pelo Congresso Nacional (art. 49, I, da CF[4]) No entanto, considerou válidas as denúncias unilaterais realizadas pelo presidente antes da decisão. Importe destacar a ementa da presentes decisão:

> "EMENTA Ação declaratória de constitucionalidade. Decreto n. 2.100, de 20 de dezembro de 1996. Denúncia do Estado brasileiro da Convenção n. 158 da Organização Internacional do Trabalho (OIT). Preliminar. Existência de controvérsia judicial relevante. Mérito. Denúncia de tratado internacional por vontade exclusiva do presidente da República. Necessidade de participação do Congresso Nacional. Estado Democrático de Direito e princípio da legalidade. Tese fixada. Efeitos prospectivos. Procedência da ação. 1. As requerentes apresentaram elementos dos quais é possível extrair a ausência de consenso judicial sobre o tema, a denotar a utilidade de se prosseguir com a análise da ação declaratória, cabendo ao Supremo Tribunal Federal pacificar a controvérsia à luz do ordenamento constitucional. A existência de uma ação direta de inconstitucionalidade com o mesmo objeto não impede o conhecimento da ação declaratória de constitucionalidade (Precedentes: *ADC* n. 5/DF, Tribunal Pleno, rel. Min. Nelson Jobim, red. do ac. Min. Ricardo Lewandowski, *DJe* de 5.10.07; ADI n. 1.800/DF, rel. Min. Nelson Jobim, red. do ac. Min. Ricardo Lewandowski, *DJe* de 28.9.07). 2. A questão controvertida consiste na aferição da necessidade de manifestação de vontade do Congresso Nacional para que a denúncia de um tratado internacional produza efeitos no direito doméstico, em face do que dispõe o art. 49, inciso I, da Constituição Federal, questão que é suscitada a partir do

(3) *Curso de Direito do Trabalho*. 29. ed. São Paulo: Saraiva, 2014. p. 1.224.

(4) Art. 49, I, da CF: "É da competência exclusiva do Congresso Nacional: I – resolver definitivamente sobre tratados, acordos ou atos internacionais que acarretem encargos ou compromissos gravosos ao patrimônio nacional (...)".

> pedido de declaração de constitucionalidade do Decreto n. 2.100, de 20 de dezembro de 1996. 3. O teor do art. 49, inciso I, e do art. 84, inciso VIII, da Constituição Federal indica uma necessária conjugação de vontades para a adesão do Estado Brasileiro aos termos de um tratado internacional, ou seja, requer uma convergência das competências do presidente da República, a quem cabe celebrar o acordo, e do Congresso Nacional, que exerce função de controle e fiscalização, autorizando sua ratificação pelo chefe do Poder Executivo (Precedente: ADI n. 1.480/DF-MC, Tribunal Pleno, rel. Min. Celso de Mello, *DJ* de 18.5.01). 4. Manifestação dos freios e contrapesos que caracterizam o exercício compartilhado do Poder nas democracias contemporâneas, enquanto antítese da autocracia e do totalitarismo, estabelecendo-se procedimentos que conferem legitimidade aos compromissos internacionais assumidos pelo Poder Executivo, para que, com força de lei, eles possam vincular os cidadãos e as autoridades constituídas. 5. Uma vez incorporados ao direito interno, os tratados passam a contar com força de lei ordinária federal, ressalvados os tratados que versam sobre direitos humanos, os quais passam a ter natureza supralegal ou até mesmo constitucional, caso observem o procedimento previsto no art. 5º, § 3º, da CF/88. Como tais, aos tratados se aplicam os mesmos critérios de solução de conflito de normas, como o da cronologia (norma posterior revoga a anterior) e da especialidade (norma especial prevalece sobre a genérica) (Precedentes: ADI n. 1.480/DF-MC, Tribunal Pleno, rel. Min. Celso de Mello, *DJ* de 18.5.01; ARE n. 766.618/SP, Tribunal Pleno, rel. Min. Roberto Barroso, julgado em 25.5.17, *DJe* de 13.11.17). 6. À luz da Constituição de 1988, decorre do próprio Estado Democrático de Direito e de seu corolário ' o princípio da legalidade ' que a denúncia de um tratado internacional, embora produza efeitos no âmbito externo diante da manifestação de vontade do presidente da República, requer a anuência do Congresso Nacional para que suas normas sejam excluídas do direito positivo interno. 7. Julgar improcedente a presente ação, reconhecendo, por consequência, a inconstitucionalidade do Decreto n. 2.100, de 20 de dezembro de 1996, significaria lançar luz à possibilidade de invalidar todos os atos de denúncia unilateral praticados até o momento em períodos variados da história nacional. Não se pode desconsiderar tratar-se de um costume consolidado pelo tempo e que, não tendo sido formalmente invalidado, vinha sendo adotado de boa-fé e com justa expectativa de legitimidade. 8. Fixação da seguinte tese de julgamento: "a denúncia pelo Presidente da República de tratados internacionais aprovados pelo Congresso Nacional, para que produza efeitos no ordenamento jurídico interno, não prescinde da sua aprovação pelo Congresso". Aplicação desse entendimento a partir da publicação da ata do julgamento, mantendo-se a eficácia das denúncias realizadas até esse marco temporal. 9. Ação declaratória de constitucionalidade julgada procedente. 10. Apelo ao legislador para que elabore disciplina acerca da denúncia dos tratados internacionais que preveja a chancela do Congresso Nacional como condição para a produção de efeitos na ordem jurídica interna. (STF – ADC 39 – Tribunal Pleno – Relator(a): Min. DIAS TOFFOLI Julgamento: 19.06.2023 – Publicação: 18/08/2023).

Na prática, nada foi alterado, pois não fora decretada a nulidade da denúncia da Convenção n. 158, da OIT. Portanto, a referida Convenção não está vigente no ordenamento jurídico brasileiro.

## 3. Da dispensa individual

Quando do empregador toma a iniciativa de pôr fim ao contrato de trabalho, tal conduta é denominada dispensa imotivada.

A extinção do contrato de trabalho por iniciativa do empregador sempre é traumática para o empregado, pois perderá sua fonte de renda, e não raro ficará sem recursos para sua sobrevivência e de sua família. Por isso, sempre que possível, o contrato deve ser preservado. Não obstante, o Ordenamento Jurídico brasileiro permite a chamada *denúncia vazia* do contrato de trabalho pelo empregador, também chamada de *dispensa*.

Diante do elevado alcance social que envolve a questão, a Constituição Federal protege o contrato de trabalho contra a dispensa pelo empregador.

Dispõe o art. 7º, I, da CF:

> "São direitos dos trabalhadores urbanos e rurais, além de outros que visem à melhoria de sua condição social: I – relação de emprego protegida contra despedida arbitrária ou sem justa causa, nos termos de lei complementar, que preverá indenização compensatória, dentre outros direitos."

Esta modalidade de extinção do contrato de trabalho, praticada por vontade unilateral do empregador é tida, por grande parte da doutrina, como uma atitude lícita do empregador, também denominada de direito *potestativo* do empregador, ou seja, um ato que depende, para ter validade, da vontade única do empregador.

Os direitos potestativos, segundo a melhor doutrina, se exercitam pela simples vontade de seu titular, e sem o concurso da vontade da pessoa que se sujeitará ao exercício desse direito.

Nesse sentido, defende Mauricio Godinho Delgado[(5)]:

> "Nos moldes prevalecentes no Direito do País, tal declaração de vontade tem natureza potestativa, receptícia e constitutiva, com efeitos imediatos, tão logo recebida pela parte adversa (efeitos *ex nunc*)."

De outro lado, há, também na doutrina, entendimentos no sentido de que a dispensa sem justa causa, é um ato ilícito do empregador (art. 186 do CC), mas que pode ser levado a efeito desde que pague ao empregado uma indenização tarifada, que ainda não está devidamente regulamentada por Lei Complementar (art. 7º, I, da CF). Atualmente, o valor da indenização está disciplinado no art. 10, I, do ADCT.

## 4. Da dispensa coletiva

Conforme Nélson Mannrich[(6)]:

> "Dispensa coletiva é a ruptura diferenciada do contrato de trabalho de natureza objetiva, de iniciativa patronal, decorrente de causas homogêneas

(5) *Curso de Direito do Trabalho*. 18. ed. São Paulo: LTr, 2019. p. 1.377.

(6) *Dispensa Coletiva:* Da liberdade contratual à Responsabilidade Social. São Paulo: LTr, 2000. p. 555.

> que, durante um determinado período de tempo atingem certo número de trabalhadores. É ato de declaração de vontade, de iniciativa patronal, destinado a extinguir o contrato de trabalho, a partir do momento em que seja notificado o empregado. Trata-se, portanto, de um ato unilateral, constitutivo porque destinado a extinguir uma relação jurídica; receptício quando condiciona sua eficácia ao recebimento, por parte do empregado, da notícia a ruptura contratual."

Continua o mencionado autor(7):

> "As causas determinantes da ruptura contratual devem ser comuns a todos os empregados dispensados, razão pela qual fala-se em causa homogênea. É plúrima a dispensa de mais de um empregado, por causas diferentes, vinculadas ao comportamento do empregado. Além de homogênea, a dispensa coletiva prende-se a causas de natureza objetiva, desvinculadas do comportamento do empregado. Entre as causas objetivas, vinculadas à empresa e/ou à atividade empresarial, situam-se as de natureza econômica, financeira, tecnológica, estrutural, organizacional e conjuntural. Em síntese, a dispensa coletiva enseja supressão de postos de trabalho por motivo alheio à vontade do empresário. Sua comprovação submete-se, ou não a procedimento prévio específico que depende de previsão legal."

Parte da doutrina também tem sustentado que na expressão *dispensa arbitrária*, prevista no art. 7º, I, da CF, enquadra-se a dispensa coletiva. No aspecto, também dispõe a Convenção n. 158, da OIT (não ratificada pelo Brasil), e o Direito Comparado.

A dispensa coletiva abrange um grupo ou uma coletividade de empregados em número significativo para a empresa, os quais, em evento único são dispensados e perdem o emprego. Embora o art. 7º, I, da CF traga norma de proteção contra a dispensa arbitrária ou sem justa causa, este dispositivo ainda não foi regulamentado. Não obstante, pensamos que a dispensa coletiva por envolver uma coletividade de trabalhadores, e configurar, acima de tudo um fato social, sem justificativa ou sem a tentativa de alternativas viáveis para manutenção dos empregos, deve ser enquadrada como dispensa arbitrária, fazendo jus os trabalhadores dispensados à reintegração no emprego, ou à indenização específica, além da indenização tarifada. Por isso, necessário se faz que a dispensa coletiva seja antecedida de negociação previa com o Sindicato da Categoria profissional.

Como bem advertiu Renato Rua de Almeida(8), "na dispensa coletiva, o direito subjetivo de despedir está limitado pela obrigação prévia de informar aos empregados

(7) *Op. cit.*, p. 555.

(8) ALMEIDA, Renato. *Sustentação Oral no RE 999.435*. Publicada no *site Consultou Jurídico* em 31 de maio de 2021.

despedidos e ao respectivo sindicato a motivação da despedida, conforme regra prevista pelo art. 5º, inciso XIV, do texto constitucional, de que é assegurado o acesso à informação. A prerrogativa de ser também informado da motivação da despedida coletiva decorre da legitimidade que lhe é conferida pelo art. 8º, inciso III, do texto constitucional (...) Decorre também da regra do art. 8º, VI, do texto constitucional, a obrigatoriedade da participação do sindicato profissional nas negociações coletivas de trabalho".

No mesmo sentido adverte Nélson Mannrich[(9)]:

> "O processo de negociação coletiva, em busca de uma solução alternativa para o desemprego, tendente a minorar seus efeitos, aponta para um modelo neocorporativo — onde assumem importância os grupos econômicos e as organizações sindicais, passando a partilhar da própria governabilidade social objetivando garantir um sistema político estável — não para provar a debilidade do Estado ou de suas leis, mas para revigorar a legislação contratada — modificando *in pejus,* se necessário, as normas legais, visando enfrentar a grave crise do emprego e as dificuldades de colocação do trabalhador em outro emprego."

A jurisprudência trabalhista antes da Reforma Trabalhista de 2017 havia firmado entendimento sobre a necessidade de procedimentalização das dispensas coletivas, com a necessidade de negociação coletiva prévia, a fim de se criarem alternativas para evitar as dispensas ou reduzir seus impactos sociais e econômicos.

No aspecto, destacam-se as seguintes decisões:

> **DESPEDIDA EM MASSA. NULIDADE. NECESSIDADE DE PROCEDIMENTALIZAÇÃO**. Da greve. Legalidade. A greve é maneira legítima de resistência às demissões unilaterais em massa, vocacionadas à exigir o direito de informação da causa do ato demissivo massivo e o direito de negociação coletivo. Aplicável no caso os princípios da solução pacifica das controvérsias, preâmbulo da CF; bem como, art. 5º, inciso XIV, art. 7º, XXVI, art. 8º, III e VI, CF, e Recomendação n. 163 da OIT, diante das demissões feitas de inopino, sem buscar soluções conjuntas e negociadas com Sindicato. Da despedida em massa. Nulidade. **Necessidade de procedimentalização**."(TRT/SP Ac. n. SDC – 00002/2009-0, Proc. 20281200800002001, relª. Ivani Contini Bramante, julgado em 22.12.08)

> RECURSO ORDINÁRIO EM DISSÍDIO COLETIVO. DISPENSAS TRABALHISTAS COLETIVAS. MATÉRIA DE DIREITO COLETIVO. IMPERATIVA INTERVENIÊNCIA SINDICAL. RESTRIÇÕES JURÍDICAS ÀS DISPENSAS COLETIVAS. ORDEM CONSTITUCIONAL E INFRACONSTITUCIONAL DEMOCRÁTICA EXISTENTE DESDE 1988.A sociedade produzida pelo sistema capitalista é, essencialmente, uma sociedade de massas. A lógica de funcionamento do sistema econômico-social induz a concentração e centralização não apenas de riquezas, mas também de comunidades, dinâmicas socioeconômicas e de problemas destas resultantes. A massificação das dinâmicas e dos problemas das pessoas e grupos sociais nas

(9) *Dispensa Coletiva:* Da Liberdade Contratual à Responsabilidade Social. São Paulo: LTr, 2000. p. 568.

comunidades humanas, hoje, impacta de modo frontal a estrutura e o funcionamento operacional do próprio Direito. Parte significativa dos danos mais relevantes na presente sociedade e das correspondentes pretensões jurídicas têm natureza massiva. O caráter massivo de tais danos e pretensões obriga o Direito a se adequar, deslocando-se da matriz individualista de enfoque, compreensão e enfrentamento dos problemas a que tradicionalmente perfilou-se. A construção de uma matriz jurídica adequada à massividade dos danos e pretensões característicos de uma sociedade contemporânea — sem prejuízo da preservação da matriz individualista, apta a tratar os danos e pretensões de natureza estritamente atomizada — é, talvez, o desafio mais moderno proposto ao universo jurídico, e é sob esse aspecto que a questão aqui proposta será analisada. As dispensas coletivas realizadas de maneira maciça e avassaladora, somente seriam juridicamente possíveis em um campo normativo hiperindividualista, sem qualquer regulamentação social, instigador da existência de mercado hobbesiano na vida econômica, inclusive entre empresas e trabalhadores, tal como, por exemplo, respaldado por Carta Constitucional como a de 1891, já há mais um século superada no país. Na vigência da Constituição de 1988, das convenções internacionais da OIT ratificadas pelo Brasil relativas a direitos humanos e, por consequência, direitos trabalhistas, e em face da leitura atualizada da legislação infraconstitucional do país, é inevitável concluir-se pela presença de um Estado Democrático de Direito no Brasil, de um regime de império da norma jurídica (e não do poder incontrastável privado), de uma sociedade civilizada, de uma cultura de bem-estar social e respeito à dignidade dos seres humanos, tudo repelindo, imperativamente, dispensas massivas de pessoas, abalando empresa, cidade e toda uma importante região. Em consequência, fica fixada, por interpretação da ordem jurídica, a premissa de que "a negociação coletiva é imprescindível para a dispensa em massa de trabalhadores". DISPENSAS COLETIVAS TRABALHISTAS. EFEITOS JURÍDICOS. A ordem constitucional e infraconstitucional democrática brasileira, desde a Constituição de 1988 e diplomas internacionais ratificados (Convenções OIT ns. 11, 87, 98, 135, 141 e 151, ilustrativamente), não permite o manejo meramente unilateral e potestativista das dispensas trabalhistas coletivas, por de tratar de ato/fato coletivo, inerente ao Direito Coletivo do Trabalho, e não Direito Individual, exigindo, por consequência, a participação do(s) respectivo(s) sindicato(s) profissional(is) obreiro(s). Regras e princípios constitucionais que determinam o respeito à dignidade da pessoa humana (art. 1º, III, CF), a valorização do trabalho e especialmente do emprego (arts. 1º, IV, 6º e 170, VIII, CF), a subordinação da propriedade à sua função socioambiental (arts. 5º, XXIII e 170, III, CF) e a intervenção sindical nas questões coletivas trabalhistas (art. 8º, III e VI, CF), tudo impõe que se reconheça distinção normativa entre as dispensas meramente tópicas e individuais e as dispensas massivas, coletivas, as quais são social, econômica, familiar e comunitariamente impactantes. Nesta linha, seria inválida a dispensa coletiva enquanto não negociada com o sindicato de trabalhadores, espontaneamente ou no plano do processo judicial coletivo. A d. Maioria, contudo, decidiu apenas fixar a premissa, para casos futuros, de que "a negociação coletiva é imprescindível para a dispensa em massa de trabalhadores", observados os fundamentos supra. Recurso ordinário a que se dá provimento parcial. (TST Processo: ED-RODC – 30900-12.2009.5.15.0000 Data de Julgamento: 10.08.2009, relator Ministro: Mauricio Godinho Delgado, Seção Especializada em Dissídios Coletivos, Data de Publicação: *DEJT* 04.09.2009)

Dispõe o art. 477-A, da CLT, com a redação dada pela Lei n. 13.467/17, conhecida como a lei da "reforma trabalhista":

> "As dispensas imotivadas individuais, plúrimas ou coletivas equiparam-se para todos os fins, não havendo necessidade de autorização prévia de entidade sindical ou de celebração de convenção coletiva ou acordo coletivo de trabalho para sua efetivação."

O referido dispositivo legal trata das dispensas plúrimas e coletivas. A lei não define qual seria o número de trabalhadores dispensados numa mesma ocasião, e pelas mesmas circunstâncias fáticas, para configurar uma dispensa coletiva ou plúrima.

A expressão plúrimo significa vários, ou seja, mais de um. Já a expressão coletivo, se reporta a um grupo ou uma classe de trabalhadores. Podem ser todos os trabalhadores da empresa ou de um determinado setor.

> O art. 477-A, da CLT, com a redação dada pela Lei n. 13.467/17 equiparou as dispensas individuais não havendo necessidade de autorização prévia de entidade sindical ou de celebração de negociação. As dispensas imotivadas individuais, plúrimas ou coletivas equiparam-se para todos os fins, não havendo necessidade de autorização prévia de entidade sindical ou de negociação coletiva. Trata-se de providência que veio a facilitar as dispensas em massa, sem qualquer ônus adicional ao empregador, e teve por objetivo frear a crescente tendência da jurisprudência do Tribunal Superior do Trabalho no sentido de estabelecer requisitos adicionais para as dispensas de índole coletiva com o objetivo de proteger os empregos. Apesar do texto da lei, considerando-se a grande repercussão social que envolve a questão, as discussões continuam e há argumentos sólidos para considerar a inconstitucionalidade do presente dispositivo.

Acolhendo a redação do art. 477-A. da CLT, destaca-se a seguinte decisão:

> DEMISSÃO COLETIVA. ART. 477-A DA CLT. DESNECESSIDADE DE PRÉVIA AUTORIZAÇÃO DO SINDICATO OU DE CELEBRAÇÃO DE CONVENÇÃO COLETIVA OU ACORDO COLETIVO. VALIDADE E EFICÁCIA DA NORMA. Seja pela análise das normas da Constituição da República Federativa do Brasil de 1988, seja pela análise das normas internacionais internalizadas no ordenamento jurídico pátrio, inclusive as Convenções da OIT (11, 98, 135, 141 e 154; 158, denunciada), não há que se falar em inconstitucionalidade ou controle de convencionalidade do art.477-A da CLT, já que se trata de norma válida e eficaz, que expressamente estabelece que não há necessidade de autorização prévia de entidade sindical ou de celebração de convenção coletiva ou de acordo coletivo, para que sejam efetivadas as dispensas plúrimas ou coletivas. Portanto, impedir a realização de demissões coletivas, ao arrepio da lei (art.477-A da CLT) e do princípio da legalidade (art.5º, II, da CRFB/88), com indevida interferência na gestão da empresa, não encontra respaldo no ordenamento jurídico. (TRT da 2ª Região; Processo: 1000602-16.2020.5.02.0511; Data: 23-07-2021; Órgão Julgador: 17ª Turma - Cadeira 2 - 17ª Turma; relator(a): MARIA DE LOURDES ANTONIO)

De nossa parte, as dispensas plúrimas ou coletivas, por envolverem direitos de índole coletiva e sociais, serão consideradas arbitrárias, podendo ser anuladas pelas Justiça do Trabalho caso: a) não tenham motivação comprovada; b) não tenham sido antecedidas por negociação coletiva.

## 5. A Dispensa Coletiva e o novo direcionamento dado pelo STF

O Supremo Tribunal Federal, em 08 de junho do 2022, apreciando o RE 999.435, Tema 638 de sua repercussão geral, fixou a seguinte tese:

> "Decisão: O Tribunal, por maioria, apreciando o tema 638 da repercussão geral, negou provimento ao recurso extraordinário, vencidos os Ministros Marco Aurélio (Relator), Nunes Marques e Gilmar Mendes. Por maioria, foi fixada a seguinte tese: "A intervenção sindical prévia é exigência procedimental imprescindível para a dispensa em massa de trabalhadores, que não se confunde com autorização prévia por parte da entidade sindical ou celebração de convenção ou acordo coletivo", vencidos, em parte, os Ministros Ricardo Lewandowski, Edson Fachin e Rosa Weber. Nesta assentada, o Ministro Alexandre de Moraes reajustou seu voto para acompanhar a divergência. O Ministro André Mendonça, sucessor do Ministro Marco Aurélio, não votou no mérito, mas proferiu voto quanto à tese de repercussão geral. Redigirá o acórdão o Ministro Edson Fachin. Impedido o Ministro Luiz Fux (Presidente). Presidiu o julgamento a Ministra Rosa Weber (Vice-Presidente). Plenário, 8.6.2022.

O acórdão fora assim ementado:

> Ementa: CONSTITUCIONAL. DIREITO DOS TRABALHADORES. DISPENSA EM MASSA. INTERVENÇÃO SINDICAL PRÉVIA. EXIGÊNCIA. ART. 7º, INCISOS I e XXVI, da CONSTITUIÇÃO DA REPÚBLICA. 1. Os direitos sociais fundamentais trabalhistas são corolários primários do modelo político alcunhado de Estado Democrático de Direito. 2. As relações contratuais, em geral, e as relações contratuais trabalhistas, em particular, devem considerar sujeitos e objetos concretos. 3. Diante da previsão constitucional expressa do art. 7º, I e XXVI, da CRFB, é inadmissível o rompimento em massa do vínculo de emprego sem a devida atenção à negociação coletiva. 4. Recurso extraordinário não provido, com fixação majoritária, vencidos os Ministros Edson Fachin e Ricardo Lewandowski e a Ministra Rosa Weber, da seguinte tese: "A intervenção sindical prévia é exigência procedimental imprescindível para a dispensa em massa de trabalhadores, que não se confunde com autorização prévia por parte da entidade sindical, ou celebração de convenção o acordo coletivo". (STF RE 999435. Tribunal Pleno. Relator Min. EDSON FACHIN – *Doe*: 15.09.2022).

Diante da tese fixada pelo STF, que é de repercussão geral, a qual será aplicada aos casos idênticos e nos quais se discute a mesma tese jurídica, foram fixadas as seguintes premissas:

a) houve procedimentalização para a dispensa coletiva;

b) a intervenção sindical prévia é imprescindível para a dispensa em massa de trabalhadores;

c) a intervenção sindical não confunde com autorização prévia por parte da entidade sindical ou celebração de convenção ou acordo coletivo;

d) a falta de acordo ou convenção coletiva não gera nulidade da dispensa;

e) a dispensa coletiva sem a intervenção prévia da entidade sindical dos trabalhadores coletiva, é abusiva — art. 187, do CC;

f) a redação do art. 477-A deve ser compatibilizada com o que fora decidido pelo STF.

Não houve menção aos efeitos da falta de intervenção sindical. Por isso, duas correntes interpretativas se mostram pertinentes:

a) nulidade das dispensas e direito à reintegração dos trabalhadores dispensados;

c) direito à indenização por parte dos trabalhadores, por ter sido a dispensa abusiva, aplicando-se os arts. 187, 187, 927 e 944 do CC. Não haveria, nesta linha de interpretação, direito à reintegração, pois o art. 7º, I, da CF não assegura estabilidade genérica aos trabalhadores, e sim atribui direito à indenização pela dispensa arbitrária ou sem justa causa. Desse modo, os trabalhadores dispensados, além da indenização tarifada do art. 10, I, do ADCT fariam jus à uma indenização suplementar a ser arbitrada no caso concreto.

De nossa parte, diante do que ficou decidido pelo STF a tendência da jurisprudência será na vertente interpretativa de se deferir uma indenização suplementar a cada trabalhador dispensado caso não haja a intervenção obrigatória do sindicato dos trabalhadores no procedimento da dispensa coletiva.

Nesse sentido defende Renato Rua de Almeida[10], com os seguintes argumentos:

> "Impõe-se, pois, o exame das consequências jurídicas decorrentes da inexistência da negociação coletiva nas despedidas em massa. Essa medida é complementar à decisão paradigmática do STF com repercussão geral (Tema 638), examinada na segunda parte desta exposição, para que se dê a máxima efetividade ao direito fundamental social e trabalhista da proteção do núcleo essencial da relação de emprego contra a despedida arbitrária coletiva, na conformidade do disposto no art. 7o, inciso I, da Constituição Federal de 1988, matéria da primeira parte desta exposição. Com efeito, essa questão ora examinada na terceira parte desta exposição está essencialmente relacionada com a sanção, uma vez que, conforme a doutrina tanto de Hans Kensel quanto a de Norberto Bobbio, ela, a sanção, é a forma por excelência de coerção necessária para a efetividade sobretudo do direito fundamental social e trabalhista objeto do presente estudo. Portanto, a consequência jurídica perseguida deve estar relacionada com os fundamentos da noção do direito fundamental social e trabalhista em apreço examinados na primeira parte deste trabalho, bem como na *ratio decidendi* da decisão do STF (Tema 638), encontrada na segunda parte. Ora, na primeira parte foi demonstrado que a proteção da relação de emprego contra a despedida arbitrária e coletiva reside na afirmação de que o núcleo essencial desse direito, previsto pelo art. 7º, inciso I, do texto constitucional, tem a imediata

(10) Consequências jurídicas decorrentes da inexistência da negociação coletiva nas despedidas em massa. Disponível em: https://andt.org.br/consequencias-juridicas-decorrentes-da-inexistencia-da-negociacao-coletiva-nas-despedidas-em-massa%EF%BF%BC/. Acesso em: 19 jun. 2024.

> efetividade na conformidade do art. 5o, § 1o, também do texto constitucional, com sua irradiação no Direito Civil, com aplicação nos arts. 187 e 422, vale dizer que a relação contratual privada entre empresa e trabalhadores deve ser presidida pela boa-fé objetiva e seus deveres anexos de informar e negociar. Assim, a despedida coletiva sem a prévia informação pela empresa empregadora da motivação e a tentativa da negociação coletiva com os trabalhadores atingidos e o respectivo sindicato profissional implica a prática de ato ilícito, nos termos do art. 187 do Código Civil, bem como implica a sanção, que é a obrigação de indenizar nos termos dos arts. 927 e 944, ambos do Código Civil."

Recentemente, o Tribunal Superior do Trabalho, após a decisão do STF pronunciou-se no seguinte sentido:

> "RECURSO DE REVISTA. DISPENSA COLETIVA. NECESSIDADE DA INTERVENÇÃO SINDICAL PRÉVIA. DECISÃO DO STF NO RE 999435/SP, COM REPERCUSSÃO GERAL (TEMA 638). 1. O Tribunal Pleno do Supremo Tribunal Federal, em recente julgamento do RE 999435/SP (DJe 15/09/2022), em sistema de Repercussão Geral (Tema 638) conferiu interpretação conforme ao art. 477-A da CLT, ao fixar, por maioria, a seguinte tese acerca da dispensa em massa de trabalhadores: A intervenção sindical prévia é exigência procedimental imprescindível para a dispensa em massa de trabalhadores, que não se confunde com autorização prévia por parte da entidade sindical, ou celebração de convenção ou acordo coletivo. 2. Submetida a demanda à apreciação do Poder Judiciário, verifica-se, no caso concreto, que a empresa empregadora, ao efetivar a dispensa massiva, não adotou o procedimento prévio obrigatório de dialogar em boa-fé objetiva com o sindicato dos trabalhadores, conforme o entendimento do Pleno do STF fixado na tese do Tema 638 da tabela de Repercussão Geral reputa-se irregular a atuação empresarial. Recurso de revista de que se conhece e a que se dá provimento." (TST – RR-487-33.2018.5.20.0009, 3ª Turma, relator Ministro Alberto Bastos Balazeiro, *DEJT* 19.12.2023).

## Referências

ALMEIDA, Renato. "Sustentação Oral no RE 999.435". *Consultou Jurídico*, 31 maio 2021.

ALMEIDA, Renato Rua. "Consequências jurídicas decorrentes da inexistência da negociação coletiva nas despedidas em massa". Disponível em: https://andt.org.br/consequencias-juridicas-decorrentes-da-inexistencia-da-negociacao-coletiva-nas-despedidas-em-massa%EF%BF%BC/. Acesso em: 19 jun. 2024.

DELGADO, Mauricio Godinho. *Curso de Direito do Trabalho*. 18. ed. São Paulo: LTr, 2019.

MANNRICH, Nélson. *Dispensa Coletiva:* Da liberdade contratual à Responsabilidade Social. São Paulo: LTr, 2000.

NASCIMENTO, Amauri Mascaro. *Curso de Direito do Trabalho*. 29. ed. São Paulo: Saraiva, 2014.

SILVA, José Afonso. *Curso de Direito Constitucional Positivo*. 43. ed. São Paulo: Malheiros e JusPodivm, 2020.

# Litigiosidade Trabalhista: A Solução é Punir Advogados e Trabalhadores?

*Felipe Bernardes*[1]

## 1. Introdução — O debate instaurado no CNJ

Em recente discurso no 21º Conamat (Congresso Nacional de Magistrados da Justiça do Trabalho), ocorrido entre 1º e 4 de maio de 2024, o Min. Luís Roberto Barroso, do STF, prestou informações sobre a primeira reunião de grupo criado no âmbito do Conselho Nacional de Justiça (CNJ) para pesquisa acerca da litigiosidade trabalhista no Brasil.

A iniciativa é interessante, por pluralizar o debate. De nossa parte, esperamos que sejam efetivamente ouvidos os maiores interessados: a tão sofrida classe trabalhadora brasileira.

Minha análise, aqui, será singela e direta. De fato, ao que nos pareceu, o Min. Barroso, na citada reunião, baseou-se essencialmente em estudo feito por brilhantes pesquisadores da UERJ acerca da litigiosidade trabalhista[2]. O estudo foi muito bem construído e partiu de premissas e dados corretos, mas traz proposições que merecem cautela, pois algumas conclusões expostas não guardam correlação lógica com os dados apresentados. Os dados estatísticos foram bem coletados, e nos parecem bastante embasados — com importante cruzamento de informações relativas à formalidade do mercado de trabalho, dispensas, desemprego e taxas de acionamento da Justiça do Trabalho — e servirão de base para as críticas expostas abaixo.

---

(1) Juiz do Trabalho no Tribunal Regional do Trabalho da 1ª Região. Mestre em Direito do Trabalho e da Seguridade Social pela Universidade de São Paulo. Autor das obras: "Manual de Processo do Trabalho" (5. ed.) e "O Direito do Trabalho no Supremo Tribunal Federal", ambas publicadas pela Editora JusPodivm.

(2) ALMEIDA, Fernanda Cabral de; FERNANDES, João Renda Leal; BRAGA, Júlia de Castro Tavares; SOUSA, Ricardo José Leite. Breves considerações sobre a litigiosidade trabalhista no Brasil. *Jota.* 02 maio 2024. Disponível em: https://www.jota.info/opiniao-e-analise/artigos/breves-consideracoes-sobre-a-litigiosidade-trabalhista-no-brasil-02052024. Acesso em: 07 maio 2024.

## 2. Existe de fato um excesso de processos na Justiça do Trabalho?[3]

No ano de 2023, foram ajuizadas 1,8 milhões de reclamações trabalhistas, sendo que, no mesmo ano, houve 27,7 milhões de extinções de contratos de trabalho no Brasil. Daí decorre que apenas 8,4% dos rompimentos contratuais foram judicializados em 2023. A correlação entre os percentuais serve apenas para fazer uma análise comparativa, porque, na prática, alguns desses processos novos (ainda que não sejam tantos) foram ajuizados por empregados com vínculo de emprego ainda ativo.

A primeira conclusão é que a quantidade de processos trabalhistas até pode ser alta, mas jamais pode ser considerada excessiva ou abusiva. Em números absolutos, 1,8 milhões de processos podem parecer muita coisa, mas relativamente à quantidade de vínculos empregatícios rompidos, a quantidade pode ser tida como baixa.

Ademais, comparativamente com os demais ramos do Judiciário brasileiro, veja-se que a Justiça do Trabalho apresenta o menor percentual das ações em tramitação no Brasil: de 82 milhões **de processos que tramitavam no território nacional em 2023, apenas 6,6% eram da Justiça do Trabalho** (5,4 milhões). **Das novas ações distribuídas no ano de 2023, apenas 10,1% o foram ao Judiciário Trabalhista**.

Esses dados são autoexplicativos e falam por si. Não há nada de "anormal" ou "abusivo" com o quantitativo de processos judiciais em trâmite na Justiça do Trabalho. Apesar disso, concordo com a afirmação de que há, sim, uma quantidade grande de processos judiciais e que talvez seja possível reduzir a litigiosidade. Surge, então, a indagação: quais as principais causas da litigiosidade trabalhista no Brasil e como combatê-las?

## 3. O descumprimento generalizado da legislação trabalhista e a herança escravocrata que vê o trabalho como "favor"

Vejam-se os seguintes dados estatísticos extraídos dos Relatórios Gerais da Justiça do Trabalho, do Conselho Superior da Justiça do Trabalho[4]:

| Ano | Percentual de acordos | Percentual de procedência total | Percentual de procedência parcial | Percentual de improcedência | Percentual de extinção, desistência ou arquivamento |
|---|---|---|---|---|---|
| 2015 | 39,5% | 2,2% | 28,1% | 7,3% | 23% |
| 2016 | 39,9% | 2,2% | 29,2% | 7,9% | 20,7% |
| 2017 | 38,9% | 2,3% | 30,5% | 8,7% | 19,6% |
| 2018 | 39,2% | 4,1% | 31% | 9,7% | 16% |

(3) Os dados estatísticos citados neste tópico foram extraídos do trabalho acadêmico citado na nota de rodapé *supra*.

(4) Disponível em: https://tst.jus.br/web/estatistica/jt/relatorio-geral.

| Ano | Percentual de acordos | Percentual de procedência total | Percentual de procedência parcial | Percentual de improcedência | Percentual de extinção, desistência ou arquivamento |
|---|---|---|---|---|---|
| 2019 | 39% | 6,5% | 30,2% | 9,8% | 14,5% |
| 2020 | 40,5% | 8,9% | 27% | 9,5% | 14% |
| 2021 | 41,3% | 8,3% | 28,1% | 9,6% | 12% |
| 2022 | 38% | 7,4% | 30,4% | 11,2% | 13% |

Considerando o espaço amostral acima (que abrange os últimos 8 anos com estatísticas já disponíveis), e por aproximação, pode-se dizer que, em média:

(i) 39,5% das reclamações trabalhistas são resolvidas por conciliação;

(ii) 5,2% das reclamações trabalhistas são julgadas totalmente procedentes;

(iii) 29,3% das reclamações trabalhistas são julgadas parcialmente procedentes;

(iv) 9,2% das reclamações trabalhistas são julgadas improcedentes;

(v) 16,6% das reclamações trabalhistas são extintas sem resolução de mérito.

No item "i", o empregador, com a chancela do Judiciário, reconhece que o trabalhador possuía algum direito que não foi pago por força do contrato de trabalho. Nos itens "ii" e "iii", esse reconhecimento é feito pelo Judiciário, em decisão resultante de contraditório participativo e que, por isso, forma coisa julgada material, a qual é sabidamente indiscutível, ressalvada a possibilidade hipotética de ação rescisória para desconstituí-la.

Somando os itens i, ii e iii, tem-se que, em 74% das vezes, o trabalhador tinha razão quando procurou a Justiça do Trabalho. Em 9,2% dos casos, o trabalhador não tinha nenhum direito a postular e, em 16,6% das ocasiões, o mérito do processo não foi julgado por algum defeito formal.

Evidencia-se que o grande quantitativo de processos trabalhistas no Brasil decorre fundamentalmente de uma cultura de descumprimento generalizado da legislação trabalhista.

Cabe destacar que os dados expostos representam apenas as situações de descumprimento da legislação que vieram a ser judicializados. É plenamente legítimo conjecturar que, na realidade, a inobservância da legislação trabalhista se dá em números muito maiores, porque é sabido que muitas pessoas que têm direitos violados (em todos os campos) optam por não litigar ou sequer têm conhecimento da violação e condições de acessar o Judiciário.

Portanto, caso se venha a considerar que a litigiosidade na Justiça do Trabalho é alta ou excessiva, a conclusão inafastável é que a "culpa" não é do trabalhador! Qualquer política pública séria que queira enfrentar essa questão precisa levar esse dado em consideração. Evidentemente, também há abuso do direito de ação por trabalhadores, o que pode e deve ser combatido, mas estatisticamente falando, fica claro que a quantidade mais significativa de litigância não se deve a um suposto demandismo dos trabalhadores.

Deve-se ter cuidado, aqui, com um viés ideológico muitas vezes inconsciente e que permeia o imaginário de muitas pessoas no Brasil: a ideia de tratar o trabalho como um "favor" concedido pelo patrão ao empregado. Quantas vezes, em audiências trabalhistas Brasil afora, já se ouviu o empregador afirmar que "só contratou aquela pessoa para ajudá-la"?

Não, não se contrata ninguém para ajudar. As empresas contratam empregados porque precisam deles para exercer sua atividade empresarial. E, por trás da pessoa que trabalha, existe um ser humano que depende do trabalho para viver e que se realiza no trabalho e por meio do trabalho. O trabalho deve ser elemento de dignificação, e não de degradação da pessoa trabalhadora. A concepção do trabalho como "favor" nada mais é do que a herança maligna de um passado escravocrata que assolou o Brasil durante séculos.

## 4. A insegurança jurídica trazida pelo Supremo Tribunal Federal

Um argumento trazido pelo artigo acadêmico já citado, e utilizado pelo Ministro Barroso na palestra também já mencionada, é o de que a informalidade no trabalho contribui para o aumento da litigiosidade. A formalização dos vínculos, nessa perspectiva, tende a reduzir a litigiosidade.

O argumento é corretíssimo. A formalização, além de contribuir para a redução da litigiosidade, tende a trazer maior dignidade ao trabalhador, em função de sua inserção no sistema previdenciário e da aplicabilidade clara das regras trabalhistas à relação de trabalho, o que abrange normas essenciais de saúde e segurança do trabalho.

E, aqui, cabe uma crítica à postura que tem sido adotada pelo Supremo Tribunal Federal no tema da *pejotização.* A Suprema Corte tem, em milhares de reclamações constitucionais, cassado decisões da Justiça do Trabalho que reconhecem a fraude na contratação de empregado por meio pessoa jurídica interposta.

Veja-se: não se trata de negar validade aos precedentes do STF (ADPF 324 e Tema 725 da repercussão geral) que reconhecem a validade da terceirização em atividade-fim. O que o Supremo tem feito nessas reclamações é pura e simplesmente chancelar a fraude em matéria de trabalho. É como se o STF estivesse afirmando a existência de um princípio de primazia da forma sobre a realidade. Ou seja, celebrado um contrato que envolva MEI ou qualquer tipo de pessoa jurídica, automaticamente estaria pré-excluído o vínculo de emprego. Nessa ótica, o juiz do trabalho seria um "sub-juiz", pois sequer poderia reconhecer a fraude caso existente um contrato por meio de pessoa jurídica. E o trabalhador se tornaria um "subcidadão" ou um "cidadão de segunda classe", que sequer poderia discutir em juízo a fraude na sua contratação.

O tema tem sido objeto de valiosas reflexões por pesquisadores qualificados. No que tange ao objeto da presente reflexão, vale observar que essas decisões do STF têm causado imensa insegurança jurídica, o que tende a aumentar significativa e desnecessariamente a litigiosidade. Além disso, a validação da pejotização exclui a aplicabilidade de todas as regras trabalhistas, entre as quais merecem destaque aquelas que envolvem limitação de jornada, intervalo, férias, e aspectos de saúde e segurança do trabalho. O STF, portanto, tem contribuído para o crescimento da informalidade e da precarização do trabalho, e até mesmo para o aumento dos acidentes de trabalho e doenças ocupacionais, o que asfixia ainda mais o orçamento da Previdência Social e prejudica a sociedade brasileira como um todo.

## 5. Rebatendo algumas propostas referenciadas pelo Min. Barroso

Agora serão analisadas pontualmente algumas das proposições constantes do estudo acadêmico mencionado pelo Min. Barroso na abertura do 21º Conamat. Aqui, é necessária muita cautela, pois as propostas apresentadas não apresentam, efetivamente, aptidão para resolver o problema da litigiosidade trabalhista. Ao revés, algumas das medidas podem agravá-lo, como se passa a demonstrar.

Antes disso, uma premissa precisa ser bem estabelecida: o público da Justiça do Trabalho, especialmente no polo ativo dos processos, é composto essencialmente por pessoas pobres do ponto de vista financeiro. O rendimento médio do trabalhador brasileiro, *per* capita, em 2023, foi de R$ 1.893,00.(5) Além disso, mais de 90% da população brasileira vivia, em 2022, com menos de três salários mínimos *per capita*(6).

Assim colocadas as coisas, veja-se que propostas como o "fomento à negociação extrajudicial e regulamentação da mediação privada", bem como incentivos à arbitragem envolvendo trabalhadores "hiperssuficientes" soam como argumentos desconectados da realidade do mercado de trabalho brasileiro, e, por consequência, da própria Justiça do Trabalho.

Numa relação completamente assimétrica de poder, como é a relação de emprego, em que o trabalhador, na maioria das vezes, estará premido pela necessidade inadiável de

---

(5) Disponível em: https://agenciadenoticias.ibge.gov.br/agencia-sala-de-imprensa/2013-agencia-de-noticias/releases/39262-ibge-divulga-rendimento-domiciliar-per-capita-2023-para-brasil-e-unidades-da-federacao.

(6) Disponível em: https://valorinveste.globo.com/mercados/brasil-e-politica/noticia/2023/12/06/60percent-dos-brasileiros-vivem-com-ate-1-salario-minimo-por-mes.ghtml.

se sustentar, é evidente que qualquer espécie de "acordo" extrajudicial (ainda que com a participação de advogados e/ou sindicato) deve ser vista com extrema cautela e desconfiança. Não há manifestação livre de vontade de alguém que perde o emprego e precisa manter sua subsistência e, por isso, assinará qualquer "acordo" que lhe permita receber suas verbas rescisórias, ainda que do instrumento conste uma cláusula mediante a qual o trabalhador conceda quitação total quanto ao extinto contrato de trabalho, renunciando a verbas relevantes e importantes, como horas extras sonegadas pelo empregador, para ficar num exemplo comum.

A injustiça da "solução" de tentar reduzir a litigiosidade trabalhista por meio de acordos extrajudiciais vinculantes e que inibam o acesso à justiça é tão flagrante e evidente que, a nosso ver, dispensa maiores comentários.

A arbitragem e a mediação extrajudicial envolvendo altos empregados, que ganhem salários mais elevados (pelo padrão do art. 507-A da CLT, valores mensais aproximadamente superiores a R$ 15 mil), podem sim ser utilizadas nesses casos pontuais, os quais representam, entretanto, volume ínfimo de litigância na Justiça do Trabalho.[7] De outro lado, absolutamente impertinente pensar em estender a utilização da arbitragem para a grande massa trabalhadora brasileira, em função dos altos custos da arbitragem, incompatíveis com a renda média do trabalhador. Ademais, não há pertinência em tentar "ressuscitar" o fantasma da Comissão de Conciliação Prévia, cujo caráter de obrigatoriedade previamente ao ajuizamento de ações foi corretamente rechaçado pelo STF na ADI 2139, por violar claramente o princípio da inafastabilidade da jurisdição, positivado no art. 5º, XXXV, da Constituição da República.

É absolutamente impertinente pensar, portanto, que a redução da litigiosidade trabalhista possa se dar mediante fomento a soluções extrajudiciais que engendrem renúncias de direitos ou que sejam aplicáveis apenas a um percentual ínfimo dos trabalhadores brasileiros.

Outro aspecto que o referido estudo apontou como "cura" para o "mal" da litigiosidade trabalhista no Brasil seria a necessidade de punição de advogados, argumentando-se que se deveriam "*regulamentar mecanismos que, de fato, penalizem as partes e, principalmente, os advogados, responsáveis pelo ajuizamento de demandas frívolas, predatórias e lides temerárias*".

A proposta também deve ser absolutamente descartada, por atentar contra a liberdade de exercício profissional da advocacia. Como se sabe, não há hierarquia entre advogados e juízes, e seria absolutamente impertinente qualquer previsão legislativa que permitisse

(7) Não há estatística oficial a respeito da renda do trabalhador que aciona a Justiça do Trabalho, mas considerando os dados apresentados quanto à população brasileira, bem como a prática diuturna na Justiça do Trabalho, fica claro que a esmagadora maioria dos reclamantes são pessoas de baixa renda.

aos magistrados, nos casos concretos, aplicar punições diretamente aos advogados. A responsabilidade de advogados deve ser apurada essencialmente pelo órgão da classe (OAB), e também por ação judicial autônoma em que se assegure contraditório e ampla defesa, como, aliás, já previsto no art. 32, parágrafo único, da Lei n. 8.906/94.

## 6. Propostas que efetivamente poderiam reduzir de forma justa a litigiosidade trabalhista no Brasil[8]

### *a) Incremento de sanções materiais e* punitive damages

É crucial que haja o incremento de sanções materiais pelo descumprimento da legislação trabalhista. Essa medida incentivaria o cumprimento espontâneo da legislação, reduzindo, em consequência, o quantitativo de processos a serem julgados na Justiça do Trabalho. O descumprimento da legislação — com o consequente acionamento do Poder Judiciário — deve ser substancialmente mais caro do que o respectivo cumprimento espontâneo pelo empregador.

Nesse sentido, exemplificativamente, o art. 467 da CLT poderia ser modificado, de modo que passasse a prever o pagamento em dobro (como era a previsão legal, por sinal, antes da Lei n. 10.272/2001) das verbas incontroversas decorrentes da extinção do contrato de trabalho, caso não seja feito o pagamento espontâneo em determinado prazo após a citação do reclamado. Outro ponto é que o dispositivo legal deveria prever que a mesma consequência (pagamento em dobro das verbas rescisórias) seria aplicável caso a controvérsia suscitada em contestação fosse infundada.

De forma semelhante, a legislação deveria prever expressamente a possibilidade de condenação do empregador ao pagamento de indenização por danos morais punitivos, em decorrência do inadimplemento de verbas salariais e rescisórias, superando a jurisprudência majoritária do Tribunal Superior do Trabalho, que rejeita essa possibilidade. O dispositivo legal deveria prever alguma espécie de gradação, de sorte que o valor da indenização deveria ser maior caso se tratasse de empregadores reincidentes na inadimplência desse tipo de parcela (conforme verificado em outros processos na mesma ou em outra Região da Justiça do Trabalho).

### *b) Sanções processuais*

No afã de reduzir a litigiosidade excessiva e desnecessária, a legislação deveria prever o estabelecimento de sanções processuais (multa) por litigância frívola, assim entendido o ajuizamento de ações, a elaboração de defesas e a interposição de recursos destituídos de fundamentos fáticos e jurídicos. Essa multa, cumulável com a multa por

(8) Aqui, reproduziremos de forma bastante sumária algumas das proposições constantes da nossa dissertação de mestrado, que ainda será publicada: O acesso à justiça do trabalho à luz da análise econômica do direito: uma visão crítica". RODRIGUES, Felipe Bernardes (2023). Orientador: Guilherme Guimarães Feliciano.

litigância de má-fé, deveria reverter aos cofres públicos e ser calculada, por exemplo, com base no custo médio do processo para o Estado e deveria ser exigível ainda que a parte fosse beneficiária da justiça gratuita.

### *c) Ampliação dos limites subjetivos da coisa julgada*

A jurisprudência dos tribunais e a própria legislação deveriam consagrar a ampliação dos limites subjetivos da coisa julgada, de modo a aproveitar decisões desfavoráveis a determinada parte e que possam ser favoráveis a terceiros, numa espécie de transporte in utilibus" da coisa julgada, semelhante ao que ocorre nos processos coletivos.

### *d) Correção monetária e juros de mora*

A legislação deveria passar a prever a correção monetária dos créditos trabalhistas de acordo com índices oficiais de inflação (por exemplo, IPCA-E), em acréscimo a juros de mora que acompanhem os critérios de mercado (poderia ser utilizado, por exemplo, o valor do CDI correspondente ao período de tramitação do processo).

## Referências

ALMEIDA, Fernanda Cabral de; FERNANDES, João Renda Leal; BRAGA, Júlia de Castro Tavares; SOUSA, Ricardo José Leite. Breves considerações sobre a litigiosidade trabalhista no Brasil. *Jota*. Publicado em: 02 maio 2024. Disponível em: https://www.jota.info/opiniao-e-analise/artigos/breves-consideracoes-sobre-a-litigiosidade-trabalhista-no-brasil-02052024]. Acesso em: 07 maio 2024.

BRASIL. Ministério do Trabalho e Emprego. *Novo CAGED*. Disponível em: http://pdet.mte.gov.br/novo-caged. Acesso em: 24 jun 2024.

CONSELHO NACIONAL DE JUSTIÇA. *Justiça em números 2024:* ano-base 2023. Brasília: CNJ, 2023.

TRIBUNAL SUPERIOR DO TRABALHO. Coordenadoria de Estatística e Pesquisa. *Relatório geral da Justiça do Trabalho 2023*. Brasília: TST, 2024.

# Um Patinho Feio Chamado *Lei Trabalhista*

*José Affonso Dallegrave Neto*[1]

## Introdução

No célebre conto do dinamarquês Hans Christian Andersen, escrito em 1843, um certo patinho feio foi sempre estigmatizado por sua diferente aparência em relação aos seus irmãos de criação. Somente mais tarde, ao descobrir que sua verdadeira identidade não era a de um pato, mas de um lindo cisne, o palmípede adotivo iria se empoderar, ao perceber que era tão ou mais belo que os demais. Que assim seja o destino do Direito Laboral e da Justiça do Trabalho, quando perceberem que é justamente a sua idiossincrasia que lhe faz distinta e proeminente. Que os operadores do Direito, a sociedade e a Excelsa Corte possam despertar desta letargia, que renega e abjura a importância dos direitos sociais, neles incluídos os trabalhistas. A propósito, Sêneca, em uma de suas Cartas a Lucílio, nos alerta:

> Quem tem o sono leve, mesmo quando descansa tem a visão das coisas e a consciência de estar dormindo; um sono muito profundo, porém, entorpece tão profundamente o espírito que o faz perder o conhecimento de si próprio.

Enquanto este alvoroçar não chega, prevalecem inúmeros mitos e falácias criados pela mídia e por boa parcela dos economistas em relação à Consolidação das Leis do Trabalho (CLT) de 1943.

## 1. Os mitos da CLT

O primeiro deles é que ela teria sido inspirada na *Carta Del Lavoro* do regime fascista italiano. Isso não é verdade, pois apenas o tema sindical foi copiado dessa missiva de Mussolini, em especial aquela que autorizava o nascimento de entidades representativas

(1) Advogado. Mestre e Doutor em Direito pela UFPR. Pós-Doutor pela FDUNL (Lisboa). Membro da ABDT — Academia Brasileira de Direito do Trabalho.

por meio de registro sindical, emitido conforme a conveniência do governo.[2] Contudo, essa regra de dependência estatal restou revogada pela Constituição de 1988, assim como mais da metade dos 921 artigos originais da CLT. Sublinhe-se que desse total apenas 625 se referiam a direitos trabalhistas propriamente ditos e, desse número, somente 255 não sofreram alteração ou revogação.

Outro mito relativo à CLT é aquele que a vê como um "presente" do governo populista de Getúlio Vargas,[3] consoante foi estrategicamente anunciado pelo próprio Departamento de Imprensa e Propaganda (DPI) e pelo recém-lançado programa de rádio: "A voz do Brasil".[4] Nesse sentido era o Cartaz de divulgação da festa de seu lançamento, realizado no Estádio São Januário, em primeiro de maio de 1943:

O Brasil foi um dos últimos países democráticos a ter legislação trabalhista, nomeadamente após o progressivo fenômeno da doutrina social da igreja (*Rerum Novarum*, 1891)[5] e do movimento de *constitucionalização dos direitos*

(2) Mais sobre o tema, consultar: CASAGRANDE, Cássio. "Associar a CLT ao fascismo é uma mistificação da História. Afirmativa revela ignorância sobre origens do Direito do Trabalho no Brasil e no mundo". Publicado no Portal Jota, em 6 de agosto de 2018. Fonte: https://www.jota.info/opiniao-e-analise/colunas/o-mundo-fora-dos-autos/associar-a-clt-ao-fascismo-e-uma-mistificacao-da-historia-06082018. "Acha a CLT ultrapassada? Veja quantas mudanças já foram feitas em 74 anos". Por Marcus Lopes. Portal do UOL, Economia, publicado em 28 de maio de 2017. Fonte: https://economia.uol.com.br/noticias/redacao/2017/05/28/acha-a-clt-ultrapassada-veja-quantas-alteracoes-ela-ja-sofreu-em-74-anos.htm. Acesso em: 2 ago. 2023.

(3) Sobre a chamada "Era Vargas", cabe distinguir suas três fases. A primeira se refere ao Governo Provisório (1930 – 1934), iniciado com a revolta armada (das oligarquias de MG, RS e PB) contra o governo eleito de Washington Luís, então representante da oligarquia cafeeira paulista, a qual se encontrava enfraquecida pela então crise econômica da Bolsa de NY, 1929 e seu impacto na desvalorização do preço do café e o inevitável endividamento dos cafeicultores. Após assumir o poder (Revolução de 1930), Getúlio passou a reorganizar o Estado Nacional, além de prometer nova Constituição democrática com previsão de eleição direta para Presidente da República. Contudo, diante de sua demora na criação de uma Assembleia Constituinte, as oligarquias das indústrias paulistas novamente se insurgiram e declararam guerra contra o seu governo. Apesar de vencer o embate da Revolução Constitucionalista de 1932, Getúlio viu-se pressionado a apressar a nova Constituição, a qual seria promulgada dois anos depois. Foi, pois, o início da segunda fase da era Vargas (Governo Constitucional- 1934 – 1937). Contudo, sob o pretexto de combater o avanço comunista que se instaurava, Vargas, com o apoio dos militares e integralistas da extrema direita, decidiu fechar o Congresso Nacional, suspender a Constituição e colocar todos os partidos políticos na ilegalidade. Era o início da terceira fase: o Estado Novo (1937–1945); uma ditadura inspirada no fascismo italiano de Mussolini. Somente com a onda democrática que sobreveio com o fim da Segunda Guerra Mundial, Getúlio se viu forçado a renunciar pelo mesmo grupo de militares que, em parte, o havia apoiado anteriormente. Posteriormente, o líder gaúcho voltaria ao cargo de presidente da República, dessa vez eleito em 1951, permanecendo até o seu suicídio em 1954.

(4) Trata-se do programa de rádio mais antigo do Hemisfério Sul ainda no ar, segundo o Guiness Book. Foi criado em 1935 por Vargas, tornando-se obrigatória a sua transmissão para todas as emissoras no ano de 1938.

(5) Escrita pelo Papa Leão 13, foi uma das primeiras encíclicas escritas da Igreja Católica sustentando melhores condições de trabalho durante o período de exploração da segunda revolução industrial, além da defesa de uma intervenção protetiva por parte do Estado.

*trabalhistas*, iniciado pela Constituição do México de 1917 e Constituição alemã de Weimar de 1919. Nesse mesmo ano também tivemos a criação da Organização Internacional do Trabalho (OIT) e suas sucessivas Convenções Internacionais, sendo o Brasil um de seus importantes signatários. Importa grifar que na época da edição da CLT sobressaíram inúmeros movimentos paredistas e de pressão por parte dos operários, que clamavam por uma regulamentação tutelar do trabalho. Se nos primeiros anos do Estado Novo prevaleceu uma quase silente mobilização dos trabalhadores, diante de dirigentes submissos às orientações do Ministério do Trabalho e da constante ameaça de repressão, posteriormente, a partir de 1942, as manifestações dos trabalhadores voltariam a aparecer, sobretudo na cidade de São Paulo. Nas palavras de Badaró, tais greves, quase sempre organizadas por comissões de fábrica, remariam contra a maré e enfrentariam resistências das próprias direções sindicais pelegas e da polícia política.(6)

Nesse passo e diante do agito instalado na Europa, o governo de Getúlio Vargas sentiu que seria inevitável consolidar as leis esparsas de alguns Estados da Federação e de outras parcas categorias organizadas.(7) Era, pois, importante introduzir alguns direitos tardios, próprios do fenômeno da industrialização/urbanização nacional, o qual ganhava corpo em face do caos das fábricas exportadoras dos EUA, como reflexo da *Crise de 1929*. Vale dizer: se aquelas indústrias estrangeiras que nos exportavam produtos estavam na bancarrota, doravante era preciso investirmos na criação da indústria nacional do Brasil, a exemplo da Companhia Vale do Rio Doce, da Companhia Siderúrgica Nacional e da Petrobras, fundadas em 1942, 1943 e 1953, respectivamente.

Cabe realçar que o positivismo francês de Augusto Comte desempenhou importante papel nesse momento histórico de transição do Brasil monárquico para o republicano, nomeadamente no Rio Grande do Sul. Destarte, sob a influência do governador Júlio de Castilhos, instalou-se uma nacional-ditadura-desenvolvimentista na virada do século XIX, que iria influenciar Getúlio Vargas. Em tal modelo castilhista sobressaiu um cariz

(6) MATTOS, Marcelo Badaró. *O Sindicalismo Brasileiro após 1930*. Rio de Janeiro: Jorge Zahar Editor, 2003. Sublinhe-se, antes desse período, a Grande Greve de 1917, em São Paulo. Aliás, o fim da *Era Vargas* se deu justamente em 1945 com a derrota do fascismo/nazismo e o novo ambiente democrático do Pós-Guerra, que tornara insustentável a manutenção de governos com viés autoritário, como era o caso da ditadura do Estado Novo (1937-1945). Nesse momento, as elites dos generais, em movimento militar conhecido como "Revolução de 1945" ou "Revolução de 29 de outubro", uniram-se a outros setores civis de oposição e pressionaram Getúlio a renunciar ao cargo de presidente da República. Vargas, contudo, retornaria ao poder em 1951 por força de eleição democrática, permanecendo até o seu suicídio em 1954.

(7) Nessa época havia poucas categorias organizadas, a exemplo dos ferroviários, portuários, bancários, comerciários e industriários. Os rurícolas só seriam alcançados com a Lei n. 4.214/1963 – Estatuto do Trabalhador Rural (Essa lei foi revogada pela Lei n. 5.889/1973).

individualista, antiliberal e tradicionalista; uma versão adaptada à realidade brasileira com fortes poderes ao Executivo. O mesmo se diga da intervenção econômica do Estado condicionada ao interesse social, o que deu origem à aprovação de diversas leis do trabalho, em meio a movimentos paredistas que iriam aumentar a partir de 1942. Nesse sentido, Lira Neto assinala que se tratava de um avanço, contudo um avanço que seguia estritamente o *receituário positivista*, qual seja:

> "o bem-estar do trabalhador devia ser provido a todo custo pelo próprio Estado, sob pena de (caso contrário) deixar-se as massas expostas ao apelo revolucionário e à subversão da ordem, esta entendida como a única fonte garantidora do progresso."[8]

Não se negue que, à época, vivia-se uma crise do capitalismo com perda de espaço da ideologia liberal para o intervencionismo estatal. Essa interferência do Estado tinha forte influência da inovadora teoria de Keynes e do socialismo soviético. Aliás, a URSS era uma das poucas nações não impactadas pelo colapso das Bolsas. Nesse ambiente, tornou-se essencial ao presidente Vargas conquistar a classe operária e se alinhar com a situação europeia. A edição da CLT se tornou conveniente e inexorável, sendo apresentada como um "presente" de seu governo para todos os trabalhadores, ainda que restrita àqueles urbanos, pois a maioria dos rurícolas só iria ter seu diploma legal vinte anos para frente (Estatuto do Trabalhador Rural, 1963).

Além disso, era interessante aplacar os movimentos reivindicatórios por meio de um sistema sindical atrelado ao governo e à classe dos patrões.[9] Conforme dito, foi o que fez Getúlio Vargas ao controlar o funcionamento de associações por meio da concessão seletiva de cartas sindicais. Foi a época dos "sindicatos pelegos", gíria usada para descrever a entidade sindical com aparência de defensora dos trabalhadores, mas que, no fundo, se alinhava aos interesses do governo e da classe econômica (assim como um *pelego macio feito de pele de cordeiro* que visa amaciar a tensão entre o lombo do cavalo e o cavaleiro).

Outro mito relacionado à CLT diz respeito ao equivocado mantra de que ela "só protege o trabalhador". Isso é uma meia-verdade, pois é sabido que quando o empregador cumpre a legislação social ela se volta a favor dele próprio, seja porque apazigua

(8) LIRA NETO, João de. *Getúlio:* 1882–1930, v.1. São Paulo: Companhia das Letras, 2012. pág. 168. Ver também: HENTSCHKE, Jens R. *Positivismo ao estilo gaúcho:* A ditadura de Júlio de Castilhos e seu impacto sobre a construção do Estado e da nação no Brasil de Getúlio Vargas. Porto Alegre: Editora PUC-RS, 2016. E também: LINS, Ivan. *História do positivismo no Brasil.* Brasiliana, 1964. TRINDADE, Sérgio. "O positivismo gaúcho e Getúlio Vargas". Publicado em 14 jul. 2020. *Portal:* A história está nos detalhes. Fonte: https://historianosdetalhes.com.br/historia-do-brasil/o-positivismo-gaucho-e-getulio-vargas/. Acesso em: 21 nov. 2023.

(9) Sublinhe-se que a Constituição de 1937, em seu art. 139, prescrevia: "a greve e o lock-out são declarados recursos anti-sociais nocivos ao trabalho e ao capital e incompatíveis com os superiores interesses da produção nacional".

o conflito ou legitima o sistema de lucro/acumulação. Não por acaso só existe Direito e Justiça do Trabalho no regime capitalista. Ademais, se não existisse a segurança jurídica das normas e decisões trabalhistas o caos social se instalaria, tendo as empresas que lidar com infindáveis greves e demandas. Como posta, a legislação trabalhista só se torna inimiga de quem a descumpre (ilação que vale para todas as leis).(10) Assim, se para a classe trabalhadora a CLT representa um código de conquistas sociais, para o patronato ela é um conveniente código de limites, que inibe qualquer conflito ou outras reivindicações abertas.

## 2. A judicialização das causas trabalhistas

Nesta mesma toada, cabe refutar outro sofisma, qual seja: o de que tanto a lei trabalhista quanto a Justiça do Trabalho brasileira são diferentes da dos demais países. Observa-se que muitos segmentos hegemônicos insistem em declarar que somos essa aludida espécie de "patinho feio", sendo o Brasil o único país com norma protetiva ao trabalho. Essa afirmação também não é verdadeira, pois a nossa lei laboral é muito parecida com as de Portugal, Espanha, Itália, Alemanha, França, Argentina, Uruguai, dentre outras. Todas alinhadas com as Convenções e Recomendações da OIT. Infelizmente, virou mania falar mal da Lei e da Justiça do Trabalho pátrias, a exemplo da declaração do *CEO* do Bradesco e presidente do Conselho diretor da Febraban no sentido de que é "um absurdo e excessivo" a existência de 42 mil processos trabalhistas contra o seu banco.(11) Da mesma forma, quando do evento *Brazil Forum*, realizado em Londres em 2017, o ministro Luís Roberto Barroso afirmou: "Temos que trabalhar com fatos e não com escolhas ideológicas prévias". O Brasil, sozinho, "tem 98% das ações trabalhistas do mundo", completou. Desculpe, ministro, mas a sua declaração constitui um factoide. Diante de sua alargada cultura e história acadêmica, reputo que essa equivocada afirmação fora induzida por *fake news*.

A propósito, quem melhor desmascarou esse alarido foi o professor de Direito Comparado, doutor pelo IUPERJ, Cássio Casagrande, em sugestivo artigo: *"Brasil, campeão de ações trabalhistas. Como se constrói uma falácia"*(12), publicado no portal *Jota*. Com proficiência, esse procurador do Ministério Público do Trabalho rechaça a

---

(10) Cabe sublinhar, ainda, outra falácia repetida a pretexto da aprovação da Reforma Trabalhista. Os desavisados congressistas diziam que a nossa CLT se encontrava defasada, por se tratar de um diploma legal surgido em 1943. Ocorre que dos 921 artigos originais, apenas 188 mantinham-se em vigor. Todo o restante já tinha sido modificado por sucessivas alterações legislativas. Agora, com a Reforma Trabalhista de 2017, esse número se alargou, pois mais de uma centena deles foi alterado no sentido de esvaziar a proteção do trabalhador.

(11) *"CEO do Bradesco (BBDC4) revela 42 mil processos trabalhistas: 'Absurdo'"*. A declaração foi feita por Octavio de Lazari. Por: Eduardo Vargas. Publicado no Portal *Terra* em 31 de outubro de 2023. Fonte: https://www.terra.com.br/economia/ceo-do-bradesco-bbdc4-revela-42-mil-processos-trabalhistas-absurdo,b7c44859881d8af91433ad7a2aada13f8r893h5o.html?utm_source=clipboard. Acesso em: 1º nov. 23.

(12) Fonte: https://www.jota.info/artigos/brasil-campeao-de-acoes-trabalhistas-25062017. Artigo publicado em: 25 jun. 2017.

equivocada afirmação do ministro, de que nos EUA só há 75 mil ações trabalhistas. O erro começou com uma publicação parcial do sociólogo neoliberal, José Pastore, que se baseou exclusivamente em dados da Justiça Federal norte-americana. Ele negligenciou o fato de que, nos Estados Unidos, as reivindicações trabalhistas são julgadas de forma concorrente pela Justiça Estadual de cada região. Considerando essa competência acumulada, o número de ações trabalhistas nos EUA passa de 1,7 milhão (e não dos parcos 75 mil declarados por José Pastore e repetido pelo ministro Barroso). Ademais, cabe sublinhar que nos EUA é forte e abrangente o uso da Ação Coletiva (*Class Actions*). Só no famoso Caso *Boeing* (*versus* JF Ilinois) tivemos 190 mil litigantes.

Como se vê, estamos diante de fatos inverídicos contra a legislação e a justiça trabalhista, o que me faz lembrar da célebre frase de Joseph Goebbels: "uma mentira repetida mil vezes torna-se verdade". Detalhe: Goebbels era o ministro da propaganda do governo nazista de Adolf Hitler.

No Brasil já faz tempo que existe alta taxa de disputas judiciais, mas não na proporção declarada pela mídia. Enquanto na Alemanha os litigantes representam 1,4% da População Economicamente Ativa (PEA), no Brasil alcança 3,4% da PEA. Contudo, essa litigiosidade não é só da área trabalhista, mas também do direito do consumidor, da esfera tributária, criminal, previdenciária e de família. Credito esse alto grau de judicialização à inadimplência e à cultura da "falta de diálogo" dos interessados. Muitas vezes, ao questionar o cabimento de alguma verba que entende ter sido desprezada, o trabalhador ouve do próprio empregador: *"Não está satisfeito? Então vá procurar seus direitos na Justiça do Trabalho"*. E ele vai.

Lamentamos dizer que, via de regra, o empresário não é um sujeito que prioriza empregabilidade. O seu foco não é a função social, mas o lucro do empreendimento. A marca do capitalismo nunca foi a solidariedade, mas a *acumulação* e a *competitividade*; um jogo em que sempre prevalecem os interesses dos mais fortes economicamente. Nessa esteira cabe lembrar do comentário de Leonardo Boff:

> A lógica interna desse sistema, entretanto, é ser acumulador de bens e serviços, e por isso criador de grandes desigualdades e injustiças, explorador ou dispensador da força de trabalho e predador da natureza. *Ele é apenas competitivo e nada cooperativo.*[(13)]

A título de ilustração, veja a notícia emblemática que se deu em relação ao empresário espanhol, Amâncio Ortega, detentor de uma das maiores fortunas do mundo, proprietário de uma rede com milhares de lojas em quase uma centena de países. Diz a manchete da

(13) BOFF, Leonardo. *Fundamentalismo:* a globalização e o futuro da humanidade. Rio de Janeiro: Sextante, 2002. p. 38.

revista *Exame*: "*Zara pagará R$ 5 mi por descumprir acordo sobre trabalho escravo*". Ora, como pode uma corporação tão rentável negligenciar direitos sociais comezinhos, e explorar de forma tão injusta trabalhadores da sua linha de produção? Uma outra investigação realizada pela Polícia Civil do Ceará em outubro de 2021 concluiu que uma das lojas desse mesmo grupo estava cometendo atos de discriminação. Esse comportamento inadequado era evidenciado pelo acionamento de um alerta sempre que um cliente negro, vestido de maneira simples, entrava no estabelecimento.(14)

Infelizmente, percebo na minha área de atuação profissional que a sanha de rentabilidade de muitos empresários ignora até mesmo a dignidade humana. É comum no ambiente de trabalho presenciar casos de assédio sexual e moral, humilhações e deboches. Além disso, dispensas discriminatórias, ameaças por não cumprir metas, exigências desproporcionais de controle são outros abusos frequentes, tanto na gestão do negócio quanto fora dele.

Da mesma forma, lastima-se que quase todas as medidas que flexibilizam as leis trabalhistas, suas formas de contratação e remuneração acabam por agravar o quadro de exploração do capital sobre o trabalho. Se de um lado é preciso reduzir os tributos sobre a folha de pagamento, de outro, urge manter a legislação que assegura dignidade e pleno emprego. Não se ignore que uma economia saudável requer prosperidade para todos e não apenas para uma parcela ínfima de privilegiados. Desempregar a massa de trabalhadores ou empobrecê-la (com condições precárias e proventos reduzidos) afeta a economia como um todo. Em igual toada, o festejado jurista uruguaio Américo Plá Rodriguez foi certeiro ao observar que o princípio de proteção não constitui obstáculo às mudanças exigidas pelos tempos, pois a "sua própria maleabilidade lhe permite manter a substância mesmo que tudo o mais se mude".(15)

Nessa esteira, estou convencido de que o melhor modelo é aquele que traduz o tripé da sustentabilidade, conjugando desenvolvimento social, ambiental e econômico, a exemplo do que seguem empresas modelos, sobretudo aquelas oriundas de países como a Suécia e a Noruega. Por outro lado, conforme observa Sachs, o desenvolvimento sustentável é incompatível com o perverso jogo das forças neoliberais de mercado. Sim, pois elas são "por demais míopes para transcender os curtos prazos e cegos para quaisquer considerações que não sejam lucros e a eficiência Smithiana de alocação de recursos".(16)

---

(14) "Zara criou código para 'alertar' entrada de negros em loja, diz polícia". Carlos Madeiro. Colaboração para o *UOL*, em Maceió. Publicado em: 20 dez. 2021. Disponível em: noticias.uol.com.br/cotidiano/ultimas-noticias/2021/10/20/ce-zara-criou-codigo-para-alertar-entrada-de-negros-em-loja-diz-policia.htm?cmpid=copiaecola&cmpid=copiaecola. Acesso em: 22 fev. 2023.

(15) RODRIGUEZ, Américo Plá. *Princípios de direito do trabalho*, 3. ed. (2000), 2. tir. (2002), p. 82. Tradução: Wagner Giglio. Registre-se que a 1ª edição foi escrita em 1978.

(16) SACHS, Ignacy. *Caminhos para o desenvolvimento sustentável*. Organização de Paula Yone Stroh. Rio de Janeiro: Garamond, 2002, p. 55. Sublinhe-se que os termos sustentabilidade e desenvolvimento sustentável, embora distintos, direcionam-se para um único significado, já que complementares entre si. Assim, observa

Faz-se mister compreender que todos que contribuem para o resultado devem participar dos lucros, conforme sinalizou a Constituição Federal. Dito de outro jeito: é preciso nos conscientizar de que não resolveremos nossos problemas sem também resolvermos o problema dos outros, conforme nos alertam as direitas da Organização Internacional do Trabalho (OIT).(17)

## 3. O papel da OIT e o controle de convencionalidade

A Organização Internacional do Trabalho tem função relevante para fincar padrões mínimos e direitos universais de proteção ao trabalho decente, visando, sobretudo, ao combate à exploração e ao *dumping* social. Não se ignore, pois, que as declarações e as resoluções das Organizações Internacionais exercem grande influência na conformação das normas jurídicas, especialmente pela interação com o costume internacional e os princípios gerais do Direito, observa Gunther.(18)

Nesse campo, ganha importância a obrigação do juiz realizar, de ofício, o *controle de convencionalidade* das leis internas à luz da normativa internacional, conferindo efetividade jurídica e eficácia às normas de direitos humanos trabalhistas mais benéficos. E assim deverá fazê-lo diante do princípio da progressividade dos direitos sociais, da proibição do retrocesso e do macrossistema de proteção ao cidadão brasileiro. O sistema jurídico interno há de estar alinhado com os tratados internacionais à luz do que dispõe a Convenção de Viena, ratificada pelo Brasil.(19) Nas palavras de Delaíde Arantes, a Justiça

Carvalho, pode-se afirmar que "a sustentabilidade se relaciona com o fim, enquanto o desenvolvimento sustentável liga-se com o meio". CARVALHO, Sonia Aparecida de. "Direitos Humanos, Desenvolvimento Sustentável e Sustentabilidade". *Revista Eletrônica do Curso de Direito da UFSMI*, 2015. Fonte: https://www.academia.edu/101815390/Direitos_Humanos_Desenvolvimento_Sustent%C3%A1vel_e_Sustentabilidade. Acesso em: 17 jul. 2023.

(17) Nesse sentido, o art. 7º, XI, da Constituição Federal de 1988. Aqui peço licença para compartilhar uma história pessoal. No nosso escritório de advocacia, de tempos em tempos, temos meses de alta arrecadação, o que gera uma alegria a todos os advogados registrados e envolvidos na partilha dos lucros. Certa vez, percebi que a nossa alegria contrastava com a indiferença da Dona Lúcia, a humilde funcionária que, com tanto esmero, servia-nos cafezinho há quase duas décadas. Os sócios concluíram, então, que não era justo deixá-la de fora na divisão dos bons resultados. Foi então que decidimos estender o programa de participação nos lucros a todos os empregados, sem distinção. Confesso que ver a alegria da Dona Lúcia no compartilhamento do resultado positivo criou, no ambiente de trabalho, uma atmosfera fraterna, justa e solidária. Este, pois, deve ser nosso anseio: que todos compartilhem do êxito do empreendimento.

(18) GUNTHER, Luiz Eduardo. *Resoluções e Declarações da OIT:* natureza e efeitos. Tese de Doutoramento em Direito. Curitiba: Biblioteca da Universidade Federal do Paraná, 2002. p. 332. Fonte: https://acervodigital.ufpr.br/bitstream/handle/1884/75664/D%20-%20T%20-%20LUIZ%20EDUARDO%20GUNTHER.pdf?sequence=1&isAllowed=y. Acesso em: 2 jul. 2023.

(19) A Convenção de Viena sobre o Direito dos Tratados foi promulgada pelo Decreto n. 7.030/2009. Em seu art. 26 consta que "todo tratado em vigor obriga as partes e deve ser cumprido por elas de boa fé", e no seguinte dispõe que "uma parte não pode invocar as disposições de seu direito interno para justificar o inadimplemento de um tratado". Quanto ao aludido princípio da progressividade dos direitos sociais cite-se o *caput* do art. 7º da CF, o art. 19, item 8, da Constituição da OIT e a Convenção Americana de Direitos Humanos de 1969, promulgada pelo Decreto n. 678/1992.

do Trabalho tem o papel essencial de assegurar os direitos trabalhistas e a jurisprudência da Corte Interamericana de Direitos Humanos (CIDH), garantindo o trabalho decente e a dignidade da pessoa, conforme dispõe orientação do próprio Conselho Nacional de Justiça (CNJ).[20]

Lamenta-se que isso não venha ocorrendo a contento na esfera do Tribunal Superior do Trabalho (TST), pois o dispositivo relativo ao conhecimento do recurso de revista contempla somente hipóteses de decisões proferidas com violação literal e direta de dispositivos da Constituição e de lei federal (art. 896, *"c"*, CLT). Todavia, em sintonia com o princípio constitucional da máxima efetividade dos direitos fundamentais (art. 5º, § 2º, CF),[21] hoje já há importante corrente a sustentar uma interpretação extensiva deste artigo, a fim de contemplar a violação das Convenções da OIT para processamento do referido recurso de revista. Não se ignore que aludidos tratados ratificados e promulgados detêm hierarquia *supra legal* reconhecida pelo STF.[22] A propósito, colhe-se acertada decisão do Tribunal Superior do Trabalho:

> Com relação ao exame da compatibilidade do aludido dispositivo celetista com os tratados e convenções internacionais de direitos humanos incorporados ao nosso ordenamento jurídico com *status* supralegal (art. 5º, § 2º, da CF e Recurso Extraordinário 466.343 do STF), registra-se que a Corte Interamericana de Direitos Humanos, órgão jurisdicional ao qual compete aplicar as disposições da Convenção Americana sobre Direitos Humanos de 1969 aos Estados-Partes, incluindo o Brasil (que expressamente reconheceu sua

(20) ARANTES, Delaíde Alves Miranda. *Trabalho decente:* uma análise na perspectiva dos direitos humanos trabalhistas a partir do padrão decisório do Tribunal Superior do Trabalho. SP: LTr, 2023. p. 183.

(21) Na atenta observação de Mazzuoli: "O § 2º do art. 5º da Constituição Federal de 1988 tem um caráter eminentemente aberto (norma de *fattispecie* aberta), pois dá margem à entrada ao rol dos direitos e garantias consagrados na Constituição, de outros direitos e garantias provenientes dos tratados internacionais de que a República Federativa do Brasil seja parte, o que passa a revelar o caráter não fechado e não taxativo do elenco constitucional dos direitos fundamentais (princípio de não identificação ou da cláusula aberta). MAZZUOLI, Valério de Oliveira. *Direitos Humanos, Constituição e os Tratados Internacionais*. São Paulo: Juarez de Oliveira, 2002. p. 239.

(22) Trata-se do julgamento RE 349.703 em que o STF, ao julgar questão relativa à prisão civil do depositário infiel, acabou por mudar sua jurisprudência acerca do *status* dos tratados internacionais. Nesse sentido, observa Piovesan: "O Supremo firmou, assim, orientação no sentido de que a prisão civil por dívida no Brasil está restrita à hipótese de inadimplemento voluntário e inescusável de prestação alimentícia. Convergiu, ainda, o Supremo Tribunal Federal em conferir aos tratados de direitos humanos um regime especial e diferenciado, distinto do regime jurídico aplicável aos tratados tradicionais. Todavia, divergiu no que se refere especificamente à hierarquia a ser atribuída aos tratados de direitos humanos, remanescendo dividido entre a tese da supralegalidade e a tese da constitucionalidade dos tratados de direitos humanos, sendo a primeira tese majoritária, vencidos os ministros Celso de Mello, Cezar Peluso, Ellen Gracie e Eros Grau, que conferiam aos tratados de direitos humanos *status* constitucional. PIOVESAN, Flávia. *Direitos Humanos e o Direito Constitucional Internacional*, 15. ed. São Paulo: Saraiva, 2015. p. 143. Ver também: GOMES, Ana Virgínia Moreira; GOMES, Sarah Linhares Ferreira. "Análise do controle de convencionalidade no âmbito do Tribunal Superior do Trabalho". In: ROCHA, Cláudio Jannotti da *et al*. *A comunicabilidade do direito internacional do trabalho e o direito do trabalho brasileiro*. São Paulo: Tirant Lo Blanch, 2020. p. 96-109.

> jurisdição), passou a exigir, a partir de 2006, por ocasião do julgamento do Caso Almonacid Arellano e outros *versus* Chile, que o Poder Judiciário dos Estados-partes da Convenção Americana sobre Direitos Humanos exerça o *controle de convencionalidade* das normas jurídicas internas aplicáveis aos casos concretos submetidos à sua jurisdição, sob pena de responsabilização internacional do Estado.(23)

Ainda acerca do aparato protetivo internacional relativo à tutela ao trabalho decente, sublinhe-se que em sua 95ª Conferência Mundial de 2006, a OIT publicou a Recomendação 198 para que os Estados-membros adotassem uma política nacional destinada a adaptar a legislação, com a finalidade de garantir proteção efetiva aos trabalhadores. Em igual norte, a Conferência Internacional do Trabalho (CIT), aprovou, em junho de 2015, a Recomendação 204 atinente à transição da economia informal para formal. Em 2017, a Recomendação sobre Emprego e Trabalho Decente para a Paz e a Resiliência, de número 215, apelou para a aplicação de uma perspectiva de gênero em todas as atividades de elaboração, execução, monitoramento e avaliação da resposta à crise. Em 2019, a Declaração do Centenário do Futuro do Trabalho reafirmou que o estabelecimento e a promoção das Normas Internacionais do Trabalho são de fundamental importância para a OIT, inclusive para mitigar os impactos da vivenciada crise sanitária oriunda da pandemia de Covid-19.

Além disso, a regulação do trabalho em plataformas digitais é tema de atenção de diversos países, a exemplo da Califórnia que aprovou, em novembro de 2020, a *"App-Based Drivers as Contractors and Labor Policies Initiative"*, conhecida como Proposition 22, regulando a relação entre motoristas, entregadores de aplicativos e plataformas. Na Espanha, em maio de 2021, foi aprovado o *Real Decreto-ley 9/2021*, conhecido como *Ley Rider*, que estabeleceu requisitos para a presunção de vínculo empregatício e direito à informação do gerenciamento por algoritmo. Em Portugal, no final de 2022, a Comissão do Trabalho, Segurança Social e Inclusão aprovou proposta que resultou na criação do art. 12-A do Código do Trabalho com presunção de laboralidade toda relação que contiver alguns indícios concretos. No Brasil, esse assunto é objeto de mais de uma centena de projetos de lei em tramitação no Congresso Nacional.(24) Já passou da hora de regular essas novas modalidades de trabalho. Logo, conforme alerta o percussor deste tema no Brasil, Valério Mazzuoli, só não se pode admitir que o Poder Judiciário deixe de aplicar a normativa internacional de proteção "a pretexto de não a conhecer ou de não ter familiaridade com os seus mandamentos".(25)

---

(23) (TST; RRAg 0010519-66.2018.5.18.0005; Terceira Turma; rel. min. José Roberto Freire Pimenta; *DEJT* 10.11.2023; p. 4.806).

(24) Sobre o tema consultar: *Debates conceituais e regulatórios sobre o futuro do trabalho em plataformas digitais* [recurso digital]. Organização: Ana Paula Camelo *et al.* São Paulo: FGV Direito SP, 2022. Disponível em: https://bibliotecadigital.fgv.br/dspace/bitstream/handle/10438/32018/ebook2_gig-economy_cepi-fgv.pdf?sequence=1. Acesso em: 20 fev. 2023.

(25) MAZZUOLI, Valério de Oliveira. *O controle jurisdicional de convencionalidade das leis*. 2. ed. São. Paulo: Revista dos Tribunais, 2011. p. 37.

Ainda nesse tema, cabe noticiar que após a divulgação do relatório: *Perspectivas Sociais e de Emprego no Mundo – Tendências 2023*, o diretor do escritório da OIT para o Brasil, Vinícius Pinheiro, declarou: "Um dos maiores desafios do mercado de trabalho brasileiro continua sendo a formalização das 39 milhões de pessoas — 39,1% da população ocupada — que estão na economia informal, sem direitos trabalhistas".[(26)] Nessa toada, não é demais realçar que as formas mais flexíveis de contratação, a exemplo da terceirização, teletrabalho, contratos intermitentes, estágios e autônomos podem até reduzir o contingente de desempregados, contudo criam número absurdo de ocupações precarizadas, com salários aviltantes e contratos de curtíssima duração.

Veja-se, por exemplo, o engodo do *trabalho intermitente*, trazido pela Reforma Trabalhista de 2017, que se dá pela contratação de um trabalhador para prestar serviços esporádicos ou sazonais, em que se alternam períodos de atividade e inatividade. Ocorre que, apesar de registrado em Carteira de Trabalho (CTPS), inclusive para efeitos estatísticos de governo (Caged),[(27)] esse trabalhador pode ser que nunca seja convocado e, por consequência, nenhum salário receba. Logo, a vantagem maior dessa nova modalidade de contrato é exclusiva do empregador, que passa a ter um banco de empregados à sua disposição para poder convocar apenas quando de suas necessidades pontuais, a exemplo do serviço de garçom em uma casa de eventos. Assim, uma vez aceita a oferta, a parte que descumprir deverá pagar à outra multa de 50% da remuneração que seria devida pela convocação.[(28)] Ou seja, além de formalizar o "bico do *free lancer*", a lei criou um mecanismo que penaliza eventuais desistências de última hora por parte do trabalhador.

Após todas as reformas legislativas verificadas nos últimos tempos, que encolheram direitos sociais em prol da facilitação do interesse capitalista, a ideologia neoliberal se consolidou. O seu propósito claro é o de nos incutir desejos e valores impróprios da realidade social, além de capturar a subjetividade da classe trabalhadora, a qual passou a acreditar que "é bom estar fora da proteção da CLT". Nesse sentido foi a pesquisa realizada pelo instituto Datafolha, a pedido do IFood e Uber, a qual revelou que 89% dos motoristas/entregadores ouvidos aprovam novos direitos, desde que não percam a

---

(26) In: "Perspectivas sociais e do emprego no mundo: Tendências 2023. O Relatório WESO Trends da OIT e o comportamento recente do mercado de trabalho no Brasil". *Notícias*. Publicado em: 16 jan. 2023. Disponível em: https://www.ilo.org/brasilia/noticias/WCMS_865530/lang--pt/index.htm. Acesso em: 18 fev. 2023. Ver também: https://www.ilo.org/wcmsp5/groups/public/---americas/---ro-lima/---ilo-brasilia/documents/publication/wcms_745248.pdf. O nome original do aludido relatório é *World Employment and Social Outlook: Trends 2023* (Weso Trends).

(27) Segundo dados do Cadastro Nacional de Empregados e Desempregados, o conhecido CAGED, em 2021 foram realizadas mais de 22 mil contratações nessa modalidade intermitente e aproximadamente 15,3 mil desligamentos, implicando um saldo de quase 7 mil empregos. Na verdade, esse número é apenas uma "bolha estatística", uma vez que não se trata de atividade plena e necessariamente remunerada.

(28) Assim prevê o art. 452-A, § 4º, da CLT: "Aceita a oferta para o comparecimento ao trabalho, a parte que descumprir, sem justo motivo, pagará à outra parte, no prazo de trinta dias, multa de 50% (cinquenta por cento) da remuneração que seria devida, permitida a compensação em igual prazo".

flexibilidade de horário e possam continuar atuando em múltiplas plataformas ao mesmo tempo. A manchete da revista Exame revela o espírito tendencioso na abordagem do tema: "*Trabalhadores de aplicativos rejeitam CLT. Três a cada quatro trabalhadores preferem o modelo atual a um emprego com vínculo CLT*".[(29)] Ora, não se trata de rejeitar a lei trabalhista, mas de adequar direitos com flexibilidade de jornada. O que não se pode admitir é o falso argumento de que a CLT é o grande problema da exploração econômica do nosso país. Se fosse assim não veríamos tanta desigualdade social e privilégios aos grandes em detrimento dos mais vulneráveis.

Infelizmente, a Justiça do Trabalho se vê em um processo de desconstrução, passando a representar uma faceta menos relevante e com papel secundário, sobretudo por movimentos ideológicos paulatinos, porém contínuos, por parte dos próprios Poderes Executivo, Legislativo e Judiciário, observa Marques Filho.[(30)] Isso ocorre porque os seus integrantes estão imersos na aludida ideologia dominante: a magistratura, como ser social, não vive isolada dos dogmas, das crenças, "mas são aparelhos ideológicos do Estado que serve à estabilização do *status quo*",[(31)] observa Cavalcanti.

Exemplo reluzente do que estamos a observar se refere ao ativismo descabido do Supremo Tribunal Federal (STF), que desde 2018 modificou sua jurisprudência trabalhista para validar qualquer forma de trabalho dita "autônoma", mesmo que concretamente fraudulenta. Ao invés de adotar postura proativa em defesa dos direitos fundamentais, neles incluídos os direitos sociais, a Suprema Corte prefere usar o argumento da *livre-iniciativa* em detrimento da *valorização do trabalho humano*. Isso, aliás, contradiz o princípio da solidariedade presente na nossa Constituição. Se não, vejamos.

## 4. Ativismo espúrio do STF

No campo das contratações, há formas autênticas de trabalho autônomo, mas também inúmeras desvirtuadas, que apenas rotulam seus empregados de "PJ" (pessoa jurídica) com o objetivo de sonegar direitos previstos na CLT. Diante disso, a Justiça do Trabalho especializada detém competência material, prevista no art. 114 da Constituição Federal, para julgar todas as relações laborais, especialmente as de emprego (trabalho subordinado). Assim, nos casos de empregados travestidos de "autônomo pejotizado", aplica-se o velho princípio da primazia da realidade sobre a forma. Vale dizer: a verdade real prevalece (ou deveria prevalecer) sobre aquela falácia formal e dissimulada (contrato rotulado de "autônomo" com o único objetivo de se eximir da aplicação da lei trabalhista).

---

(29) Publicada em: 23 maio 2023. Fonte: https://exame.com/brasil/trabalhadores-de-aplicativos-rejeitam-clt/. Acesso em: 20 nov. 2023.

(30) MARQUES FILHO, Lourival Barão. *Litigantes em fuga:* o ocaso da Justiça do Trabalho? Como as novas tecnologias e a reforma trabalhista impactam a litigiosidade trabalhista. São Paulo: Dialética, 2022. p. 247.

(31) CAVALCANTI, Tiago Muniz. *Sub-humanos:* o capitalismo e a metamorfose da escravidão. São Paulo: Boitempo, 2021. p. 226.

Não se ignore que, desde a sua criação (1941), a Justiça do Trabalho examina caso a caso a incidência dos requisitos legais, com base em provas robustas para, em seguida, declarar a (in)existência de fraude à legislação trabalhista. Ocorre que, a partir dos últimos anos, *a empresa que se vê condenada a pagar verbas decorrentes do reconhecimento da relação de emprego se apressa em direção ao colo do STF, o qual acolhe infundados argumentos da Empresa-Reclamante*. Pior: ao cassar abruptamente o julgado trabalhista, a Suprema Corte, ao arrepio da lei, subverte regras basilares do uso do remédio aplicado. Refiro-me, pois, aos pressupostos da reclamação constitucional (art. 103-A): estrita aderência e demonstração de anomalia na aplicação da tese com repercussão geral. Ademais, é sabido que tal medida jamais poderá revolver a apreciação de fatos e provas.[(32)] Contudo, o STF, para atender aos interesses do capital, ignora tais requisitos em manifesto prejuízo aos direitos da classe trabalhadora. Além dessas impropriedades processuais, no mérito a excelsa Corte também erra ao incluir matérias distintas daquela estabelecida nas aludidas decisões com efeito vinculante (Tema 725 e ADPF 324). Se não, vejamos.

Durante o julgamento de numerosos processos, o STF vem colocando sob o guarda-chuva do Tema 725 (terceirização de atividade principal/secundária) situações diversas que em nada se relacionam com o precedente estabelecido. Para evidenciar o erro da Suprema Corte, apresento o caso da Reclamação 47.843-AgR, que ilustra a confusão realizada entre *terceirização de empresas* (de um lado) e *pejotização fraudulenta* (de outro).

Assim, enquanto o relator, ministro Alexandre de Moraes, disse que “a controvérsia é comum ao Tema 725” e que “a 1ª Turma já decidiu, em caso análogo, ser lícita a terceirização por “*pejotização*”, não havendo falar em irregularidade na contratação de PJ (pessoa jurídica) formada por profissionais liberais para prestar serviços terceirizados na atividade-fim da contratante”, a ministra Rosa Weber, egressa do TST e profunda conhecedora do direito laboral, assim rebateu o equívoco de Moraes:

> No Tema 725 e na ADPF 324 enfrentamos a licitude da terceirização, que pressupõe a contratação de uma empresa prestadora de serviços que passe a executar ou a atividade-fim ou a atividade-meio da empresa. Em absoluto, é o caso. Com todo o respeito, não vejo como concluir pelo descumprimento dessas decisões do STF. Mantenho o voto (divergente).

Incorrendo na mesma e equivocada linha de argumentação, o ministro Gilmar Mendes diz que “a atuação da Justiça do Trabalho tem ido em direção contrária a entendimento do STF”. Ele acredita que tal ação está “deslocada da realidade fática do mercado de trabalho e da jurisprudência da Corte”. Ora, não se trata de julgar de modo contrário ao Tema 725, mas antes do próprio STF estar deformando seu entendimento original em manifesto arrepio à ordem jurídica, conforme bem rebateu o presidente do Tribunal Superior do Trabalho, ministro Lelio Bentes:

---

(32) Nesse sentido: RcL 56098 AgR/RJ, rel. Min. Luiz Fux, *DJE* 15.8.2023.

> (verifico opiniões carregadas) de preconceito contra a Justiça do Trabalho e contra o Direito do Trabalho, negando os avanços que a sociedade brasileira evidenciou, a partir de 1943, com a introdução do nosso sistema jurídico da Consolidação das Leis do Trabalho. A essas precipitações, a essas opiniões infundadas, penso que deva se contrapor uma postura equilibrada e baseada em evidências científicas que, sem sombra de dúvidas, corroboram a importância e a centralidade da Justiça do Trabalho na promoção dos direitos sociais.(33)

Não se pode, pois, ignorar que *empresa terceirizada* é aquela que preenche os requisitos específicos da lei, dentre os quais o da capacidade econômica compatível para cumprir os compromissos da atividade contratada em relação ao número de empregados.(34) Da mesma forma, ela não pode ter passivo que implique risco de inadimplemento de suas obrigações. Assim, dentre outros elementos, a pactuação de preço do serviço há de estar alinhada com os custos operacionais (comerciais, trabalhistas, previdenciários e tributários). Eventual ausência desses requisitos ensejará a nulidade contratual com todas as consequências daí advindas, tais como a formação do vínculo diretamente com a contratante e a responsabilidade solidária.(35) Nessa toada, também se vê a advertência de Fabio Ulhoa Coelho acerca da necessidade de integralização do capital social subscrito, de modo proporcional à dimensão dos contratos que a empresa terceirizada venha a firmar.(36) Não se ignore, a propósito, que a própria tese firmada na aludida ADPF 324, inciso II, dispõe sobre a necessidade de se verificar a idoneidade e a capacidade econômica da terceirizada.

Logo, pelo que se demonstrou até aqui, salta aos olhos a diferença entre uma lídima empresa terceirizada (com capacidade econômica e legalmente constituída) e a pessoa natural do "empregado pejotizado" com o objetivo de fraudar a lei trabalhista. A

---

(33) Nesse sentido é a matéria do portal do TRT da 8ª Região; "Presidente do TST reclama de 'visões preconceituosas' sobre a Justiça do Trabalho. Na última semana, Gilmar Mendes, do STF, disse que Justiça do Trabalho tem uma 'visão distorcida' da sistemática de precedentes", publicada em 27/10/2023. Fonte: https://www.trt8.jus.br/noticias/2023/presidente-do-tst-reclama-de-visoes-preconceituosas-sobre-justica-do-trabalho. Acesso em: 1º nov. 2023. A aludida matéria foi inspirada em outra publicada pelo portal *JOTA* Info.

(34) Nesse sentido é o art. 1º da Lei n. 13.429/2017, que alterou o art. 6º, III, da Lei n. 6.019/74; e o art. 2º da Lei n. 13.429/2017, que introduziu o art. 4º-B, da Lei n. 6.019/74, nomeadamente o inciso III, alíneas *"a"* a *"e"*, ao dispor sobre o capital mínimo das empresas com até 10; 20, 50, 100 ou mais de 100 empregados contratados.

(35) MIZIARA, Raphael. "Terceirização: a capacidade econômica da empresa prestadora dos serviços, essa desconhecida". *Jota*, publicado em: 26 set, 2019. Fonte: https://www.jota.info/opiniao-e-analise/colunas/pensando-direito/terceirizacao-a-capacidade-economica-da-empresa-prestadora-dos-servicos-essa-desconhecida-26092019. Acesso em: 14 nov. 2023.

(36) COELHO, Fábio Ulhôa. *Curso de direito comercial:* direito de empresa, 19. ed. São Paulo: Saraiva, 2015. p. 183. Ora, uma coisa é o valor mínimo e adequado para que tais empresas possam funcionar (art. 4º-B, III, Lei n. 6.019/74), cuja insuficiência gera presunção absoluta de incapacidade econômica; outra coisa é a ausência de capital social mínimo não integralizado para atender cada caso concreto (valor do contrato e dos salários conforme o número de empregados). Naquele, a ausência gera presunção absoluta de incapacidade econômica para funcionamento da empresa terceirizada, enquanto neste há indício de incapacidade econômica para garantia de adimplência contratual.

distinção é gritante e precisa ser compreendida por todos os ministros do STF, conforme alertou a sua ex-colega, Rosa Weber, quando de seu emocionado pronunciamento de despedida antes de sua aposentadoria.(37)

Em recente manifestação, o já mencionado ministro Gilmar Mendes revelou que o STF recebeu 2.566 *reclamações* sobre Direito do Trabalho nos primeiros dez meses de 2023. Um número que é mais do que metade do total daquelas processadas, o que, para ele, é um absurdo decorrente da suposta visão distorcida da Justiça do Trabalho. Não vejo assim. Deveras, o próprio STF criou um monstro, distorceu a ordem jurídica e agora tenta imputar o caos àqueles julgadores especializados em questões trabalhistas, que sempre julgaram com acerto essa matéria. Refiro-me aos Tribunais Regionais e Superior do Trabalho, que têm analisado cuidadosamente a correta dimensão do Tema 725, ora prevalecendo a licitude da terceirização, ora declarando-a ilícita quando a prova dos autos evidencia a fraude trabalhista. Segue, nessa esteira, o elucidativo aresto de lavra da ministra Kátia Magalhães Arruda, o qual faz uma correta análise acerca da aplicação dos precedentes do STF (Tema 725 e ADPF 324):

> Nesse contexto, a aplicação das teses vinculantes do STF pressupõe que tenha havido a terceirização lícita mediante regular contrato de prestação de serviços, hipótese em que a empresa prestadora de serviços efetivamente é a empregadora. *Não se aplicam as teses vinculantes quando estejam configurados os requisitos do vínculo de emprego* do art. 3º da CLT em relação à empresa tomadora de serviços. *Não se aplicam as teses vinculantes quando esteja provada a fraude*, nos termos do art. 9º da CLT: 'serão nulos de pleno direito os atos praticados com o objetivo de desvirtuar, impedir ou fraudar a aplicação dos preceitos contidos na presente Consolidação'. Porém, conforme decidido no STF, não configura fraude a terceirização, por si mesma, de atividades inerentes, acessórias ou complementares. (...) No caso concreto o TRT reconheceu a ilicitude da terceirização em razão de se referir à atividade-fim da empresa tomadora de serviços. Não há prova de fraude no acórdão recorrido.(38)

A propósito de todo esse embate, a *Folha de S. Paulo* publicou a seguinte manchete: "Justiça do trabalho ignora STF, e ministros veem afronta à corte".(39) Estou convicto que o problema é o inverso. Vale dizer: não se trata de a Justiça do Trabalho desrespeitar o entendimento da excelsa Corte, mas antes do STF distorcer a sua função de guardião da Constituição Federal em prejuízo da adequada hermenêutica acerca dos direitos sociais. É preciso respeitar a competência material da Justiça do Trabalho (art. 114), além da autonomia científica e o quadro principiológico do Direito do Trabalho, visto como espécie do gênero direitos fundamentais.

---

(37) O emblemático pronunciamento feito no dia 27 de setembro de 2023 faz menção ao seu esforço, em conjunto com o Min. Fachin, para convencer seus pares acerca da adequada exegese do tema da terceirização.

(38) (TST; ARR 0012741-27.2016.5.15.0145; Sexta Turma; *DEJT* 27.10.2023; p. 6.340).

(39) A aludida matéria foi publicada em 13 de agosto de 2023. Fonte: https://www1.folha.uol.com.br/mercado/2023/08/justica-do-trabalho-ignora-stf-e-ministros-veem-afronta-a-corte.shtml. Acesso em: 1º nov. 2023.

Há pouco fizemos uma provocação, qual seja a de que a legislação trabalhista é estigmatizada, sendo tratada como uma espécie de "patinho feio", sobretudo pela ideologia neoliberal, boa parcela da mídia e mais recentemente pela maioria dos ministros do STF. Todos esses segmentos insistem no intento de esvaziar o poder da Justiça do Trabalho.[40] E assim o fazem para enaltecer a *livre-iniciativa*, como fundamento da nossa Carta Republicana. Desprezam, contudo, que ao lado desse valor econômico, o inciso IV do primeiro artigo da Constituição fala justamente dos "valores sociais do trabalho". Assim, no atento e correto comentário de José Afonso da Silva, a iniciativa privada é um princípio básico do capitalismo, mas, "embora capitalista, a ordem econômica dá prioridade aos valores do trabalho humano sobre todos os demais valores da economia de mercado".[41]

Como se vê, essa clivagem não se justifica, sendo correto o equilíbrio entre o capital e o trabalho humano, conforme propõe o Direito Laboral mundo afora. Até mesmo a posição do constitucionalista (ao contrário do ministro) Luís Roberto Barroso esclarece essa questão, ao dizer que "a reunião das duas figuras implica a igual dignidade de ambas, mas também que a interpretação não pode ser extraída isoladamente", pois "a liberdade (econômica) só é exercida legitimamente se der ao trabalho seu devido valor"[42]. Lamenta-se que, nos casos concretos, o ministro Barroso não siga as lições do jurista Barroso.

## Referências

ARANTES, Delaíde Alves Miranda. *Trabalho decente:* uma análise na perspectiva dos direitos humanos trabalhistas a partir do padrão decisório do Tribunal Superior do Trabalho. SP: LTr, 2023.

BARROSO, Luís R. "Os valores sociais da livre-iniciativa". In: CANOTILHO, J. J. Gomes [*et al.*] (Orgs.). *Comentários à Constituição do Brasil.* 2. ed. São Paulo: Saraiva Educação, 2018.

BOFF, Leonardo. *Fundamentalismo:* a globalização e o futuro da humanidade. Rio de Janeiro: Sextante, 2002.

CARVALHO, Sonia Aparecida de. "Direitos Humanos, Desenvolvimento Sustentável e Sustentabilidade". *Revista Eletrônica do Curso de Direito da UFSMI*, 2015. Fonte: https://www.academia.edu/101815390/Direitos_Humanos_Desenvolvimento_Sustent%C3%A1vel_e_Sustentabilidade. Acesso em: 17 jul. 2023.

CASAGRANDE, Cássio. "Associar a CLT ao fascismo é uma mistificação da História. Afirmativa revela ignorância sobre origens do Direito do Trabalho no Brasil e no mundo". Publicado no Portal *Jota*, em 6 de agosto de 2018. Fonte: https://www.jota.info/opiniao-e-analise/colunas/o-mundo-fora-dos-autos/associar-a-clt-ao-fascismo-e-uma-mistificacao-da-historia-06082018.

---

(40) Na nossa opinião, a maioria da atual composição do STF é refratária à essência tutelar do Direito do Trabalho, conforme depreende de inúmeros julgados, a exemplo da ADC 58 que pôs fim aos juros moratórios e apequenou o crédito trabalhista, e de tantas reclamações que afastaram a competência material da Justiça do Trabalho para apreciar relações de trabalho, em flagrante violação ao art. 114 da Constituição e ao Princípio da Primazia da Realidade sobre a Forma, próprio do microssistema trabalhista.

(41) SILVA, José Afonso da. *Curso de Direito Constitucional Positivo.* 38. ed. São Paulo: Saraiva, 2015. p. 720.

(42) BARROSO, Luís R. "Os valores sociais da livre-iniciativa". In: CANOTILHO, J. J. Gomes [*et al.*] (Orgs.). *Comentários à Constituição do Brasil.* 2. ed. São Paulo: Saraiva Educação, 2018. p. 137.

CAVALCANTI, Tiago Muniz. *Sub-humanos:* o capitalismo e a metamorfose da escravidão. São Paulo: Boitempo, 2021.

COELHO, Fábio Ulhôa. *Curso de direito comercial:* direito de empresa. 19. ed. São Paulo: Saraiva, 2015.

"Debates conceituais e regulatórios sobre o futuro do trabalho em plataformas digitais" [recurso digital]. Organização: Ana Paula Camelo *et al.* São Paulo: FGV Direito SP, 2022. Disponível em: https://bibliotecadigital.fgv.br/dspace/bitstream/handle/10438/32018/ebook2_gig-economy_cepi-fgv.pdf?sequence=1. Acesso em: 20 fev. 2023.

GOMES, Ana Virgínia Moreira; GOMES, Sarah Linhares Ferreira. *Análise do controle de convencionalidade no âmbito do Tribunal Superior do Trabalho.* Apresentação de Trabalho, 2020.

GUNTHER, Luiz Eduardo. *Resoluções e Declarações da OIT:* natureza e efeitos. Tese de Doutoramento em Direito. Curitiba: Biblioteca da Universidade Federal do Paraná, 2002, pág. 332. Fonte: https://acervodigital.ufpr.br/bitstream/handle/1884/75664/D%20-%20T%20-%20LUIZ%20EDUARDO%20GUNTHER.pdf?sequence=1&isAllowed=y. Acesso em: 2 jul. 2023.

HENTSCHKE, Jens R. *Positivismo ao estilo gaúcho:* A ditadura de Júlio de Castilhos e seu impacto sobre a construção do Estado e da nação no Brasil de Getúlio Vargas. Porto Alegre: Editora PUC-RS, 2016.

LINS, Ivan. *História do positivismo no Brasil.* Brasiliana, 1964.

LIRA NETO, João de. *Getúlio:* 1882-1930. vol. 1. São Paulo: Companhia das Letras, 2012.

MARQUES FILHO, Lourival Barão. *Litigantes em fuga:* o ocaso da Justiça do Trabalho? Como as novas tecnologias e a reforma trabalhista impactam a litigiosidade trabalhista. São Paulo: Dialética, 2022.

MATTOS, Marcelo Badaró. *O Sindicalismo Brasileiro após 1930.* Rio de Janeiro, Jorge Zahar Editor, 2003.

MAZZUOLI, Valério de Oliveira. *Direitos Humanos, Constituição e os Tratados Internacionais.* São Paulo: Juarez de Oliveira, 2002.

MAZZUOLI, Valério de Oliveira. *O controle jurisdicional de convencionalidade das leis.* 2. ed. São Paulo: Revista dos Tribunais, 2011.

MIZIARA, Raphael. "Terceirização: a capacidade econômica da empresa prestadora dos serviços, essa desconhecida". *Jota*, publicado em: 26 st. 2019. Fonte: https://www.jota.info/opiniao-e-analise/colunas/pensando-direito/terceirizacao-a-capacidade-economica-da-empresa-prestadora-dos-servicos-essa-desconhecida-26092019. Acesso em: 14 nov. 2023.

PIOVESAN, Flávia. *Direitos Humanos e o Direito Constitucional Internacional.* 15. ed. São Paulo: Saraiva, 2015.

ROCHA, Cláudio Jannotti da *et al. A comunicabilidade do direito internacional do trabalho e o direito do trabalho brasileiro.* SP: Tirant Lo Blanch, 2020.

SILVA, José Afonso da. *Curso de Direito Constitucional Positivo.* 38. ed. São Paulo: Saraiva, 2015.

TRINDADE, Sérgio. *O positivismo gaúcho e Getúlio Vargas.* Publicado em: 14 jul. 2020. Portal: A história está nos detalhes. Fonte: https://historianosdetalhes.com.br/historia-do-brasil/o-positivismo-gaucho-e-getulio-vargas/. Acesso em: 21 nov. 2023.

# Competência Material da Justiça do Trabalho e os Servidores Públicos

*Rosangela Rodrigues Dias de Lacerda*[(1)]
*Silvia Teixeira do Vale*[(2)]

## 1. Breves notas distintivas

A Carta Política de 1988, na Seção II, na interpretação de Carvalho Filho, adota a expressão "servidores públicos" para designar todos os agentes que, "exercendo com caráter de permanência uma função pública em decorrência de relação de trabalho, integram o quadro funcional"[(3)] da administração pública direta, das autarquias e das fundações públicas de natureza autárquica.

Di Pietro[(4)] explica, porém, que a Constituição, na seção I, quando trata sobre disposições gerais acerca da Administração Pública, esquadrinha normas pertinentes a respeito de todas as pessoas que prestam serviços à Administração Pública direta e indireta, incluindo nesse espectro não só as autarquias e fundações públicas, como também as empresas públicas, fundações de direito privado e sociedades de economia mista.

Isso significa, de acordo com a referida autora, que a terminologia "servidor público" é direcionada tanto em sentido amplo, para tratar sobre todas as pessoas físicas que

(1) Procuradora do trabalho do Ministério Público do Trabalho da 5ª Região. Professora adjunta da Universidade Federal da Bahia. Mestre em Direito Público pela Universidade Federal da Bahia. Doutora em Direito do Trabalho e da Seguridade Social pela Universidade de São Paulo. Professora convidada do curso de pós-graduação *lato sensu* da Faculdade Baiana de Direito, CERS, UCSAL, UNIFACS e das Escolas Judiciais do TRT da 5ª, 6ª, 7ª e 16ª Regiões.

(2) Juíza do trabalho no TRT da 5ª Região. Mestra em Direito pela UFBA. Doutora pela PUC/SP. Pós-Doutora pela Universidade de Salamanca. Professora convidada do curso de pós-graduação *lato sensu* da Faculdade Baiana de Direito, EMATRA5, CERS, CEJAS, UCSAL e da Escola Judicial do TRT da 5ª, 6ª, 10ª, 16ª e 19ª Regiões. Diretora da EMATRA5, biênio 2019/2021. Membra do Conselho Editorial da Revista eletrônica do Tribunal Regional do Trabalho da Quinta Região e da Revista Vistos etc. e do Conselho Acadêmico da ENAMATRA, órgão de docência da ANAMATRA. Autora de livros e artigos jurídicos. Ex-professora substituta da UFRN.

(3) CARVALHO FILHO, José dos Santos. *Manual de Direito Administrativo*. 13. ed. Rio de Janeiro: Lumen Juris, 2005. p. 461.

(4) DI PIETRO, Maria Sylvia. *Direito Administrativo*. 20. ed. São Paulo: Atlas, 2007. p. 475.

prestam serviços ao Estado e às entidades da Administração indireta, com vínculo de emprego, quanto em sentido mais restrito, excluindo aqueles que prestam serviços às entidades com personalidade jurídica de direito privado.

Em sentido amplo, portanto, servidores públicos são aquelas pessoas físicas que trabalham e possuem vínculo com os entes da Administração direta e indireta, podendo ser regidos por um estatuto de direito público (estatutários), ocupando cargo público; contratados sob o regime celetista e ocupantes de emprego público (empregados públicos), pois trabalham vinculados a empresas estatais; servidores públicos celetistas, que são regidos pelas normas celetistas, embora vinculados a alguma entidade da Administração direta, autárquica ou fundacional pública, e ocupantes de emprego público, na forma da Lei n. 9.962/2000; os servidores temporários, que, seguindo o regramento previsto no art. 37, IX da CRFB/88, são contratados por tempo determinado para atender à necessidade temporária de excepcional interesse público e, por não ocuparem cargo ou emprego público, titularizam função; e, por fim, os servidores públicos temporários exercentes de cargo em comissão, que titularizam cargo de provimento em comissão, declarados em lei de livre nomeação e exoneração (art. 37, II da CRFB/88), para o exercício de funções relacionadas à chefia, à direção ou ao assessoramento.

Uma vez estabelecidas tais diferenciações, importa ressaltar que durante muito tempo a unidade "cargo" foi atribuída a todos os "funcionários" públicos que eram regidos pelo regime estatutário. Todavia, quando a Administração Pública passou a contratar servidores públicos sob o regime celetista, a nomenclatura "emprego público" passou a ser utilizada para denominar uma unidade de atribuições, diferenciando-se cargo público de emprego público, de acordo com o tipo de vínculo que o servidor público possui com o Estado. Se ocupante de emprego público, possui vínculo contratual, regido pela CLT; mas, se ocupante de cargo público, o vínculo é estatutário, regido pelo Estatuto dos Funcionários Públicos, podendo cada ente da federação ter o seu próprio.

A redação original da Constituição Federal de 1988 previa originalmente que cada unidade da federação poderia instituir o seu próprio regime jurídico único, estatutário[5] ou contratual.[6]

A Emenda Constitucional 19/98 revogou a obrigatoriedade de regime jurídico único, tanto que a Lei n. 9.962/2000 passou a regulamentar o regime de emprego público do pessoal da Administração federal direta, autárquica e fundacional. Mas o Supremo Tribunal Federal, na sessão plenária de 2.8.2007, julgando a ADI 2.135/DF,[7]

---

(5) Carvalho Filho (*Op. cit.* p. 465) aponta que uma das características da relação jurídica estatutária é a sua natureza não contratual, ou, em outras palavras, que "inexiste contrato entre o Poder Público e o servidor estatutário".

(6) DI PIETRO. Maria Sylvia. *Op. cit.*, p. 484.

(7) BRASIL. Supremo Tribunal Federal. "ADI n. 2135". Ministra relatora Ellen Gracie; Data de publicação: 7.3.2009.

suspendeu liminarmente a vigência do novo *caput* do art. 39, restabelecendo a obrigatoriedade do regime jurídico único, com eficácia *ex nunc*, ao argumento de que a Emenda Constitucional 19/98 padecia de vício formal, em grave ofensa ao devido processo legal legislativo.

A existência ou não de regime jurídico estatutário, apto a reger os servidores públicos e, na sua ausência, a Consolidação das Leis do Trabalho, para o mesmo fim, sempre importou diretamente ao reconhecimento ou não da competência material da Justiça do Trabalho, conforme se verá mais adiante.

## 2. Competência material da Justiça do Trabalho para analisar lides pertinentes aos servidores públicos estatutários

A Carta Política de 1988 jamais tratou sobre a competência material para analisar lides pertinentes aos trabalhadores e o Estado, e essa anomia sempre gerou amplo debate na doutrina e na jurisprudência.

A respeito da temática, o Superior Tribunal de Justiça editou duas súmulas. A Súmula n. 97 estatui que "compete à Justiça do Trabalho processar e julgar reclamação de servidor público relativamente a vantagens trabalhistas anteriores à instituição do regime jurídico único". Por seu turno, a Súmula n. 137 estabelece que "compete à Justiça Estadual processar e julgar ação de servidor público municipal, pleiteando direitos relativos ao vínculo estatutário".

Já a Lei n. 8.112/1990, por meio de seu art. 240, *d* e *e*, chegou a prever expressamente aos servidores públicos da União, o direito à livre associação sindical e à negociação coletiva, afirmando que a competência jurisdicional para dirimir tal conflito seria da Justiça do Trabalho, analisando as possíveis ações individuais ou coletivas.

Ocorre que tal dispositivo legal foi declarado inconstitucional pela Corte Suprema, no julgamento da ADI 492-1, em 21 de outubro de 1992, tendo-se baseado o STF na antiga redação do art. 114 da CRFB/88, interpretado que o termo "trabalhador" lá presente não abrangeria o servidor público.

O debate acerca da competência jurisdicional para analisar lides firmadas entre servidores públicos e entes públicos voltou a ter grande relevância, pois o Parecer 1.747, de 17 de novembro de 2004, da Comissão de Constituição, Justiça e Cidadania da Câmara dos Deputados, aprovou a proposta que redundou no texto da Emenda Constitucional n. 45/2004, com a seguinte redação:

> Art. 114. Compete à Justiça do Trabalho processar e julgar: I – as ações oriundas da relação de trabalho, abrangidos os entes de direito público externo e da administração pública direta e indireta da União, dos Estados, do Distrito Federal e dos Municípios, *exceto os servidores ocupantes de cargos criados por lei, de provimento efetivo ou em comissão, incluídas as autarquias e fundações públicas dos referidos entes da federação.* (Grifou-se)

Ou seja, pelo texto aprovado, a Justiça do Trabalho seria competente materialmente para processar e julgar todas as lides referentes à relação de trabalho, mas, em relação à pessoa, a Justiça Especializada seria incompetente para analisar ações pertinentes aos servidores estatutários, ocupantes de cargo em comissão ou de cargo efetivo.

Entretanto, o texto que findou promulgado foi outro, olvidando da exceção em relação aos servidores estatutários, deixando cristalino que a Justiça do Trabalho seria efetivamente competente para dirimir todos os conflitos resultantes da relação de trabalho,[(8)] ainda que em um dos polos estivessem os entes de direito público externo e da Administração pública direta e indireta da União, dos Estados, do Distrito Federal e dos Municípios.

Nesse sentido, interpretando a então nova redação do art. 114, I da CRFB/88, doutrinou Stevão Mallet:

> Cabe à Justiça do Trabalho, segundo o texto promulgado e publicado da Emenda Constitucional n. 45, o julgamento de ações envolvendo servidores públicos, tanto os sujeitos ao regime da CLT — tal qual já se dava no direito anterior — como os vinculados ao regime estatutário e, inclusive, os ocupantes de cargos de confiança, de qualquer das entidades da Federação.[(9)]

Todavia, pouco tempo depois da promulgação da EC n. 45/2004, a Associação dos Juízes Federais do Brasil (AJUFE) e a Associação Nacional dos Magistrados Estaduais (ANAMAGES) ajuizaram a ADI 3.395, apensada à ADI 3.529, ambas objetivando a declaração de inconstitucionalidade da parte final do art. 114, I da CRFB, justamente para excluir da competência material da Justiça do Trabalho, as lides pertinentes aos servidores estatutários.

Na decisão liminar, proferida em 1º de fevereiro de 2005, pelo ministro Nelson Jobim, utilizou-se a técnica da interpretação conforme, para delimitar o alcance do art. 114, I da CRFB/88. A referida decisão, confirmada pelo Plenário do STF, em abril de 2006, suspendeu a possibilidade de se entender que compete à Justiça do Trabalho a "apreciação de causas que sejam instauradas entre o Poder Público e seus servidores, a ele vinculados por típica relação de ordem estatutária ou de caráter jurídico-administrativo".

---

(8) Nesse sentido: BEZERRA LEITE, Carlos Henrique. *Curso de Direito Processual do Trabalho*, 18. ed. São Paulo: Saraiva, 2020, p. 288.

(9) MALLET, Stevão. "Apontamentos sobre a competência da Justiça do Trabalho após a Emenda Constitucional n. 45". In: COUTINHO, Grijalbo Fernandes; FAVA, Marcos Neves (Coords.). *Justiça do Trabalho:* competência ampliada. São Paulo: LTr, 2005.

No dia 14 de abril de 2020, o STF julgou o mérito da ADI 3.395(10) e fixou a seguinte tese:

> EMENTA: CONSTITUCIONAL E TRABALHO. COMPETÊNCIA DA JUSTIÇA DO TRABALHO. ART.114, I, DA CONSTITUIÇÃO FEDERAL. Emenda Constitucional n. 45/2004. AUSÊNCIA DE INCONSTITUCIONALIDADE FORMAL. EXPRESSÃO "RELAÇÃO DE TRABALHO". INTERPRETAÇÃO CONFORME À CONSTITUIÇÃO. EXCLUSÃO DAS AÇÕES ENTRE O PODER PÚBLICO E SEUS SERVIDORES. PRECEDENTES. MEDIDA CAUTELAR CONFIRMADA. AÇÃO DIRETA JULGADA PARCIALMENTE PROCEDENTE. 1. O processo legislativo para edição da Emenda Constitucional n. 45/2004, que deu nova redação ao inciso I do art. 114 da Constituição Federal, é, do ponto de vista formal, constitucionalmente hígido. 2. A interpretação adequadamente constitucional da expressão "relação do trabalho" deve excluir os vínculos de natureza jurídico estatutária, em razão do que a competência da Justiça do Trabalho não alcança as ações judiciais entre o Poder Público e seus servidores.

É dizer, após a fixação da tese referida, não há mais espaço interpretativo para considerar que a Justiça do Trabalho seja competente materialmente para processar e julgar lides que tratam sobre servidores públicos estatutários, mas é de chamar a atenção de um leitor atento, que se na decisão liminar o termo empregado era "relação de caráter jurídico-administrativo", na decisão definitiva, o STF se referiu aos "vínculos de natureza jurídico estatutária", para fixar que cabe à competência da Justiça Comum processar e julgar os conflitos daí decorrentes.

A dúvida que persiste é: essa alteração foi meramente cosmética e preciosista, ou há alguma implicação prática para atrair a competência para a Justiça do Trabalho em relação aos servidores públicos temporários?(11) A respeito da temática, o caminho percorrido pela jurisprudência é longo, conforme será observado nas linhas seguintes.

## 3. Servidores temporários

Antes do julgamento da ADI 3.395, a jurisprudência do Tribunal Superior do Trabalho era bastante clara ao concluir que se existisse regime jurídico estatutário para os servidores permanentes, logo o regime dos servidores temporários deveria ser o mesmo, atraindo a competência da Justiça Comum para a análise de possível lide travada entre servidor público temporário e ente público.(12)

---

(10) BRASIL. Supremo Tribunal Federal. *ADI n. 3.395*; Órgão julgador: Pleno; Relator: Ministro Alexandre de Moraes; data de publicação: 1º.7.2020. Disponível em: https://redir.stf.jus.br/paginadorpub/paginador.jsp?docTP=TP&docID=753145850. Acesso em: 29 out. 2023.

(11) Essa mesma pergunta já foi elaborada por Noemia Porto e Marco Antonio de Freitas, em obra que se propôs a analisar a competência material da Justiça do Trabalho (PORTO, Noemia; FREITAS, Marco Antonio de. "O julgamento definitivo da ADI n. 3.395/STF e a competência da Justiça do Trabalho para as demandas dos servidores públicos". In: CONFORTI, Luciana Paula; PORTO, Noemia Aparecida Garcia; LOURENÇO FILHO, Ricardo Machado (Orgs.). *A competência da Justiça do Trabalho 15 anos após a Emenda Constitucional n. 45/2004:* ampliação, limites e avanços necessários. São Paulo: LTR, 2021.

(12) Nesse sentido, a antiga Súmula n. 123 do TST: "Em se tratando de Estado ou Município, a lei que estabelece o regime jurídico (art. 106 da Constituição Federal) do servidor temporário ou contratado é a estadual ou

A SDI-1 do TST, em 29 de setembro de 2002, editou a OJ 263, com o seguinte teor:

> Competência. Contrato por prazo determinado. Lei especial (estadual e municipal). Incompetência da Justiça do Trabalho. A relação jurídica que se estabelece entre o Estado ou Município e o servidor contratado para exercer funções temporárias ou de natureza técnica, decorrente de lei especial, é de natureza administrativa, razão pela qual a competência é da Justiça Comum, até mesmo para apreciar a ocorrência de eventual desvirtuamento do regime especial (CF/67, art. 106; CF/88, art. 37, IX).

A Orientação Jurisprudencial referida foi cancelada em 3 de setembro de 2004, mas em 20 de abril de 2005, o TST, seguindo a própria jurisprudência do STF, modificou a OJ n. 205 da SBDI, que passou a ter a seguinte redação:

> COMPETÊNCIA MATERIAL. JUSTIÇA DO TRABALHO. ENTE PÚBLICO. CONTRATAÇÃO IRREGULAR. REGIME ESPECIAL. DESVIRTUAMENTO
>
> I – Inscreve-se na competência material da Justiça do Trabalho dirimir dissídio individual entre trabalhador e ente público se há controvérsia acerca do vínculo empregatício.
>
> II – A simples presença de lei que disciplina a contratação por tempo determinado para atender a necessidade temporária de excepcional interesse público (art. 37, inciso IX, da CF/1988) não é o bastante para deslocar a competência da Justiça do Trabalho se se alega desvirtuamento em tal contratação, mediante a prestação de serviços à Administração para atendimento de necessidade permanente e não para acudir a situação transitória e emergencial.

O indigitado verbete foi cancelado em 2009, seguindo a então jurisprudência do Supremo Tribunal Federal, estabelecida após a promulgação da EC n. 45/04 e julgamento liminar da ADI 3.395, como visto ao norte.

Mesmo após a confirmação da decisão liminar na ADI 3.395, ainda permanecia o debate na jurisprudência acerca da possível competência da Justiça do Trabalho para processar e julgar ações pertinentes aos servidores públicos temporários, sobretudo, quando o litígio tratava sobre eventual fraude na contratação. Isso porque, o servidor público temporário não detém "relação de ordem estatutária" ou de "caráter jurídico-administrativo", conforme decidido pelo STF.

No entanto, o STJ, por diversas vezes, se manifestou no sentido de considerar que a competência para dirimir qualquer conflito entre servidores temporários e o respectivo ente público seria da Justiça Comum, estadual ou federal.

---

municipal, a qual, uma vez editada, apanha as situações preexistentes, fazendo cessar sua regência pelo regime trabalhista. Incompetente é a Justiça do Trabalho para julgar as reclamações ajuizadas posteriormente à vigência da lei especial".

Observe-se, por exemplo, que no Conflito de Competência 160.644/PR,[(13)] no qual uma técnica de enfermagem, servidora pública temporária, regida pela CLT, pleiteava verbas de natureza trabalhista, em face do Município, o Superior Tribunal de Justiça decidiu que compete à Justiça Comum a análise da lide, ao argumento de que a acionante detinha uma relação "jurídico-administrativa".

E, ainda mais recentemente, a decisão do Superior Tribunal de Justiça no Conflito de Competência 160.081 – PE,[(14)] em que se reconheceu a competência da Justiça Comum Estadual para analisar demanda de servidor público temporário que alegava fraude na contratação, diante de sucessivas renovações de vínculo com o Município.

Nesse mesmo sentido, também caminhava o Supremo Tribunal Federal. Veja-se:

> EMENTA Constitucional. Reclamação. Ação civil pública. Servidores públicos. Regime temporário. Justiça do Trabalho. Incompetência. 1. No julgamento da ADI n. 3.395/DF-MC, este Supremo Tribunal suspendeu toda e qualquer interpretação do inciso I do art. 114 da Constituição Federal que inserisse, na competência da Justiça do Trabalho, a apreciação de causas instauradas (na redação da EC n. 45/04) entre o Poder Público e seus servidores, a ele vinculados por típica relação de ordem estatutária ou de caráter jurídico-administrativo. 2. As contratações temporárias para suprir os serviços públicos estão no âmbito de relação jurídico-administrativa, sendo competente para dirimir os conflitos a Justiça comum e não a Justiça especializada. 3. Reclamação julgada procedente. (STF – Rcl: 4872 GO, relator: MARCO AURÉLIO, Data de Julgamento: 21.8.2008, Tribunal Pleno, Data de Publicação: *DJe*-211, v. 15, n. 173, 2008, p. 281-284)

> EMENTA Administrativo e Processual Civil. Dissídio entre servidor temporário e o poder público. ADI n. 3.395/DF-MC. Competência da Justiça comum. Reclamação julgada procedente. 1. Compete à Justiça comum pronunciar-se sobre a existência, a validade e a eficácia das relações entre servidores e o poder público fundadas em vínculo jurídico-administrativo temporário. 2. Não descaracteriza a competência da Justiça comum o fato de se requererem verbas rescisórias, FGTS e outros encargos de natureza símile, dada a prevalência da questão de fundo, a qual diz respeito à própria natureza da relação jurídico-administrativa, ainda que desvirtuada ou submetida a vícios de origem. 3. Agravo regimental provido e reclamação julgada procedente para se anularem os atos decisórios proferidos pela Justiça do Trabalho e se determinar o envio dos autos de referência à Justiça comum. (Rcl 4351 MC-AgR, relator(a): Min. MARCO AURÉLIO, relator(a) p/ Acórdão: Min. DIAS TOFFOLI, Tribunal Pleno, julgado em 11.11.2015, ACÓRDÃO ELETRÔNICO *DJe*-068 DIVULG 12.4.2016 PUBLIC 13.4.2016).

---

(13) BRASIL. Superior Tribunal de Justiça. *Conflito de competência n. 160644/PR*. 1ª Secção. Relator: Ministro Sérgio Kukina. *DJE*: 3.10.2018. Disponível em: https://www.jusbrasil.com.br/jurisprudencia/stj/860259061/inteiro-teor-860259071. Acesso em: 29 out. 2023.

(14) BRASIL. Superior Tribunal de Justiça. *Conflito de competência n. 160081/PE*. Relator: Ministro Benedito Gonçalves. *DJE*: 7.3.2019. Disponível em: https://processo.stj.jus.br/processo/dj/documento/?seq_documento=21036042&data_pesquisa=07/03/2019&seq_publicacao=15720&versao=impressao&nu_seguimento=00001&parametro=null. Acesso em: 29 out. 2023.

Como se percebe, o Supremo Tribunal Federal tem reafirmado a competência da Justiça Comum em casos que tais, mesmo que o litígio decorra de possível desvirtuamento do 37, IX, da CRFB/88, ainda que a lei que rege a contratação administrativa utilize o termo "contratação", e mesmo que o trabalhador pleiteie verbas rescisórias.

O mesmo raciocínio foi empregado pelo STF, ao julgar o Tema 43 da Tabela de Repercussão Geral, fixando a tese segundo a qual compete à Justiça Comum processar e julgar causas instauradas entre o "Poder Público e seus servidores submetidos a regime especial disciplinado por lei local editada antes da Constituição Federal de 1988, com fundamento no art. 106 da Constituição de 1967, na redação que lhe deu a Emenda Constitucional n. 1/1969".(15)

Como visto, portanto, de acordo com a atual jurisprudência da Corte Suprema, havendo ou não lei específica tratando sobre a contratação temporária, a competência material para analisar possível demanda, será da Justiça Comum, ainda que o trabalhador postule verbas tipicamente trabalhistas,(16) sob a alegação de fraude na contratação,(17) pois a relação estabelecida entre as partes seria de caráter "jurídico-administrativo".

Mas, com o advento da decisão de mérito na ADI 3.395, que, ao estabelecer o sentido interpretativo para o que seria "relação de trabalho", para fins de competência da Justiça do Trabalho, abandonou a expressão "jurídico-administrativo", empregada na decisão liminar, trocando-a para "vínculos de natureza jurídico-estatutária", há espaço para se fazer a distinção à tese firmada,(18) pois claramente o servidor público temporário não detém vínculo de tal natureza com a Administração Pública.

## 4. Servidor público celetista

Conforme já recordado acima, a Emenda 19/98 alterou o *caput* do art. 39 da CRFB/88, retirando a obrigatoriedade para que o ente público adotasse o regime

(15) BRASIL. Supremo Tribunal Federal. *Recurso Extraordinário n. 573202*. Plenário, Brasília, DF, relator: Min. Ricardo Lewandowski, *DJE* n. 232, divulgado em 4.12.2008.

(16) Tema 551 da Tabela de Repercussão Geral do STF: Servidores temporários não fazem jus a décimo terceiro salário e férias remuneradas acrescidas do terço constitucional, salvo (I) expressa previsão legal e/ou contratual em sentido contrário, ou (II) comprovado desvirtuamento da contratação temporária pela Administração Pública, em razão de sucessivas e reiteradas renovações e/ou prorrogações (BRASIL. Supremo Tribunal Federal. "RE 1066677". Relator Ministro Alexandre de Moraes; Data de julgamento: 8.9.2020; Data de publicação: 23.09.2020).

(17) Tema 612: "Constitucionalidade de lei municipal que dispõe sobre as hipóteses de contratação temporária de servidores públicos. TESE: Nos termos do art. 37, IX, da Constituição Federal, para que se considere válida a contratação temporária de servidores públicos, é preciso que: a) os casos excepcionais estejam previstos em lei; b) o prazo de contratação seja predeterminado; c) a necessidade seja temporária; d) o interesse público seja excepcional; e) a contratação seja indispensável, sendo vedada para os serviços ordinários permanentes do Estado que estejam sob o espectro das contingências normais da Administração" (BRASIL. Supremo Tribunal Federal. *RE 658026*. Relator: Ministro Dias Toffoli; Data de julgamento: 11.1.2014; Data de publicação: 30.10.2014).

(18) A essa mesma conclusão já chegaram os articulistas Noemia Porto e Marco Antonio de Freitas, já citados.

jurídico único e, diante de tal alteração, algumas entidades da Administração passaram a contratar servidores públicos pela via da Consolidação das Leis do Trabalho. A eficácia dessa alteração do texto constitucional foi suspensa pelo Supremo Tribunal Federal, em decisão que ressalvou, contudo, a validade de leis editadas durante o período em que a nova redação produziu efeitos (ADI 2.135-MC). Isso redundou na seguinte consequência: no período entre a promulgação da Emenda Constitucional 19/1998 e a concessão da medida cautelar pelo Supremo Tribunal Federal, diversos entes federais editaram leis locais, submetendo seus servidores ao regime jurídico da CLT, normas que permanecem válidas.

Em reiteradas decisões em reclamações constitucionais, o Supremo Tribunal Federal vinha reconhecendo que a Justiça do Trabalho é competente para processar e julgar as demandas que envolvam vínculos celebrados com a Administração Pública, após a Constituição de 1988, sob regime celetista previsto expressamente em lei local editada dentro do período de vigência da redação dada ao art. 39, *caput*, da CF, pela EC n. 19/1998.[(19)]

Essa foi precisamente a questão debatida no *leading case* (RE 1288440) que foi analisado no Tema 1.143 da Tabela de Repercussão Geral do STF, em que servidoras públicas, admitidas pelo regime da Consolidação das Leis do Trabalho (CLT), ajuizaram ações perante a Justiça Comum estadual, pretendendo o recálculo de adicional por tempo de serviço (quinquênio), a fim de ampliar a base de cálculo para a integralidade dos vencimentos. A demanda teve por fundamento a Lei n. 10.261/1968, do estado de São Paulo, que institui o regime jurídico dos funcionários públicos civis daquele ente federativo, e o art. 129 da Constituição Estadual.

Ou seja, no caso concreto, as autoras, servidoras públicas do Hospital das Clínicas da Faculdade de Medicina da Universidade de São Paulo, regidas pelo regime celetista, pleiteavam parcelas administrativas, relacionadas ao recálculo de quinquênios sobre os vencimentos integrais.

Como já pontuado, no julgamento da ADI 3.395, o Supremo Tribunal Federal decidiu que o critério para se definir a competência material da Justiça do Trabalho, quando a lide versar sobre conflito entre o Poder Público e servidores a este vinculados, será a existência ou não de regime estatutário, apto a reger a relação estabelecida entre as referidas partes. Assim, a tese fixada foi no sentido de que a interpretação adequadamente constitucional da expressão "relação do trabalho" deve excluir os vínculos de natureza jurídico-estatutária, em razão do que a competência da Justiça do Trabalho não alcança as ações judiciais entre o Poder Público e seus servidores.

---

(19) Destacam-se: Rcl. 43.261-AgR, rel. Min. Edson Fachin; Rcl 44.988-AgR e 41.983-AgR, rel. Min. Alexandre de Moraes; Rcl 43.125-AgR, relª. Minª. Rosa Weber.

Entretanto, o Supremo Tribunal Federal, julgando o RE 1.288.440 (Tema 1.143, de repercussão geral), sob o regime da repercussão geral, assim decidiu:

> EMENTA: DIREITO CONSTITUCIONAL E DO TRABALHO. RECURSO EXTRAORDINÁRIO. REPERCUSSÃO GERAL. DEMANDA PROPOSTA POR EMPREGADO PÚBLICO CELETISTA CONTRA O PODER PÚBLICO. PRESTAÇÃO DE NATUREZA ADMINISTRATIVA. COMPETÊNCIA.
>
> 1. Recurso extraordinário, com repercussão geral reconhecida, em que se discute a competência da Justiça do Trabalho ou da Justiça Comum para julgar ação proposta por servidor celetista contra o Poder Público, na qual se pleiteia prestação de natureza administrativa.
>
> 2. Tratando-se de parcela de natureza administrativa, a Justiça Comum é o ramo do Poder Judiciário que tem expertise para apreciar a questão. Nesses casos, embora o vínculo com o Poder Público seja de natureza celetista, a causa de pedir e o pedido da ação não se fundamentam na legislação trabalhista, mas em norma estatutária, cuja apreciação — consoante já decidido por esta Corte ao interpretar o art. 114, I, da Constituição — não compõe a esfera de competência da Justiça do Trabalho.
>
> 3. Recurso extraordinário a que se nega provimento, com a fixação da seguinte tese: *A Justiça Comum é competente para julgar ação ajuizada por servidor celetista contra o Poder Público, em que se pleiteia parcela de natureza administrativa.*
>
> 4. Modulação dos efeitos da decisão para manter na Justiça do Trabalho, até o trânsito em julgado e correspondente execução, os processos em que houver sido proferida sentença de mérito até a data de publicação da presente ata de julgamento.

Com todo o respeito devido, a Corte Suprema contrariou a sua própria jurisprudência e, pior, a decisão proferida na ADI 3.395, pois nesta, o critério utilizado pelo Supremo Tribunal Federal para se definir a competência da Justiça do Trabalho foi a existência ou não de regime estatutário junto ao ente público, mas, julgando o Tema 1.143, a mesma Corte decidiu que o critério que define a aludida competência é a causa de pedir, vinculada ao pedido que tem como lastro jurídico parcelas de natureza administrativa.

O ministro Barroso, relator do RE 1.288.440, ressaltou que o Supremo Tribunal Federal não destoa no sentido de considerar competente a Justiça do Trabalho, quando a relação jurídica estabelecida entre pessoa física e ente público é regida pela Consolidação das Leis do Trabalho, mas Sua Excelência afirmou, e isso não significa necessariamente ratificar, que "toda e qualquer controvérsia relacionada ao contrato de trabalho deva ser submetida à Justiça do Trabalho".

O referido ministro recordou que o Supremo Tribunal Federal, julgando o Tema 544 da repercussão geral, em que se decidia sobre a abusividade da greve de servidores públicos celetistas da administração direta, autarquias e fundações de direito público, assim decidiu:

> CONSTITUCIONAL. DIREITOS SOCIAIS. COMPETÊNCIA PARA O JULGAMENTO DA LEGALIDADE DE GREVE DE SERVIDORES PÚBLICOS CELETISTAS. JUSTIÇA COMUM. FIXAÇÃO DE TESE DE REPERCUSSÃO GERAL.

> 1. É competência da justiça comum, federal ou estadual, conforme o caso, o julgamento de dissídio de greve promovida por servidores públicos, na linha do precedente firmado no MI 670 (Rel. Min. MAURÍCIO CORRÊA, Rel. p/ acórdão Min. GILMAR MENDES, Tribunal Pleno, DJe de 30/10/2008).
>
> 2. As Guardas Municipais executam atividade de segurança pública (art. 144, § 8º, da CF), essencial ao atendimento de necessidades inadiáveis da comunidade (art. 9º, § 1º, CF), pelo que se submetem às restrições firmadas pelo Supremo Tribunal Federal no julgamento do ARE 654.432 (Rel. Min. EDSON FACHIN, redator para acórdão Min. ALEXANDRE DE MORAES, Tribunal Pleno, julgado em 5.4.2017).
>
> 3. A essencialidade das atividades desempenhadas pelos servidores públicos conduz à aplicação da regra de competência firmada pelo Supremo Tribunal Federal no MI 670, mesmo em se tratando de servidores contratados pelo Estado sob o regime celetista.
>
> 4. Negado provimento ao recurso extraordinário e fixada a seguinte tese de repercussão geral: "A Justiça Comum Federal ou Estadual é competente para julgar a abusividade de greve de servidores públicos celetistas da administração direta, autarquias e fundações de direito público". (RE 846.854, Red. p/o acórdão o Min. Alexandre de Moraes, Tribunal Pleno).

O ministro Barroso igualmente rememorou que o Supremo Tribunal Federal, julgando o RE 655.283 (Tema 606/RG), decidiu que é da competência da Justiça Comum processar e julgar demanda ajuizada por empregado público da Empresa de Correios e Telégrafos (ECT), dispensado em razão de aposentadoria espontânea. No caso concreto, o empregado (sim, leitor(a), você leu direito, empregado público, regido pela CLT!) almejava ser reintegrado e receber cumulativamente proventos com vencimentos. Após longo debate, a corrente que se sagrou vencedora ratificou que "a natureza do ato de demissão de empregado público é constitucional-administrativa[20] e não trabalhista, o que atrai a competência da Justiça Comum para julgar a questão".

Eis a ementa do acórdão:

> Recurso extraordinário. Direito Constitucional. Processual. Administrativo. Tema n. 606 da sistemática da Repercussão Geral. Competência da Justiça Federal. Reintegração de empregados públicos. Empresa de Correios e Telégrafos. (ECT). Dispensa em razão de aposentadoria voluntária. Extinção do vínculo. EC n. 103, de 2019. Cumulação. Proventos e vencimentos. Recurso ordinário não provido.
>
> 1. Trata-se, *in casu*, de empregado público da Empresa de Correios e Telégrafos (ECT) que impetrou mandado de segurança em face de ato mediante o qual o Secretário Executivo

(20) A propósito, o Supremo Tribunal Federal decidirá (RE 688.267 – Tema 1.022, de repercussão geral) sobre a possibilidade de despedida sem motivação de empregado de empresa pública ou de sociedade de economia mista, admitido por concurso público. Em outras palavras, a Corte decidirá sobre a natureza jurídica do ato de dispensa de empregado público. Se mantiver a coerência, o STF proibirá a dispensa imotivada de empregado público vinculado à empresa pública ou sociedade de economia mista, por considerar que o ato de despedir possui natureza "constitucional-administrativa", conforme decidido no Tema 606. Por ora, monocraticamente, o ministro Alexandre de Moraes decidiu por ordenar a suspensão de todas as demandas que tramitam em território nacional tratando sobre a questão.

do Conselho de Coordenação de Empresas Estatais e do Presidente da ECT determinou o desligamento dos empregados aposentados que se mantinham na ativa, nos termos da MP n. 1523/1996.

2. Compete à Justiça Federal processar e julgar ação cujo objeto seja a reintegração de empregados públicos dispensados em virtude de aposentadoria espontânea, bem como a cumulatividade de proventos com vencimentos, o que difere, em essência, da discussão acerca da relação de trabalho entre os empregados e a empresa pública, afastando-se a competência da Justiça do Trabalho.

3. Segundo o disposto no art. 37, § 14, da CF (incluído pela EC n. 103, de 2019), a aposentadoria faz cessar o vínculo ao cargo, emprego ou função pública cujo tempo de contribuição houver embasado a passagem do servidor/empregado público para a inatividade, inclusive quando feita sob o Regime Geral de Previdência Social.

4. A mencionada EC n. 103/19, contudo, em seu art. 6º, excluiu da incidência da regra insculpida no § 14 do art. 37 da Constituição Federal as aposentadorias concedidas pelo Regime Geral de Previdência Social até a data de sua entrada em vigor, sendo essa a hipótese versada nos autos.

5. Foi fixada a seguinte tese de repercussão geral: "A natureza do ato de demissão de empregado público é constitucional-administrativa e não trabalhista, o que atrai a competência da Justiça comum para julgar a questão. A concessão de aposentadoria aos empregados públicos inviabiliza a permanência no emprego, nos termos do art. 37, § 14, da CRFB, salvo para as aposentadorias concedidas pelo Regime Geral de Previdência Social até a data de entrada em vigor da Emenda Constitucional n. 103/19, nos termos do que dispõe seu art. 6º.

6. Recursos extraordinários não providos. (RE 655.283, red. p/o acórdão o Min. Dias Toffoli, Tribunal Pleno)

E, para arrematar, o ministro Barroso ainda pontuou que o STF, julgando o RE 960.429, também sob o regime da repercussão geral, assim decidiu:

RECURSO EXTRAORDINÁRIO REPRESENTATIVO DA CONTROVÉRSIA. Tema 992. DIREITO DO TRABALHO. DIREITO ADMINISTRATIVO. DISCUSSÃO SOBRE COMPETÊNCIA. ART. 114, INCISO I, DA CF/88. FASE PRÉ-CONTRATUAL.

1. Inexistência de relação de trabalho na chamada fase pré-contratual a atrair a competência da Justiça do Trabalho. 2. Prevalência do caráter público. Concurso público como ato de natureza administrativa.

3. Fixação da tese: Compete à Justiça comum processar e julgar controvérsias relacionadas à fase pré-contratual de seleção e de admissão de pessoal e eventual nulidade do certame em face da Administração Pública, direta e indireta, nas hipóteses em que adotado o regime celetista de contratação de pessoal. Recurso extraordinário não provido. (RE 960.429, rel. Min. Gilmar Mendes, Tribunal Pleno, Sessão Virtual de 4.12.2020 a 14.12.2020, *DJE* n. 1, divulgado em 7.1.2021)

Repise-se, no entanto, que apesar de a maioria dos ministros do Supremo Tribunal Federal ter decidido, na análise do Tema 1.143, de repercussão geral, que quando a causa de pedir e o pedido forem fundados em norma estatutária, a competência será da Justiça Comum, ainda que o servidor público seja regido pela CLT, entende-se que tal direcionamento hermenêutico afronta diretamente o quanto já decidido na ADI 3.395.

Tanto é assim, que, julgando o Conflito de Competência 8257, o ministro Toffoli declarou competente a Justiça do Trabalho para processar e julgar demanda envolvendo a Universidade de São Paulo e servidora a ela vinculada pelo regime da CLT, em decisão, publicada em 3 de outubro de 2022. Ou seja, o mesmo caso analisado no Tema 1.143, mas com destino diametralmente oposto. Constate-se pelo fragmento do julgado:

A relação celetista em questão é regulamentada por meio da Lei Complementar Estadual n. 1. 074/2008, que cria empregos públicos na Universidade de São Paulo, cuja inconstitucionalidade foi afastada pelo Supremo no julgamento ADI n. 5.615/SP, na qual restou assentado que o regime jurídico estabelecido aos funcionários da aludida autarquia estadual está em harmonia com o art. 39 da Constituição Federal de 1988. A propósito colaciono a ementa do referido julgado: (...) Assim, não há dúvida que o caso em tela não versa sobre discussão de relação jurídico-estatutária, mas sim de relação de trabalho que exige a incidência do art. 114, I, da CF/88. Nesse sentido é a jurisprudência desta Corte: (...) Ante o exposto, considerando a pacífica jurisprudência do Supremo Tribunal Federal sobre a matéria, conheço do presente conflito de competência e declaro a competência da Justiça do Trabalho para processar e julgar a causa.

Ainda, julgando o Tema 928, de repercussão geral, o Supremo Tribunal Federal igualmente ratificou a competência material da Justiça trabalhista, conforme se observa, pelos argumentos sintetizados na ementa:

> Recurso extraordinário. Repercussão geral. 2. Competência da Justiça do Trabalho. Mudança de regime jurídico. Transposição para o regime estatutário. Verbas trabalhistas concernentes ao período anterior. 3. Compete à Justiça do Trabalho processar e julgar ações relativas às verbas trabalhistas referentes ao período em que o servidor mantinha vínculo celetista com a Administração, antes da transposição para o regime estatutário. 4. Recurso não provido. Reafirmação de jurisprudência." (ARE 1001075 RG, relator(a): GILMAR MENDES, Tribunal Pleno, julgado em 8.12.2016, PROCESSO ELETRÔNICO REPERCUSSÃO GERAL – MÉRITO *DJe*-017 DIVULG 31.1.2017 PUBLIC 1º.2.2017)

Pela análise dos julgados que tratam da temática envolvendo os servidores públicos regidos pela CLT, pode-se constatar que há, com todas as vênias, abundante incoerência entre o que a Corte Suprema já havia decidido quando do julgamento da ADI 3.395 e o que findou decidido no Tema 1.143,[21] que elevou como critério definidor da competência,

(21) BRASIL. Supremo Tribunal Federal. *RE n. RE 1288440*. Relator: Ministro Luís Roberto Barroso. *DJE* publicado em 28.08.2023. Divulgado em 25.08.2023. Disponível em: https://portal.stf.jus.br/jurisprudenciaRepercussao/verAndamentoProcesso.asp?incidente=6000906&numeroProcesso=1288440&classeProcesso=RE&numeroTema=1143. Acesso em: 29 out. 2023.

o caráter da parcela buscada, enquanto naquela ação, a régua definidora da competência material é a existência ou não de regime jurídico estatutário.

### 4.1. Competência para julgamento de abusividade de greve de servidores públicos celetistas

Julgando o RE 846.854,(22) de repercussão geral (Tema 544), o Supremo Tribunal Federal, e que objetivava definir a competência para processar e julgar litígio decorrente de abusividade de greve de servidores públicos celetistas, assim decidiu:

> A justiça comum, federal ou estadual, é competente para julgar a abusividade de greve de servidores públicos celetistas da Administração pública direta, autarquias e fundações públicas.

Igualmente nesse *leading case*, claramente os servidores são regidos pela Consolidação das Leis do Trabalho e, seguindo a lógica decisória estabelecida na ADI 3.395, casos conflituosos que tratam sobre abusividade de greve de servidores públicos celetistas deveriam ser julgados pela Justiça trabalhista.

## 5. Conclusões

Conforme observado ao longo das linhas anteriores, há uma grande e urgente necessidade de que a Corte Suprema estabeleça coerência entre os seus próprios julgados, pois não há lógica hermenêutica entre a tese firmada na ADI 3.395 e a presente no Tema 1.143, de repercussão geral.

A sensação que se tem após quase vinte anos da promulgação da Emenda Constitucional n. 45/2004 é que a Justiça do Trabalho não conseguiu ver ampliada a sua competência material, por atuação firme do Supremo Tribunal Federal, apesar da evidência do regramento previsto na Constituição Federal de 1988.

## Referências

BEZERRA LEITE, Carlos Henrique. *Curso de Direito Processual do Trabalho*+ 18. ed. São Paulo: Saraiva, 2020.

BRASIL. Supremo Tribunal Federal. *ADI n. 2135*. Ministra relatora Ellen Gracie; Data de publicação: 7/3/2009.

______. Supremo Tribunal Federal. "ADI n. 3.395". Órgão julgador: Pleno; Relator: Ministro Alexandre de Moraes; data de publicação: 1/7/2020. Disponível em: https://redir.stf.jus.br/paginadorpub/paginador.jsp?docTP=TP&docID=753145850. Acesso em: 29 out. 2023.

(22) BRASIL. Supremo Tribunal Federal. *RE n. 846854*. Relator: Ministro Luiz Fux. Órgão julgador: Pleno. Data de publicação *DJE* 7.2.2018 – ATA N. 5/2018. DJE n. 22, divulgado em 6.2.2018. Disponível em: https://portal.stf.jus.br/jurisprudenciaRepercussao/verAndamentoProcesso.asp?incidente=4659071&numeroProcesso=846854&classeProcesso=RE&numeroTema=544. Acesso em: 29 out. 2023.

______. Superior Tribunal de Justiça. *Conflito de competência n. 160644/PR.* 1ª Secção. Relator: Ministro Sérgio Kukina. *DJE*: 3.10.2018. Disponível em: https://www.jusbrasil.com.br/jurisprudencia/stj/860259061/inteiro-teor-860259071. Acesso em: 29 out. 2023.

______. Superior Tribunal de Justiça. *Conflito de competência n. 160081/PE.* Relator: Ministro Benedito Gonçalves. *DJE*: 7.3.2019. Disponível em: https://processo.stj.jus.br/processo/dj/documento/?seq_documento=21036042&data_pesquisa=07/03/2019&seq_publicacao=15720&versao=impressao&nu_seguimento=00001&parametro=null. Acesso em: 29 out. 2023.

______. Supremo Tribunal Federal. *RE 658026.* Relator ministro Dias Toffoli; Data de julgamento: 11.1.2014; Data de publicação: 30.10.2014.

______. Supremo Tribunal Federal. *RE 1066677.* Relator ministro Alexandre de Moraes; Data de julgamento: 8.9.2020; Data de publicação: 23.9.2020.

______. Supremo Tribunal Federal. *RE n. RE 1288440.* Relator: Ministro Luís Roberto Barroso. *DJE* publicado em 28.8.2023. Divulgado em 25.8.2023. Disponível em: https://portal.stf.jus.br/jurisprudenciaRepercussao/verAndamentoProcesso.asp?incidente=6000906&numeroProcesso=1288440&classeProcesso=RE&numeroTema=1143. Acesso em: 29 out. 2023.

______. Supremo Tribunal Federal. *RE n. 846854.* Relator: Ministro Luiz Fux. Órgão julgador: Pleno. Data de publicação *DJE* 7.2.2018 – ATA N. 5/2018. *DJE* n. 22, divulgado em 6.2.2018. Disponível em: https://portal.stf.jus.br/jurisprudenciaRepercussao/verAndamentoProcesso.asp?incidente=4659071&numeroProcesso=846854&classeProcesso=RE&numeroTema=544. Acesso em: 29 out. 2023.

CARVALHO FILHO, José dos Santos. *Manual de Direito Administrativo.* 13. ed. Rio de Janeiro: Lumen Juris, 2005.

DI PIETRO, Maria Sylvia. *Direito Administrativo.* 20. ed. São Paulo: Atlas, 2007.

MALLET, Stevão. "Apontamentos sobre a competência da Justiça do Trabalho após a Emenda Constitucional n. 45". In: COUTINHO, Grijalbo Fernandes; FAVA, Marcos Neves (Coords.) *Justiça do Trabalho:* competência ampliada. São Paulo: LTr, 2005.

PORTO, Noemia; FREITAS, Marco Antonio de. "O julgamento definitivo da ADI n. 3.395/STF e a competência da Justiça do Trabalho para as demandas dos servidores públicos". In: CONFORTI, Luciana Paula; PORTO, Noemia Aparecida Garcia; LOURENÇO FILHO, Ricardo Machado (Orgs.). *A competência da Justiça do Trabalho 15 anos após a Emenda Constitucional n. 45/2004:* ampliação, limites e avanços necessários. São Paulo: LTr, 2021.

# Os Precedentes do STF sobre Terceirização, a Autorização Irrestrita da *Pejotização* e o Esvaziamento da Competência da Justiça do Trabalho por Meio de Reclamações Constitucionais

*Anna Paula Toniato da Silva*(1)
*Carlos Henrique Bezerra Leite*(2)

## Introdução

Factualmente, os indivíduos se reúnem em função do trabalho visando à consecução da sua própria subsistência. Para garantir a segurança dessas inter-relações, de natureza essencial, o direito dos trabalhadores emerge como um direito social na Constituição de 1967 e passa a ser reconhecido como direito fundamental na Carta de Outubro de 1988, tendo sido ampliada a competência da Justiça do Trabalho, como uma Justiça especializada, de natureza constitucional, para efetivar tais direitos, os quais se sobrelevam aos interesses particulares diametralmente opostos dos sujeitos que figuram no outro polo dessas relações: os empregadores. Daí o natural conflito de interesses. De um lado, a lucratividade de quem exerce uma atividade econômica e, de outro, a dignidade da pessoa humana do cidadão trabalhador.

---

(1) Advogada. Pós-Graduanda em "Novo Direito do Trabalho" pela Faculdade de Direito de Vitória. Graduada em Direito pela Faculdade de Direito de Vitória. Integrante do Grupo de Pesquisa Acesso à Justiça na Perspectiva dos Direitos Humanos (CNPQ) do Programa de Pós-Graduação *Stricto Sensu* da Faculdade de Direito de Vitória (FDV-ES). E-mail: annapaulatoniatos.adv@gmail.com.

(2) Pós-Doutor em Democracia e Direitos Humanos (Faculdade de Direito da Universidade de Coimbra, Portugal). Doutor e Mestre em Direito (PUC-SP). Professor da FDV (graduação, especialização, mestrado e doutorado). Desembargador do trabalho aposentado. Ex-procurador regional do trabalho na 17ª Região. Advogado. Membro da Academia Brasileira de Direito do Trabalho. Coordenador do Grupo de Pesquisa Acesso à Justiça na Perspectiva dos Direitos Humanos do PPGSS da FDV. Contato: chbezerraleite@gmail.com.

No âmbito infraconstitucional, o Decreto-lei n. 5.452/1943 (Consolidação das Leis do Trabalho – CLT), já consagrava importantes conquistas da classe trabalhadora relativas a uma forma específica de labor: aquele "prestado de modo subordinado ou por conta alheia, por uma pessoa física, de forma não eventual e mediante retribuição" (LEITE, 2021, p. 35), primando pela efetividade dos direitos sociais e trazendo à evidência a primazia da melhoria das condições sociais dos trabalhadores.

Nessa linha, percebia-se o reconhecimento do valor social do trabalho humano que orientavam um conjunto de ações de políticas públicas voltadas para a promoção da dignidade humana nos sítios das relações empregatícias, o que sofreu um profundo corte com o advento da Lei n. 13.467, que entrou em vigor no dia 11 de novembro de 2017, a chamada Lei da Reforma Trabalhista, que alterou substancialmente a Consolidação das Leis do Trabalho (CLT), provocando uma reorientação drástica na interpretação e aplicação do Direito do Trabalho.

Dentre as mudanças realizadas naquela ocasião, destaca-se, ainda, a alteração significativa da Lei n. 6.019/74 (modificada pela Lei n. 13.429/17, que dispõe sobre o trabalho temporário e terceirização), para viabilizar a terceirização como técnica de fragmentação da cadeia produtiva, admitindo expressamente, nas definições constantes nos arts. 4º-A e 5º, *caput* da CLT, a possibilidade de terceirização nas atividades finalísticas das organizações empresariais, algo que, pela sistemática anteriormente vigente de proteção do trabalhador, em especial por força da Súmula n. 331 do Tribunal Superior do Trabalho, se mostrava expressamente vedado.

A proposta de sua aplicação corresponde, até os dias atuais, objeto de reprimenda, sobretudo no âmbito doutrinário, pois reduz direitos e culmina em "uma desnaturação, uma desfiguração, uma adulteração, uma descaracterização daquilo que era da natureza da terceirização" (MARTINEZ, 2022).

A temática, cuja compreensão prevalente era franqueada pela farta e sólida jurisprudência construída pelo órgão de cúpula da Justiça do Trabalho, consubstanciada no enunciado da súmula supracitada, foi subitamente sepultada pelo Supremo Tribunal Federal, no julgamento do Recurso Extraordinário 958.252, com repercussão geral (Tema 725) e da ADPF 324, fixando tese no sentido de que "*é lícita a terceirização ou qualquer outra forma de divisão do trabalho entre pessoas jurídicas distintas, independentemente do objeto social das empresas envolvidas, mantida a responsabilidade subsidiária da empresa contratante*".

A partir dessas premissas, o método de aplicação dos precedentes vinculantes fixados pelo Supremo Tribunal Federal no âmbito da justiça constitucional especializada em dissídios trabalhistas tem sido frequentemente objeto de reclamações constitucionais e, nessa seara, freada pelas interpretações reiteradas do Supremo Tribunal Federal, que abriu espaço para *pejotização* irrestrita sob o fundamento de que esta é uma modalidade de terceirização, ou seja, o STF passou a convalidar a contratação de um trabalhador empregado, que constitui uma pessoa jurídica para prestar pessoalmente serviços que seriam naturalmente prestados por empregados.

Vale dizer, a finalidade da constituição de uma pessoa jurídica para que seu "proprietário" preste pessoalmente os serviços é, em muitos casos, o de fraudar a aplicação dos preceitos da Consolidação das Leis do Trabalho e da Constituição Federal, concernentes aos direitos dos trabalhadores.

Nesse passo, buscamos enfatizar, na presente pesquisa, as repercussões da ADPF 324 e do Tema 725 do STF com relação à autorização irrestrita da *pejotização* ilícita e o esvaziamento da competência constitucional da Justiça do Trabalho, o que deságua na precarização das relações de emprego objetivamente identificadas em instrução probatória.

Portanto, a pesquisa justifica-se pela urgente necessidade social, econômica e jurídica de conter a flexibilização desenfreada dos direitos trabalhistas por meio das intervenções do STF que, em decisões monocráticas, vêm reduzindo a competência material da Justiça do Trabalho para reconhecer vínculo empregatício nos casos de fraude à lei (CLT, art. 9º) e legitimando as práticas empresariais predatórias que visam apenas ao aumento desproporcional da lucratividade mediante a subversão da natureza jurídica do vínculo estabelecido com trabalhadores que desempenham, com pessoalidade, onerosidade, subordinação e habitualidade a atividade-fim desenvolvida por organizações empresariais.

Os objetivos da presente pesquisa perpassam por uma análise da competência material da Justiça do Trabalho, sobrepujada por decisões — geralmente monocráticas — proferidas em sede de reclamações constitucionais pelo Supremo Tribunal Federal e a violação aos preceitos constitucionais de proteção ao trabalhador e seu direito fundamental de amplo acesso à Justiça do Trabalho, sujeitando trabalhadores contratados sob regimes de pejotização e terceirização ilícitas a uma hermenêutica jurídica que despreza o princípio da primazia da realidade, a desigualdade jurídica e social entre as partes e seus reflexos na (in)efetivação de direitos que visam suprir o desequilíbrio das partes na relação de emprego.

Eis, portanto, o problema a ser enfrentado: as decisões prolatadas nos autos de reclamações constitucionais com fundamento na ADPF 324 e no RE 958.252 implicam a autorização irrestrita da *pejotização* e o esvaziamento da competência constitucional da Justiça do Trabalho?

## 1. O fatídico julgamento da ADPF 324 e do RE 958.252

A Lei n. 13.467/2017, contrariando tendências de humanização do Direito do Trabalho e criando entraves à efetivação de garantias constitucionais, especialmente àquelas consagradas nos arts. 7º c/c art. 5º, *caput*, XXXV da CRFB/88 pertinentes à proteção judicial do trabalhador e seu direito fundamental de amplo acesso à justiça sob o enfoque substancial, cravou a terceirização da atividade-fim como prática empresarial lícita e legítima.

A temática comportava a compreensão maciçamente seguida pelos Tribunais Regionais e pelo Tribunal Superior do Trabalho, consubstanciada na sua Súmula n. 331, no sentido de que só seria possível a terceirização de serviços especializados, não vinculados à atividade-fim do tomador, a fim de limitar as possibilidades de fraude perpetradas pela celebração de contratos abertos, adotando postura contrária à fragmentação da cadeia produtiva em relação à atividade finalística da organização.

Antes do advento da Lei n. 13.467/2017, tendo como objeto o conjunto de decisões judiciais proferidas na seara da Justiça do Trabalho acerca da terceirização, e sob o pretexto de que a aplicação da Súmula n. 331 do TST inviabiliza absolutamente o cabimento da terceirização no âmbito do agronegócio, onerando o setor, a Associação Brasileira do Agronegócio propôs a Arguição de Descumprimento de Preceito Fundamental (ADPF) 324, objetivando a declaração de inconstitucionalidade da interpretação prevalente na seara especializada.

A ADPF 324, em voto conjunto com o Recurso Extraordinário (RE) 958.252, de relatoria do ministro Luiz Fux, e cujo objeto é uma decisão do TRT da 3ª Região que inadmitiu que uma empresa de celulose terceirizasse os serviços de reflorestamento e afins, o ministro Roberto Barroso, seguido pela maioria, firmou a seguinte tese:

> É lícita a terceirização de toda e qualquer atividade, meio ou fim, não se configurando relação de emprego entre a contratante e o empregado da contratada. 2. Na terceirização, compete à contratante: i) verificar a idoneidade e a capacidade econômica da terceirizada; e ii) responder subsidiariamente pelo descumprimento das normas trabalhistas, bem como por obrigações previdenciárias, na forma do art. 31 da Lei n. 8.212/1993.

Em ato contínuo e após o reconhecimento da Repercussão Geral do Recurso Extraordinário 958.252, foram aprovadas pelo Congresso Nacional as Leis 13.429, de 31 de março de 2017, e 13.467, o que não inviabilizou a análise do recurso, na concepção do relator, ministro Luiz Fux, uma vez que o interesse de agir persistia quanto ao período anterior à vigência das respectivas disposições, como também a respeito da subsistência da orientação sumular do TST após o advento das referidas leis.

Nesse passo, o STF deu provimento ao recurso extraordinário (RE 958.252, com repercussão geral reconhecida) e estabeleceu a seguinte tese, acolhida pela maioria, que seguiu os termos do voto do ministro relator:

> É lícita a terceirização ou qualquer outra forma de divisão do trabalho entre pessoas jurídicas distintas, independentemente do objeto social das empresas envolvidas, mantida a responsabilidade subsidiária da empresa contratante.

Assim, é patente que, prolatadas decisões vinculantes que constituem precedentes obrigatórios, é cediço que todo e qualquer ato judicial ou administrativo que deixe de aplicá-los ou os aplique equivocadamente, são passíveis de Reclamação Constitucional diretamente para o Tribunal Superior, a qual, julgada procedente, implica cassação da decisão ou ato e determina a sua correta aplicação, ou a não aplicação da *ratio decidendi*, conforme as peculiaridades do caso concreto.

Ocorre que, sob a premissa de que há apenas uma única e verdadeira interpretação e aplicação do precedente, nota-se o aumento exponencial de reclamações constitucionais em que ministros da Corte Constitucional vêm anulando sentenças e acórdãos de órgãos judiciais da Justiça do Trabalho que reconhecem o vínculo de emprego nos casos em que se constata a *pejotização* ilícita, o que conduz firmar que a aplicação dos referidos preceitos pode estar admitindo que se faça da reclamação, para forçar a aplicação do precedente da forma como diz ser correta o órgão prolator, sem possibilitar sua interpretação nos casos concretos pelos juízes do trabalho e tribunais regionais.

Nessa análise, em que pese a expressa autorização legal quanto à terceirização da atividade-fim da empresa tomadora de serviços, é necessário avaliar individual e concretamente, se as decisões prolatadas nos autos de reclamações constitucionais com fundamento na ADPF 324 e no RE 958.252 implicam autorização irrestrita da *pejotização* e esvaziamento da competência constitucional da Justiça do Trabalho.

## 2. A *pejotização* ilícita e a precarização das relações de emprego como reflexo da aplicação extensiva das teses fixadas na ADPF 324 e no RE 958.252

Conforme exposto, compreendendo inexistir vedação legal e diante dos novos contornos dados à terceirização pela Lei n. 13.467/2017, o Supremo Tribunal Federal, no julgamento de paradigmas vinculantes, reputou inconstitucional a interpretação dada por Tribunais Regionais do Trabalho quanto à ilicitude da terceirização da atividade-fim, consubstanciada na Súmula n. 331 do TST, permitindo, em última análise, a terceirização e qualquer outra forma de divisão de trabalho, em toda e qualquer atividade empresarial.

É seguro dizer que subsiste, de maneira inequívoca no ordenamento jurídico, fonte formal de direito que autoriza a criação de pessoas jurídicas para prestarem serviços por meio de um contrato civil firmado entre pessoas jurídicas, por meio do qual partes equivalentes se comprometem a realizar uma atividade em favor da outra, inclusive no objeto social primário da organização tomadora, sem que tal fato implique reconhecimento de vínculo empregatício.

Ao terceirizar mão de obra, fenômeno que constitui neologismo oriundo do vocábulo "terceiro", no sentido de "intermediário, interveniente ou medianeiro" (LEITE, 2022, p. 685), são várias as razões pelas quais a empresa contratante vislumbra benefícios, em contramedida ao contrato de emprego, já que, mediante a contratação de empresa interposta, com funcionários próprios que passam a prestar serviços que seriam realizados normalmente por seus empregados, são menores os encargos tributários e previdenciários envolvidos na operação, aumentando a lucratividade e, como consectário lógico, sua competitividade no mercado.

Nesse sentido, é valido sobrelevar a explicação de Jordana Viana Payão e Jonathan Barros Vita, em trabalho apresentado ao IV Fórum de Pesquisa e Extensão/UNIMAR – 2016:

> A comparação entre a carga incidente sobre o serviço contratado de uma pessoa jurídica e a carga sobre o mesmo serviço contratado segundo as legislações trabalhistas, fiscal e previdenciária revela um hiato existente em razão dos fatos díspares que determinam a forma distinta de concepção desses modelos. A diferença na incidência tributária motiva os agentes econômicos a adotarem fenômenos atípicos, tal como a pejotização, visando a vantagem fiscal obtida com a contratação dos serviços intelectuais por intermédio de pessoas jurídicas, ainda que seja economicamente inapropriado considerar essa relação como típica entre empresas (PAYÃO; VITA, 2016).

Todavia, dizer que é lícita a terceirização da atividade finalística da organização tomadora e a prestação de serviços por intermédio de pessoa jurídica constituída não significa fazer com que "o contrato de trabalho que deveria ser firmado com a pessoa física do trabalhador se transmuta, ao arrepio da legislação trabalhista, para um contrato de prestação de serviços através de uma pessoa jurídica por ele constituída" (CALCINIM, 2022).

É basilar que contratações entre pessoas jurídicas se referem a convenções regidas pelo Código Civil, em que prevalecem a autonomia da vontade das partes contratantes e a liberdade quanto às disposições contratuais, marcada pelo contrato que se faz pelo resultado do serviço, independentemente de quem faz, e não pelo controle e domínio do outro.

Ocorre que, parece ter se perdido, nesse âmbito de discussão, o dissenso prático entre a terceirização da atividade-fim e a *pejotização* ilícita, o que, consoante sinalizado em pesquisa desenvolvida em artigo cientifico publicado por esses mesmos autores, vai além da distinção conceitual entre os termos:

> A confusão entre a terceirização da atividade-fim e "pejotização ilícita" decorre não apenas da distinção conceitual entre terceirização da atividade-fim e "*pejotização* ilícita", como da estrutura organizacional e dos sujeitos das

> relações, de modo que enquanto a primeira delas compreende uma relação triangular identificada como uma "forma de prestação de serviços, executados por empregados de uma determinada entidade empresarial, justamente constituída para esta finalidade, ou seja, prover mão de obra a uma empresa contratante", ela não legitima a terceirização IRRESTRITA, como atua o sistema da "pejotização ilícita" (LEITE; SILVA, 2023).

O enquadramento equivocado e generalizado do permissivo de terceirização da atividade-fim, em ofensa à primazia da realidade, tem como efeito imediato a *pejotização* ilícita, "uma desnaturação, uma desfiguração, uma adulteração, uma descaracterização daquilo que era da natureza da terceirização" (MARTINEZ, 2022) ou seja, a substituição de um trabalhador empregado (com carteira assinada) por outro contratado como pessoa jurídica especificamente constituída para tanto.

Em contramão, o que se tem observado nos meses que antecedem a elaboração do presente artigo, é que o Supremo Tribunal Federal, incorrendo em aparente erro de premissa legal, passou a cassar monocraticamente, no seio de reclamações constitucionais, decisões da Justiça do Trabalho que reconhece o vínculo de emprego por fraude na contratação pela via da terceirização e/ou prestação de serviços por intermédio de pessoa jurídica constituída para tanto, mediante perquirição dos requisitos específicos da relação de emprego.

Nesse quadrante, em notícia publicada no site *Jota* (RECONDO, 2023), confere-se que o ministro Gilmar Mendes apresentou, em sessão, uma pesquisa feita no acervo processual do Supremo, indicando que das 4.781 reclamações protocoladas na Corte nesse ano (2023), 2.566 são classificadas como "Direito do Trabalho" e "Processo do Trabalho", e, quando a busca é feita pela expressão "Direito do Trabalho" no campo "assunto", a quantidade de reclamações sobre o tema é elevada para 3.055. Embora inexista consenso foram três as soluções encontradas segundo ministros e assessores do STF:

O primeiro seria o de pinçar um recurso extraordinário para, com repercussão geral, uniformizar a jurisprudência em torno deste assunto.

Outra possibilidade é criar um Incidente de Resolução de Demandas Repetitivas (IRDR) numa reclamação, que seria remetido para o presidente do STF e, posteriormente, julgado pelos demais ministros. A Procuradoria-Geral da República, inclusive, já provocou a Corte, numa reclamação, para que seja delimitado o cabimento deste tipo de ação constitucional contra decisões trabalhistas

A terceira possibilidade seria a de encontrar uma maneira, por meio do Conselho Nacional de Justiça (CNJ), para que as decisões do STF sejam seguidas pelos tribunais trabalhistas em todo o país.

Paralelamente, em Reclamação Constitucional movida pela TIM S/A (Rcl. 60.620/SP) contra acórdão proferido pelo Tribunal Regional do Trabalho da 2ª Região, em parecer do Ministério Público Federal, o procurador-geral da República propôs a instauração de Incidente de Assunção de Competência intentando formar precedente obrigatório sobre o tema "limites das teses fixadas na ADPF 324/DF, no RE 958.252/MG (Tema 725 da Repercussão Geral), nas ADIs 5.625/DF e 3.961/DF e na ADC 48/DF para fins de cabimento da reclamação junto ao STF nas hipóteses da declaração de existência de fraude à caracterização do vínculo de emprego. Em parecer, propõe seja fixada a seguinte tese com efeitos vinculantes:

> As teses fixadas na ADPF 324/DF, no RE 958.252/MG (Tema 725 da Repercussão Geral), nas ADIs 5.625/DF e 3.961/DF e na ADC 48/DF restringem-se à licitude da terceirização de atividade-fim em geral e, em particular, à licitude da figura do transportador autônomo nas atividades de transporte de cargas e de contratos de parceria entre salões de beleza e profissionais do setor, não se admitindo o uso da reclamação constitucional nos casos em que as instâncias ordinárias, na via adequada e à luz das provas produzidas no processo de origem, verifiquem a ocorrência de fraude para fins de reconhecimento de relação de emprego.

Em seu cerne, a medida, que até a elaboração do presente estudo não foi apreciada, visa seja aclarado se decisão oriunda da Justiça do Trabalho, que, após instrução probatória reconhece a fraude ao vínculo de emprego ante a presença dos requisitos fático-normativos dos arts. 2º, 3º, 6º e 9º da CLT, durante a prestação de serviços, configura, de per si, violação dos paradigmas do STF.

Tal comportamento sugere, em nossa visão, instaurar um procedimento direto e problemático para forçar o acolhimento de forma específica e objetiva de precedentes vinculantes, distanciando-se do meio desejável para a solução de questões levadas à justiça laboral, absolutamente competente para julgar conflitos de tal natureza, a tornar lícita uma das mais difundidas práticas de dissimulação da relação de emprego, sobrelevando as teses fixadas nos processos paradigmas como cláusula de exceção e regulação protetiva do trabalho, inclusive a condição de empregado.

A título exemplificativo, o Supremo Tribunal Federal legitimou a criação de pessoas jurídicas para a contratação de médicos na forma de prestadores de serviços a hospital tomador de serviços, em caso que teve origem em acórdão proferido no âmbito do Tribunal Regional do Trabalho da 5ª Região, no qual, em análise ao caso concreto, embora tenha reconhecido que a terceirização é um instrumento de reengenharia da atividade econômica eficaz, defendeu-se que a prática não afasta os elementos fático-jurídicos da relação de emprego, de modo que, configurada a subordinação direta ao tomador e a pessoalidade na prestação dos serviços, impõe-se o reconhecimento do vínculo empregatício em relação a ele.

Em face do referido comando, se insurgiu o agravante aduzindo que:

> a interpretação que deve ser dada, com a devida vênia, às decisões proferidas na ADPF 324 e RE 958.252 é aquela no sentido de que, existindo contrato de prestação de serviço, que tenha por objeto da terceirização da atividade-meio ou atividade-fim do contratante, não irá se perquirir acerca dos elementos configuradores da relação de emprego entre o tomador do serviço e o empregado ou sócio da terceirizada, sob pena de violação dos princípios da legalidade, da livre iniciativa, da livre concorrência e da segurança jurídica.

A decisão, contudo, foi levada ao Supremo Tribunal Federal em Reclamação 47.843, de 8 de fevereiro de 2022, distribuída à Primeira Turma, sob a Presidência da ministra Cármen Lúcia, em que, por maioria, acordaram em dar provimento ao Recurso de Agravo em Reclamação para julgar procedente o pedido, com determinação de que a Autoridade Reclamada observe o entendimento fixado na Arguição de descumprimento de preceito fundamental (ADPF) 324 e no Tema 725 da Repercussão Geral.

Conforme se verá, o cenário revela impactos sociais e jurídicos, que são atuais e eminentes, uma vez que, em última instância, o órgão que detém competência material conferida pela Carta de 1988, é obstado de analisar as peculiaridades inerentes aos institutos da terceirização para declarar nula uma contratação fraudulenta, creditando na subversão da natureza de um fenômeno licito, como instrumento que tem servido a legitimar a precarização das relações de emprego.

## 3. O esvaziamento da competência da Justiça do Trabalho em precedentes firmados em reclamações constitucionais: óbice ao reconhecimento de vínculo empregatício com pessoa jurídica sob o "mantra" da licitude da terceirização ou qualquer outra forma de divisão do trabalho

Na seara laboral, as dificuldades na concepção da delegação de atividades componentes do objeto finalístico do processo produtivo de uma empresa para pessoa jurídica interposta consiste, entre outras razões, no fato de que historicamente, o intuito primordial da terceirização é viabilizar a dedicação mais intensa da empresa tomadora dos serviços às suas atividades principais, o que justificaria a longínqua proibição legal e objeção de grande parte da doutrina laboral da ideia de terceirizar os serviços próprios que acompanham o empreendimento durante toda a sua existência.

Em contrapartida, nos últimos tempos, a relação de emprego, principal fórmula de conexão de trabalhadores ao sistema socioeconômico existente, na lógica que prevalece perante o Supremo Tribunal Federal, tem cedido espaço à terceirização, ao passo que, para fazer frente às exigências do mercado competitivo, se fazem necessárias novas estratégias de configuração das empresas, incentivando, com isso, cada célula empresarial a produzir mais, melhor e com menos custos, proporcionando à sociedade, assim, bens e serviços com qualidade superior e preços inferiores.

A análise de tais relações, todavia, sob a ótica dos precedentes vinculantes firmados no âmbito do RE 958.252 da sistemática da repercussão geral e, e na ADPF 324, tem sido absoluta e automatizada no julgamento de reclamações constitucionais, ignorando a natureza *intuito personae* do contrato, e independentemente da existência de distinção fática relevante que enseja a superação da *ratio decidendi* por quem detém competência absoluta na matéria.

Se diz isso, pois, consoante número já informados, a atividade judicante do Supremo Tribunal Federal tem se concentrado na cassação de decisões proferidas por Tribunais Regionais do Trabalho, soberano na análise do conjunto fático-probatório, que consideraram fraudulentas contratações mediante pessoa jurídica constituída para tal finalidade e/ou empresa interposta diante da constatação de elementos caracterizadores da relação empregatícia, notadamente a subordinação e a pessoalidade.

Se a terceirização, inclusive nas atividades-fim, prescinde objetivamente da ausência de pessoalidade e de subordinação entre terceirizado e empresa contratante, uma vez que esta contrata o serviço, compete exclusivamente à Justiça do Trabalho, em análise individualizada, dizer se é licita ou não a contratação, uma vez perquiridos os elementos da relação do conjunto probatório, como impõe a máxima da primazia da realidade.

Parece claro que o STF, ao se imiscuir em temas sensíveis que devem ser discutidos e resolvidos no âmbito da Justiça do Trabalho, objetivando estabelecer consenso absoluto na aplicação de seus precedentes e concentrar em si a única instância decisória, notadamente quanto à supervalorização de formas de trabalho diversas à de emprego, acaba por ofuscar a competência absoluta da Justiça do Trabalho em razão da matéria.

Com efeito, todo e qualquer empenho argumentativo que resida em declarar nulo contrato entre pessoas jurídicas é reduzido à violação às teses vinculantes firmadas pela Corte Constitucional, desvirtuando o instituto das reclamações constitucionais, que não foi concebido para fornecer respostas pré-moldadas. Acerca disso, Macedo (2014), esclarece:

> Com efeito, é essencial que o processo se desenvolva regularmente, estabelecendo várias possibilidades argumentativas, o que é melhor realizado através do trâmite recursal. É necessário que se evite tratar o procedimento de participação e demais instâncias decisórias como despiciendos, como meras etapas formais para que se chegue à decisão do STF ou do STJ. Descartar o procedimento para que o Supremo afirme o que significa o seu próprio precedente é medida autoritária e agressora das necessárias participação e flexibilidade ínsitas ao funcionamento do *stare decisis* e ao Estado Democrático, que tem a ampla participação no processo de formação de decisão como um relevante imperativo (MACEDO, 2014, p. 8).

> Com efeito, mediante um exercício autoritário e desproporcional do poder, um panorama de injusta reversão da natureza jurídica das relações de trabalho tem prevalecido em face de princípios constitucionais e infraconstitucionais trabalhistas nucleares, que serviam como proteção política e jurídica à categoria, tais como a melhoria da condição social do trabalhador(3) e da primazia da realidade,(4) que define que "em caso de discordância entre o que ocorre na prática e o que emerge de documentos ou acordos, deve-se dar preferência ao primeiro, isto é, ao que sucede no terreno dos fatos" (RODRIGUEZ, 2000, p. 339).

Tal circunstância faz com que a Justiça do Trabalho, não em ação afirmativa, mas em função de óbice processual concreto, quando instada a resolver conflitos decorrentes de contratação fraudulenta, venha a obstar a ocorrência das nefastas consequências que o fenômeno acarreta, acarretando a supressão de direitos nucleares da principiologia juslaboral, ponderando que estes são os verdadeiros responsáveis pela harmonização, coerência e lógica do sistema, exercendo tríplice função (informativa, interpretativa e normativa).

Diante disso, a fim de minimizar os impactos negativos do cenário que prepondera, devem os magistrados avaliar nas reclamações trabalhistas individuais, se é lícita a terceirização e se a constituição da pessoa jurídica vem acompanhada da verdadeira intenção comercial, aplicando a técnica do *distinguishing* com os precedentes vinculantes da ADPF 324 e do Tema 725, fundamentando as decisões na análise do arcabouço fático--probatório que não comporta rediscussão em instância extraordinária.

## Considerações finais

O presente artigo científico buscou examinar os reflexos da aplicação extensiva da ADPF 324 e do Tema 725 do STF na autorização da *pejotização* ilícita e no esvaziamento da competência constitucional da Justiça do Trabalho por meio de reclamações constitucionais, concluindo que, mediante um exercício autoritário e desproporcional do poder, o Supremo Tribunal Federal tem contribuído com a precarização das relações de trabalho e a violação aos princípios constitucionais e infraconstitucionais trabalhistas nucleares.

Em uma abordagem inicial, evidenciou-se o contexto de julgamento dos precedentes vinculantes formados na ADPF 324 e no Tema 725 do STF e as teses firmadas que cravam a licitude da terceirização em toda e qualquer atividade empresarial e de

---

(3) A Constituição da República Federativa do Brasil de 1988 relacionou, no art. 7º, os direitos dos trabalhadores urbanos e rurais e outros que visem à melhoria de sua condição social.

(4) A incidência do princípio da Primazia da Realidade pode ser extraída de diversas previsões do Decreto-lei n. 5.452 (Consolidação das Leis do Trabalho), como nos arts. 9º, 442 e 456.

qualquer outra forma de divisão do trabalho envolvendo pessoas jurídicas distintas, e o aumento exponencial de reclamações constitucionais, em que ministros da Corte Constitucional vêm anulando decisões de tribunais trabalhistas que reconhecem o vínculo de emprego nos casos em que constatada a fraude na contratação.

Observamos, na sequência, que via interpretação, condutas antijurídicas camufladas de terceirização lícita estão sendo chanceladas pelo guardião da Constituição, que admite que se faça das reclamações constitucionais para forçar o acolhimento de forma específica e objetiva de precedentes vinculantes, distanciando-se do meio desejável para a solução de questões levadas à justiça laboral, absolutamente competente para julgar conflitos de tal natureza.

Por fim, o trabalho conclui que o atual cenário que se instaura na atividade judicante do Supremo Tribunal Federal propulsiona a precarização das relações de trabalho e o "desmonte" da Justiça do Trabalho, que, não em ação afirmativa, mas em função de óbice processual concreto, quando instado a resolver conflitos decorrentes de contratação fraudulenta, vê-se diante de óbice processual a obstar a ocorrência das nefastas consequências que o fenômeno das contratações fraudulentas envolvendo pessoas jurídicas distintas acarreta.

## Referências

BRASIL. Planalto. *Constituição da República Federativa do Brasil.* Promulgada em 5 de outubro de 1988. Disponível em: http://www.planalto.gov.br/ccivil_03/Constituicao/Constituicao.htm. Acesso em: 17 dez. 2020.

______. Planalto. *Decreto-lei n. 5.452, de 1º de maio de 1943.* Consolidação das Leis do Trabalho. Disponível em: http://www.planalto.gov.br/ccivil_03/decreto-lei/del5452.htm. Acesso em: 17 dez. 2020.

______. *Planalto. Lei n. 13.467, de 13 de julho de 2017.* Altera a Consolidação das Leis do Trabalho (CLT), aprovada pelo Decreto-lei no 5.452, de 1º de maio de 1943, e as Leis nos 6.019, de 3 de janeiro de 1974, 8.036, de 11 de maio de 1990, e 8.212, de 24 de julho de 1991, a fim de adequar a legislação às novas relações de trabalho. Disponível em: http://www.planalto.gov.br/ccivil_03/_ato2015-2018/2017/lei/L13467.htm. Acesso em: 23 out. 2022.

______, Lei n. 13.429, de 31 de março de 2017. Altera dispositivos da Lei n. 6.019, de 3 de janeiro de 1974, que dispõe sobre o trabalho temporário nas empresas urbanas e dá outras providências; e dispõe sobre as relações de trabalho na empresa de prestação de serviços a terceiros. Brasília, DF, 2017.

______. Supremo Tribunal Federal (Plenário). Inteiro teor do acórdão. *Recurso Extraordinário 958252/DF. Repercussão Geral, Tema n. 725*, p. 3. Relator: Min. Luiz Fux. DJ: 30 de agosto de 2018. Disponível em: http://portal.stf.jus.br/processos/downloadPeca.asp?id=15341024987&ext=.pdf. Acesso em: 5 de nov. 2023.

______. Supremo Tribunal Federal (Plenário). *Arguição de Descumprimento de Preceito Fundamental 324/DF.* Arguição de Descumprimento de Preceito Fundamental. Constitucional.

Direito do Trabalho. Terceirização. Recorrente: Associação Brasileira de Agronegócio (ABAG). Recorrido: Tribunal Superior do Trabalho (TST). Relator: Min. Roberto Barroso, 25 de agosto de 2014. Brasília, STF, [2014]. Disponível em: http://portal.stf.jus.br/processos/detalhe.asp?incidente=4620584. Acesso em: 5 de nov. 2023.

______. Supremo Tribunal Federal (2ª Turma). *Reclamação 60.620.* São Paulo. Reclte(s): TIM S.A.. Recldos. Tribunal Regional do Trabalho da 2ª Região. Relator: Min. Edson Fachin. Brasília, 27 de jun. de 2023. Disponível em: https://peticionamento.stf.jus.br/visualizarProcesso/6677470/1. Acesso em: 6 nov. de 2023.

______. Supremo Tribunal Federal (1. Turma). *Reclamação 47.843.* Emb. Decl. no Ag. Reg. na Reclamação 47.843. Bahia. Reclte(s): Instituto Fernando Filgueiras — IFF. Recldos(a/s) relatora do AIRR N. 267-20.2016.5.05.0010 do Tribunal Superior do Trabalho. Relator: Min. Alexandre de Moraes. Brasília, 1º de jun. de 2022. Disponível em: https://portal.stf.jus.br/processos/detalhe.asp?incidente=6198801. Acesso em: 8 de nov. de 2023.

______, Tribunal Superior do Trabalho (TST). *Súmula n. 331.* CONTRATO DE PRESTAÇÃO DE SERVIÇOS. LEGALIDADE (nova redação do item IV e inseridos os itens V e VI à redação) – Res. 174/2011, *DEJT* divulgado em 27, 30 e 31.5.2011. Disponível em: https://www3.tst.jus.br/jurisprudencia/Sumulas_com_indice/Sumulas_Ind_301_350.html. Acesso em: 7 nov. 2023.

CALCINIM, Ricardo; MORAES, Leandro Bocchi de. "STF e a pejotização de profissionais liberais: terceirização ou fraude?". *Revista Consultor Jurídico* – Prática trabalhista. 7 de julho de 2022. Disponível em: https://www.conjur.com.br/2022-jul-07/pratica-trabalhista-pejotizacao-profissionais-liberais-terceirizacao-ou-fraude#:~:text=A%20%22pejotiza%C3%A7%C3%A3o%22%2C%20como%20%C3%A9,obter%20a%20redu%C3%A7%C3%A3o%20de%20custos. Acesso em: 17 out 2022.

LEITE, C. H. *Curso de Direito do Trabalho.* 13. ed. São Paulo: Saraiva. 2021. p. 35.

______. *Curso de Direito do Trabalho.* 14. ed. São Paulo: Saraiva, 2022, p. 685.

LEITE, Carlos Henrique Bezerra; SILVA, Anna Paula Toniato da. "A (in)compatibilidade da contratação de médicos sob a forma de pessoa jurídica e o amplo acesso à Justiça: uma análise crítica do atual entendimento do STF legitimando a prática empresarial de pejotização médica". *Revista Magister de Direito do Trabalho*, ano XIX, n. 113, mar./abr. 2023. Porto Alegre, 2023, p. 39.

MACHADO, Lucas Tiscoski. *A (i)licitude da prática da "pejotização" como espécie de terceirização de empregados após a Lei n. 13.467/2017.* Universidade Federal de Santa Catarina. Centro de Ciências Jurídicas. Colegiado do Curso de Graduação em Direito. Florianópolis, SC. 2019. p. 26. Disponível em: https://repositorio.ufsc.br/bitstream/handle/123456789/203285/TCC%20finalizado.pdf?sequence=1&isAllowed=y. Acesso em: 8 nov. 2023.

MACEDO, Lucas Buril de. "Reclamação Constitucional e precedentes obrigatórios". Revista dos Tribunais. *Revista de Processo*, l vol. 238/2014 l, p. 413-434, dez. 2014, p. 8.

MARTINEZ, Luciano. *Curso de Direito do Trabalho.* 13. ed. Versão digital. São Paulo: Saraiva, 2022.

PAYÃO, Jordana Viana; VITA, Jonathan Barros. "A pejotização dos médicos sob o enfoque tributário". *IV Fórum de Pesquisa e Extensão/UNIMAR – 2016.* Pós-graduação – Programa de

Mestrado em Direito. 16 a 18 de dezembro, 2016. Disponível em: https://oficial.unimar.br/wp-content/uploads/2020/07/IV_FORUM_PESQUISA_EXTENSAO_VOL3-UNIMAR-2016.pdf#page=70 Acesso em: 8 nov. 2023. p. 237.

RECONDO, Felipe. "STF busca solução para unificar jurisprudência e frear reclamações trabalhistas — em 2023, Corte já recebeu 2.566 reclamações sobre Direito do Trabalho. Há três cenários possíveis para que STF enfrente a questão". *Jota*, Brasília, 20 out. 2023. Disponível em: https://www.jota.info/opiniao-e-analise/analise/stf-busca-solucao-para-unificar-jurisprudencia-e-frear-reclamacoes-trabalhistas-20102023 Acesso em: 5 nov. 2023.

RODRIGUEZ, Américo Plá. *Princípios de Direito do Trabalho*. 3. ed. São Paulo: LTr, 2000. p. 339. Tradução de Wagner D. Giglio.

# Os Desafios da Terceirização e a (In)Segurança Jurídica nas Relações de Trabalho

*Fabiana Polano Zaparolli*(1)

*Leandro Bocchi de Moraes*(2)

*Luiz Gustavo Mendes de Paula Falleiros*(3)

Um assunto extremamente polêmico e controvertido na Justiça do Trabalho, sem dúvida, é a terceirização de serviços. Aliás, a temática foi fortemente impactada com a promulgação das Leis ns. 13.429/2017 e 13.467/2017, assim como pela tese fixada pelo Supremo Tribunal Federal, ao apreciar o Tema 725 de repercussão geral.

Sob essa perspectiva, o presente texto irá abordar justamente os impactos das decisões proferidas pela Suprema Corte nas relações de trabalho, na Administração Pública, e ainda, a problemática da "*pejotização*" na Justiça do Trabalho.

---

(1) Advogada. Pesquisadora do Núcleo de Estudos "O Trabalho Além do Direito do Trabalho: dimensões da clandestinidade jurídico-laboral" (TADT), vinculado ao departamento de Direito do Trabalho e da Seguridade Social da Faculdade de Direito da Universidade de São Paulo (FD-USP). Especialista em Direito Previdenciário pela Escola Superior da Advocacia (ESA-OAB/SP). Pós-Graduanda em Direito do Trabalho e Processo pela Faculdade de Direito da Universidade de São Paulo (FD-USP).

(2) Advogado. Pesquisador do Núcleo de Pesquisa e Extensão: "O Trabalho Além do Direito do Trabalho" do Departamento de Direito do Trabalho e da Seguridade Social da Universidade de São Paulo. Colunista da Revista *Consultor Jurídico — Conjur*. Graduado em Direito pela Universidade Braz Cubas. Especialista em Direito Material e Processual do Trabalho pela Escola Paulista de Direito. Especialista em Direito Contratual pela Pontifícia Universidade Católica de São Paulo. Especialista em Diretos Humanos e Governança Econômica pela *Universidade de Castilla-La Mancha* – Espanha. Especialista em Direitos Humanos pelo Centro de Direitos Humanos (IGC – IUS GENTIUM CONINBRIGAE), da Faculdade de Direito da Universidade de Coimbra – Portugal. Pós-Graduando em Direito do Trabalho pela Faculdade de Direito da Universidade de São Paulo.

(3) Advogado. Mestre em Direito do Trabalho pela PUC/SP. Pós-Graduado em Direito do Trabalho pela Universidade Presbiteriana Mackenzie. Pós-Graduando em Direito e Processo do Trabalho pela Faculdade de Direito da Universidade de São Paulo. Pesquisador do Grupo de Pesquisa do Meio Ambiente de Trabalho (GPMAT), vinculado ao departamento de Direito do Trabalho e da Seguridade Social da Faculdade de Direito da Universidade de São Paulo (FD-USP).

## 1. O Tema 725 de repercussão geral e o impacto nas relações de trabalho

A terceirização é um tema que sempre causou muita polêmica no Direito do Trabalho, até mesmo porque é uma prática que vem se alastrando pelo mundo desde o início da década de 1990 e, com claro objetivo: a descentralização do trabalho, o aumento da produtividade e, na maioria das vezes, como resultado, o aumento da precarização das relações de emprego.

Como tal, a doutrina trabalhista vem há muito explorando o conceito de terceirização:

> Consiste a terceirização na possibilidade de contratar terceiro para a realização de atividades que geralmente não constituem o objetivo principal da empresa.[(4)]

O conceito que vinha sendo adotado pela doutrina trabalhista é decorrente de uma construção jurisprudencial que surge, originalmente, em meados da década de 1980, como se pode notar pelo posicionamento do Tribunal Superior do Trabalho nas Súmulas ns. 239, ao qual, em seu objeto, garante a condição de bancário àqueles funcionários de empresa de processamento de dados que prestam serviços para bancos, desde que essas empresas de processamento de dados façam parte do grupo econômico do banco em questão, a Súmula n. 256, que antecedeu a Súmula n. 331, afastando qualquer tipo de trabalho terceirizado, salvo em caso de trabalho temporário, até mesmo para as atividades-meio e, pela Súmula n. 331, editada pelo TST em dezembro de 1993, que foi o norte da jurisprudência trabalhista nas ultimas décadas até o ano de 2017, a Súmula em questão buscava, em suma, regulamentar a terceirização nas relações de trabalho e, foi um importante dispositivo na perspectiva histórica, sendo um dos primeiros passos para a flexibilização do tema terceirização nas relações de trabalho, permitindo a terceirização de atividade-meio, não mais restringindo a terceirização para os trabalhadores temporários e serviços de vigilância, previstos nas Leis 6.019/1974 e 7.102/83.

A jurisprudência especializada e, por consequência, o Direito do Trabalho, seguiram por décadas o entendimento de que a terceirização para atividades-meio era lícita.

No Brasil, de 2016 para os dias atuais, passou-se a discutir a atualização no ordenamento jurídico trabalhista, o que originou a Lei n. 13.429/17 e a Lei n. 13.467/17, normas essas que trouxeram importantes mudanças sobre a terceirização.

A Lei n. 13.429/17 reformulou, em parte, o trabalho temporário e, em suas inovações, trouxe uma embrionária regulamentação para a terceirização por meio dos art. 5º-A e

(4) MARTINS. Sergio Pinto. *A terceirização e o Direito do Trabalho*. 13. ed. São Paulo. Atlas, 2014. p. 10.

seguintes, da Lei n. 6.019/74, prevendo a não existência de vínculo empregatício entre trabalhadores terceirizados[(5)] e empresa tomadora, fixando a responsabilidade da tomadora como subsidiária pelas obrigações trabalhistas e previdenciárias durante o período da prestação de serviços.

Seguindo essa tendência, o Supremo Tribunal Federal analisou o tema terceirização e firmou o entendimento, por meio do RE 958.252, em julgamento pelo Tribunal Pleno, tese prevalecente que foi de encontro à jurisprudência pacífica do TST, em que não se pode reconhecer como fraude as normas trabalhistas, entendendo que a gestão de suas atividades é feita de forma exclusiva pela empresa, não podendo haver interferência do poder judiciário, o que feriria o princípio da livre-iniciativa.

Enfim, o Tribunal Pleno do STF alterou o entendimento anterior e concluiu que atividade-meio e atividade-fim se utilizavam de critérios não técnicos e, por consequência da falta de exatidão nesses conceitos, criava restrições ao princípio da livre-iniciativa na organização empresarial, inviabilizando, em detrimento da falta de norma jurídica, o desenvolvimento econômico, especialmente no aumento exponencial na produção e no possível aumento no número de empregos, mas não considerou os efeitos negativos da terceirização como a precarização do contrato de trabalho.

Em resumo, o STF trouxe, em sua nova interpretação, que houve ofensa não só a liberdade jurídica, mas também a violação ao princípio democrático, uma vez que a atual jurisprudência do TST criou uma restrição, sem seguir o devido processo legislativo, ou seja, o TST criou uma barreira sem ao menos existir qualquer lei que tratasse sobre o tema.

Dessa forma, entende a Suprema Corte que a construção jurisprudencial desafiou simultaneamente os pilares da democracia e da liberdade, intrínsecos ao exercício do trabalho.

Nesse sentido, o RE 958.252, tornou-se o Tema 725, e foi estabelecida a tese, a partir dessa decisão, que "é legítima a terceirização ou qualquer outra forma de divisão do trabalho entre pessoas jurídicas distintas, independentemente do objeto social das empresas envolvidas, mantida a responsabilidade subsidiária da empresa contratante".[(6)]

Enfim, os pontos de destaque no julgamento do RE 958.252, são de toda forma, aos olhos do STF, a constitucionalidade da terceirização sem restrições, respaldo da terceirização da atividade-fim na liberdade de iniciativa e a proteção do trabalhador terceirizado na forma de responsabilidade subsidiária.

---

(5) PEDUZZI. Maria Cristina Irigoyen. "A Tutela das condições trabalhista nos processos de descentralização produtiva: a terceirização à luz do precedente firmado no Tema 725 de repercussão geral". *Revista dos Estudos de Direito da Universidade de Brasília*, 22. ed., 2022, p. 35.

(6) Disponível em: https://portal.stf.jus.br/processos/detalhe.asp?incidente=4952236.

O que não foi levado em consideração pelo STF ao fixar o Tema 725 é que ao ser terceirizado, o trabalhador muitas vezes se encontra em uma posição vulnerável, sujeito a salários mais baixos, falta de benefícios e jornadas de trabalho extenuantes. A busca incessante por redução de custos e aumento dos lucros leva as empresas a se utilizarem dessa mão de obra precarizada, prejudicando o trabalhador que, por muitas vezes é exposto a péssimas condições de trabalho.

Em conclusão, podemos dizer que o Tema 725 de repercussão geral é uma potencial contribuição para a desvalorização da classe trabalhadora, um instrumento que permite a exploração irrestrita de mão de obra terceirizada abre precedentes para resultar em salários mais baixos, falta de benefícios e jornadas extenuantes para os trabalhadores terceirizados. A ausência de limites mais claros e específicos sobre quais atividades podem ser terceirizadas abre espaço para abusos e exploração, minando a qualidade do emprego e, por consequência, deixando mais vulnerável a classe trabalhadora.

## 2. A terceirização na Administração Pública

A sistemática das contratações pela via das terceirizações permanece em constante avanço no Brasil, sendo que ganhou maior notoriedade com a Reforma Trabalhista.

Num primeiro momento, a Lei n. 13.429/17 definiu a empresa prestadora de serviços como aquela que presta serviços determinados e específicos à contratante. Posteriormente, a Lei n. 13.429/17 passou a definir a prestação de serviços a terceiros (terceirização) como sendo a transferência feita pela contratante da execução de serviços de quaisquer de suas atividades, inclusive da atividade principal, à pessoa jurídica prestadora de serviços (art. 4º-A da Lei n. 6.019/74).

Em contrapartida, o Tribunal Superior do Trabalho (TST) já havia firmado o entendimento da sua jurisprudência dominante na Súmula n. 331 sobre os parâmetros definidores da terceirização lícita, sem que isso configurasse invasão de competência do Poder Legislativo, uma vez que o TST é competente para decretar a fraude nas relações empregatícias (art. 9º da CLT), além de que empresas prestadoras de serviços cujo objetivo seja o de colocar mão de obra a serviço de outra são ilegais, pois o trabalho não é mercadoria.

Sucede que, apesar de a Súmula n. 331 estabelecer balizas sólidas quanto à legalidade da terceirização, interesses outros, nada democráticos, convergiram para contestar a sua constitucionalidade junto ao Supremo Tribunal Federal (STF), mediante o RE 958.252 em relação à proibição da terceirização de atividades-fins e responsabilização do contratante pelas obrigações trabalhistas referentes aos empregados terceirizados e a ADPF 324 sobre a terceirização da atividade-fim.

O entendimento do STF deu-se pela licitude da terceirização nessas condições, mantendo-se a responsabilidade subsidiária da contratante, sob o argumento de que os valores sociais do trabalho e da livre-iniciativa decorrem de uma relação complementar e não conflitiva, prevalecendo-se, portanto, o entendimento da liberdade jurídica como consectário da dignidade da pessoa humana.

O STF considerou que ambos os valores estão intrinsecamente conectados e não pode existir a maximização de um desses princípios em detrimento do outro. Por outro lado, o art. 5º, II da CF estabelece o princípio da liberdade jurídica que deve proibir o mínimo possível e a restrição deve ocorrer por parâmetro constitucionalmente legítimo, como se o parâmetro até então estabelecido não fosse legítimo, o que não é verdade.

A jurisprudência do TST é um parâmetro constitucionalmente legítimo, pois o Direito é regido pelo princípio do "non liquet", expressão advinda do Direito Romano na qual o juiz não pode deixar de julgar, ainda que haja lacuna na lei. Nesse sentido, o art. 8º da CLT estabelece os meios de integração das lacunas dentre os quais está a jurisprudência, portanto, um parâmetro legal e constitucionalmente legítimo.

Acontece que os movimentos neoliberais reducionistas de direitos trabalhistas avançam, e isso é de fácil percepção quando se analisam os argumentos descritos no inteiro teor dos acórdãos, pois consubstanciados em teses voltadas exclusivamente à teoria da empresa, teoria da administração, teoria econômica, realidade organizacional de companhias referências no mercado, além do próprio parecer da Câmara de Constituição e Justiça (CCJ), cuja intenção é a de fixar entendimento diverso da Súmula n. 331, desconsiderando todos os demais estudos apresentados no processo sobre os efeitos práticos da terceirização, principalmente a precarização do trabalho.

No âmbito da Administração Pública, é importante esclarecer que ela não opera nas mesmas condições que uma empresa privada. O grande óbice aqui encontrado é o do concurso público, previsto no inc. II do art. 37 da CF, mas que não exclui a possibilidade de terceirização.

A Constituição Federal, em seu art. 37, XXI admite a terceirização ao prever expressamente a contratação geral de terceiros para a prestação de serviços, nos termos da lei, enquanto o art. 173, § 1º, III autoriza a contratação de terceiros pelas empresas estatais exploradoras de atividade econômica.

O Decreto-lei n. 200/1967 é o marco legislativo que passou a prever a contratação terceirizada de serviços pela Administração Pública (art. 10, § 7º). O § 1º do art. 10 prevê que a execução das atividades da Administração Pública Federal deve ser amplamente descentralizada, saindo da esfera pública para a privada, por meio de contratos ou concessões.

O instrumento prevê a transferência de atividades meramente executivas para a iniciativa privada com o viés de promover a redução da máquina administrativa, mas sem estabelecer uma delimitação taxativa acerca dessas tarefas executivas nem as consequências dessa autorização, no que tange aos direitos trabalhistas dos envolvidos.

Posteriormente, a Lei n. 5.645/70 passou a delimitar que apenas atividades de transporte, conservação, custódia, operação de elevadores, limpeza, entre outras de mesma natureza poderiam ser objeto de contratação indireta (art. 3º, parágrafo único). Ou seja, o dispositivo legal apenas autorizou a terceirização de atividades instrumentais, de apoio, meramente executórias, as denominadas atividades-meio e não atividades-fins.

Já o Decreto n. 9.507/2018, que revogou o anterior, Decreto n. 2.271/97, regulamenta a terceirização na Administração Pública e estabelece o seu objeto em dois regimes distintos, um mais restritivo para a Administração Pública direta, autárquica e fundacional e outro mais flexível para as empresas públicas e sociedades de economia mista.

O critério mais restritivo impede a terceirização de serviços que envolvam tomada de decisão ou posicionamento institucional em determinadas áreas, serviços estratégicos, relacionados ao poder de polícia, regulação, outorga e sanções e serviços inerentes às categorias funcionais de cargos do órgão, salvo exceções.

Por esse critério, o objeto admitido para fins de terceirização diz respeito às atividades secundárias, como as de apoio e suporte, sem a transferência de responsabilidade para a realização de atos administrativos e tomadas de decisões.

Já o critério mais flexível também veda a contratação de serviços inerentes às categorias funcionais de cargos do órgão, mas admite se ela estiver amparada em princípios, como o da eficiência, economicidade e razoabilidade e dentro das hipóteses previstas nos incisos do art. 4º.

Nesse critério, apesar de também estar presente a regra constitucional do concurso público, ela se submete ao viés do regime jurídico próprio das estatais, que é mais flexível, portanto, o permissivo para a terceirização de atividades coincidentes com as atribuições dos seus cargos.

Fato é que a terceirização de serviços é admitida tanto para Administração Pública direta, autárquica e fundacional como para as estatais. No que tange à terceirização dos serviços inerentes aos cargos do órgão, esta é apenas admitida para as estatais e nos termos do regulamento. Na Administração pública direta e autárquica, a criação do cargo ou emprego público depende de lei, cuja competência é do legislador, enquanto nas estatais os cargos não são criados por lei, mas pela própria estatal, geralmente, pelo seu Conselho de Administração que aprova o Plano de Cargos, e ao criá-lo decide sobre a terceirização dessas atividades.

Muito se questionou acerca da licitude da terceirização nas atividades-fins das estatais da Administração Pública, nos mesmos moldes da proibição para as empresas privadas nos termos da Súmula n. 331 do TST, porém, a Reforma Trabalhista (13.429/17), Decreto n. 9.507/18, e as decisões do STF firmaram entendimento pela possibilidade de terceirização nas atividades-fins.

No entanto, é importante mencionar que, independentemente do tipo de terceirização a ser adotado, a premissa maior, que não gera discordâncias, e à qual o Brasil tem o dever de observar é de que a terceirização deve ser de serviços e não o mero fornecimento de mão de obra, do contrário, estaremos diante de terceirizações ilícitas e fraudulentas, pois o trabalho não é mercadoria.

As balizas estabelecidas pela Súmula n. 331 do TST que autorizam a terceirização lícita de serviços nas atividades-meio (serviços intermediários e especializados) são as que mais se coadunam com a ordem estabelecida na Carta de Constituição da Organização Internacional do Trabalho (OIT), da qual o Brasil é membro fundador e signatário de diversas convenções, pois se todas as atividades de uma empresa podem ser terceirizadas, o que se tem, de fato, é mero fornecimento de mão de obra e não de serviços intermediários especializados, daí a fraude à legislação trabalhista e a configuração da terceirização ilícita, o que não deve prevalecer.

## 3. A problemática da pejotização na Justiça do Trabalho

Indubitavelmente, uma temática extremamente sensível na Justiça do Trabalho é a problemática envolvendo a "pejotização" de profissionais liberais.

Nesse sentido, diversos são os questionamentos: O que de fato é a "pejotização"? É possível a "pejotização" de profissionais liberais? Existe diferença entre "pejotização" e terceirização? E mais, qual é o entendimento da Corte Suprema sobre a matéria?

O assunto é polêmico.

De início, impende destacar que os debates sobre o fenômeno da "pejotização", assim como da terceirização, são antigos na Justiça do Trabalho.

De um lado, a "pejotização" é conhecida no universo jurídico como um ato que visa camuflar uma legítima relação de emprego, com o intuito de conseguir uma redução de custos para a empresa. Por outro lado, na terceirização realiza-se a transferência da atividade, seja esta de meio ou fim, da empresa que realiza a contratação para um prestador de serviços contratado.

Entrementes, com o advento da Lei n. 13.429/2019 e da Lei n. 13.467/2017, essa transferência da atividade para um prestador de serviços contratado, qual seja, uma empresa jurídica de direito privado, deve atender os requisitos contidos no art. 44 do Código Civil.

De outro norte, para uma melhor compreensão acerca da "pejotização", oportunos são os ensinamentos de Homero Batista:

> O uso corriqueiro da constituição de empresas de fachada, para esconder a relação de emprego e o trabalhador e o empregador, gerou até mesmo algumas

> novas na língua portuguesa, como pejotização, empregado pejotizado ou pejotizar a mão de obra, tudo girando em torno da conhecida sigla PJ, de pessoa jurídica.
>
> (...) O panorama é desalentador. Numerosos segmentos profissionais foram simplesmente varridos do mundo empregatício para renascerem no mundo pejotizado, como médicos, engenheiros de produção, técnicos de informática e atividades intelectuais, sendo muito difícil sequer imaginar que alguns deles tenham capacidade de resistência quanto à modalidade de contratação definida pelo empregador, quer dizer, pelo dador dos serviços. Ouso dizer que se criou até mesmo um estigma em torno desse assunto, de modo que a vaga para o médico empregado celetista normalmente é vista com desconfiança e aufere renda menor do que a vaga para o médico pejotizado, que deve sacar notas fiscais de prestação de serviços para a clínica ou hospital, formando-se um enorme círculo vicioso sob severas críticas tanto à CLT quanto à Justiça do Trabalho. A incompreensão campeia.

À vista disso, é forçoso lembrar que existe uma grande diferença nos custos, ao comparar o contrato de prestação de serviços através da pessoa jurídica (PJ) com os decorrentes da contratação do empregado regido pela CLT, uma vez que na "pejotização" haverá diminuição de encargos trabalhistas e redução da carga tributária.

Nesse sentido, observa-se que um empregado celetista pode chegar a ter retido na fonte até 27,5% do seu salário, todavia, faz jus ao recebimento de benefícios, tais como: FGTS; férias remuneradas; 13º salário; salário família; vale alimentação; vale transporte, seguro-desemprego, entre outros mais.

De outro norte, no contrato de prestação de serviços por meio da pessoa jurídica, não haverá tais benefícios assim como imposto de renda retido na fonte.

Noutro giro, o recolhimento patronal do INSS no contrato celetista é superior, em comparação com a contratação por meio de pessoa jurídica, o que acarreta mais custos para a empresa. Ademais, na "pejotização", o prestador de serviço pode optar em relação ao pagamento do INSS para adquirir direito à aposentadoria, quando da emissão da nota fiscal.

Bem por isso, a "pejotização" pode parecer mais atrativa, haja vista que o salário líquido pode ser maior, comparado ao que receberia no contrato celetista.

Feitas essas considerações, nos últimos tempos, diversas foram as decisões publicadas pelo Supremo Tribunal Federal envolvendo a temática da "pejotização", sendo que em observância aos julgados proferidos pela Corte, ao que parece, com base no Tema 725 (Terceirização de serviços para a consecução da atividade-fim da empresa), o entendimento do Pretório Excelso caminha no sentido de aprovar a contratação por intermédio de pessoas jurídicas.

Dentre os diversos casos deliberados, o Supremo Tribunal Federal, ao julgar procedente a Reclamação 47.843, nos termos do voto do ministro Alexandre de Moraes, vencidas as ministras Carmen Lucia e Rosa Weber, destacou em seu voto: "Aliás, em caso análogo, também envolvendo, na questão de fundo, discussão sobre ilicitude na terceirização por "pejotização", por meio da contratação de pessoa jurídica formada por médicos prestadores de serviços terceirizados a hospital tomador de serviços, a 1ª Turma já decidiu em conformidade com o aqui proposto: trata-se da Rcl 39.351 AgR (Relª. Minª. ROSA WEBER, relator(a) p/ Acórdão: ALEXANDRE DE MORAES, Primeira Turma, julgado em 11.5.2020)".

Destarte, cabe ressaltar que a "pejotização" e terceirização são assuntos distintos, de modo que não se mostra razoável assemelhar ambos, pois enquanto na regular terceirização existe uma relação entre a contratante, a empresa contratada e o empregado prestador de serviços, de modo diverso, na "pejotização", o trabalhador terá o seu CPF convertido para um CNPJ, o que inviabiliza a sua validação, do ponto de vista legal para os efeitos da terceirização.

A propósito, sabe-se que na Justiça do Trabalho prevalece o princípio da primazia da realidade, sendo que qualquer ato que tenha por objetivo fraudar, desvirtuar ou impedir a aplicação das normas celetistas serão considerados nulos nos termos do art. 9º da CLT.

Não obstante o Direito do Trabalho possa sofrer algumas mutações em razão das orientações da Suprema Corte, não se deve confundir flexibilização com desconstrução de direitos, de modo que torna imprescindível combater toda conduta que tenha o intuito seja impedir o reconhecimento do vínculo de emprego de profissionais liberais por meio da "pejotização", razão pela qual se faz necessária uma análise cautelosa e cirúrgica, a fim de vedar o uso de artifícios para mascarar uma verdadeira relação de emprego.

Em arremate, cabe recordar que um contrato de prestação de serviços por meio de pessoa jurídica não pode ser considerado real quando estiverem presentes os requisitos do art. 3º da CLT, pois sendo o trabalho subordinado, prestado de forma não eventual, sem a possibilidade de ser substituído por outra pessoa e mediante o pagamento de salário, este será considerado empregado.

## Referências

*A terceirização na administração pública depois das decisões do STF. Conjur.* Disponível em: https://www.conjur.com.br/2019-jan-31/interesse-publico-terceirizacao-administracao-publica-depois-decisoes-stf/. Acesso em: 12 jan. 24.

*A terceirização no novo decreto n. 9.507/2018:* entre a restrição para a administração direta, autárquica e fundacional e a flexibilidade para as estatais. *Zenite.* Disponível em: https://zenite.blog.br/a-terceirizacao-no-novo-decreto-no-9-5072018-entre-a-restricao-para-a-administracao-direta-autarquica-e-fundacional-e-a-flexibilidade-para-as-estatais/. Acesso em: 12 jan. 24.

MARTINS. Sergio Pinto. A terceirização e o Direito do Trabalho, 13. ed. São Paulo: Atlas. 2014.

OIT — Organização internacional do Trabalho. *Constituição da Organização Internacional do Trabalho (OIT) e seu anexo (Declaração de Filadélfia)*. Disponível em: https://www.ilo.org/wcmsp5/groups/public/---americas/---ro-lima/---ilo-brasilia/documents/genericdocument/wcms_336957.pdf . Acesso em: 14 jan. 24.

PEDUZZI. Maria Cristina Irigoyen. "A Tutela das condições trabalhista nos processos de descentralização produtiva: a terceirização à luz do precedente firmado no Tema 725 de repercussão geral". *Revista dos Estudos de Direito da Universidade de Brasília*, 22. ed., 2022.

PRESIDÊNCIA DA REPÚBLICA. Disponível em: www.planalto.gov.br. Acesso em: 9 jan. 2024.

SILVA, Homero Batista Mateus da. *Direito do Trabalho aplicado:* teoria geral de direito do trabalho e do direito sindical. São Paulo: Thompson Reuters Brasil, 2021.

SILVA, Otavio Pinto. "Terceirização e a Reforma Trabalhista". Disponível em: https://juslaboris.tst.jus.br/bitstream/handle/20.500.12178/125416/2017_silva_otavio_terceirizacao_reforma.pdf?sequence=1&isAllowed=y. Acesso em: 10 jan. 24.

STF. *ADPF 324*. Arguição de Descumprimento de Preceito Fundamental. Disponível em: https://portal.stf.jus.br/processos/detalhe.asp?incidente=4620584. Acesso em: 12 jan. 24.

______. *Tema 725*. Terceirização de serviços para a consecução da atividade-fim da empresa. Disponível em: https://portal.stf.jus.br/jurisprudenciaRepercussao/verAndamentoProcesso.asp?incidente=4952236&numeroProcesso=958252&classeProcesso=RE&numeroTema=725. Acesso em: 12 jan. 24.

______. Disponível em: portal.stf.jus.br. Acesso em: 9 jan. 2024.

# Terceirização Trabalhista e a Lei n. 14.133/2021: Limites (Abrangência) da Fiscalização pela Administração Pública

*Tiago Mattoso Sacilotto*[1]

## 1. Terceirização trabalhista e a Administração Pública

A terceirização trabalhista é fenômeno político, econômico e social inserido na cadeia produtiva do empregador a partir da transferência de atividades inerentes, principais ou acessórias para a execução direta ou indireta por um terceiro.

O modelo da terceirização consiste na relação triangular em que figuram o tomador de serviços e o prestador de serviços na condição de contrato típico de prestação de serviços, sendo o trabalhador terceirizado vinculado, por meio da relação de emprego (art. 3º da Consolidação das Leis do Trabalho), ao prestador de serviços.

Por esse motivo, o trabalhador terceirizado presta serviços em local de trabalho definido em contrato entre o prestador e o tomador de serviços, sem que haja a ingerência dos poderes típicos do empregador por esse último, já que o poder diretivo é conferido exclusivamente ao prestador de serviços.

O fenômeno da terceirização de serviços se consolidou antes da existência de uma regulamentação específica, o que ocorreu com a posterior atuação do Tribunal Superior do Trabalho por meio da Súmula n. 331 a qual, em linhas gerais, estabeleceu parâmetros para a licitude da terceirização apenas em atividade-meio do tomador, disciplinando a sua responsabilidade subsidiária nas obrigações inadimplidas pelo empregador.

---

(1) Graduação em Ciências Jurídicas e Sociais pela PUC-Campinas. Procurador público do contencioso trabalhista da Unicamp. Presidente da Comissão Processante Permanente da Unicamp, especialista em Direito do Trabalho e Processo do Trabalho pela Universidade de São Paulo, especialista em Direito Administrativo pela PUC-Minas, professor universitário e da pós-graduação em Direito do Trabalho e Processo do Trabalho. Palestrante. Coautor na obra *CLT comentada artigo por artigo* pela Editora Mizuno.

Essa aparente segurança jurídica criada pela construção jurisprudencial da Súmula n. 331 do Tribunal Superior do Trabalho foi objeto de questionamento no Supremo Tribunal Federal que, por meio do Tema 725 da repercussão geral,(2) fixou a seguinte tese:

> É lícita a terceirização ou qualquer outra forma de divisão do trabalho entre pessoas jurídicas distintas, independentemente do objeto social das empresas envolvidas, mantida a responsabilidade subsidiária da empresa contratante.

Nesse sentido, o Supremo Tribunal Federal reconheceu a licitude da terceirização em atividade-fim do tomador de serviços, afastando a interpretação conferida pela Súmula n. 331 do Tribunal Superior do Trabalho sobre a ilicitude da terceirização em atividade-fim da tomadora de serviços, com exceção do trabalho temporário fixado na Lei n. 6.019/1974.

A despeito da decisão proferida pelo Supremo Tribunal Federal sobre o tema da licitude da terceirização em qualquer atividade econômica, é preciso dizer que a própria Lei n. 6.019/1974 sofreu modificações importantes com o advento das Leis ns. 13.429/2017 e 13.467/2017, com a ressignificação do modelo permitido de terceirização de atividade-meio para atividade-fim do tomador de serviços, trazendo também a previsão expressa da responsabilidade subsidiária do tomador de serviços.

Por outro lado, na seara da Administração Pública, a terceirização na atividade-fim nunca foi totalmente permitida, já que a descaracterização da relação terceirizada não gera vínculo de emprego com o ente público, diante das balizas jurídicas do art. 37, *caput* e inciso II da Constituição Federal, que pressupõe a exigência de concurso público para investidura em cargo ou emprego público.

Diante dessa premissa, o processo de terceirização na Administração Pública se inseriu no contexto político e econômico do processo de descentralização das atividades administrativas instituído pelo Decreto-lei n. 200 de 1967, cuja finalidade foi de impingir realidade ao princípio da eficiência administrativa no contexto das contratações públicas.

Assim sendo, as atividades possíveis de serem executadas por terceiros contratados em processo licitatório sempre foram acessórias e de apoio às atividades principais da Administração, como exemplo: a limpeza e a segurança.

Diferentemente do empregador privado, a terceirização de serviços na Administração Pública é regida por normas de direito público, em que o contratado se vincula ao contrato administrativo, sendo a liberdade contratual entre as partes mitigada por prerrogativas fixadas em lei a partir desse modelo específico de contratação.

---

(2) Supremo Tribunal Federal. Tema n. 725. Relator Min. Luiz Fux. Disponível em: www.stf.jus.br. Acesso em: 2 abr. 2024.

Por esse motivo, o *caput* do art.71 da Lei n. 8.666/1993 definiu que a Administração Pública não será responsabilizada pelos encargos trabalhistas, fiscais e comerciais resultantes da execução do contrato. Já o § 1º do mesmo artigo prescreveu que a inadimplência do contratado com referência aos encargos trabalhistas não transfere à Administração Pública a responsabilidade por seu pagamento.

As regras jurídicas acima mencionadas pontificaram a impossibilidade da transferência automática da responsabilidade subsidiária à Administração Pública sobre os encargos trabalhistas assumidos pelo contratado na execução do contrato. A interpretação literal do art. 71, *caput* e § 1º da Lei n. 8.666/1993 não comporta exceção para a responsabilização do ente público.

A premissa fixada em lei sobre a impossibilidade da responsabilização do ente público pelo mero inadimplemento do prestador de serviços propiciou a movimentação jurídica no Tribunal Superior do Trabalho, em idos de 2011, a ponto de promover a mudança da Súmula n. 331 e permitir a responsabilização do ente público pelos encargos trabalhistas, quando comprovada a culpa *in vigilando*, especialmente na fiscalização do cumprimento das obrigações contratuais e legais da prestadora de serviço como empregadora, nos termos do item V da Súmula n. 331 do TST.

No entanto, as balizas sobre o que seria a culpa *in vigilando* não foram definidas no verbete sumular pelo Tribunal Superior do Trabalho, o que gerou diversos questionamentos judiciais dos entes públicos sobre o que seria o "limite da fiscalização do contrato administrativo" definido pela Súmula n. 331 do Tribunal Superior do Trabalho.

Isso porque as decisões proferidas pelos magistrados trabalhistas ora reconheciam a presunção da culpa da Administração pela fixação do ônus da prova da fiscalização ao tomador de serviços, ora indicavam a necessidade de se comprovar a fiscalização *in loco* (art. 67 da Lei n. 8.666, de 21/6/1993), ora evidenciavam que os documentos juntados pela Administração a título de comprovação dos pagamentos de salário, FGTS e contribuição social não eram suficientes para demonstrar, ainda que minimamente, a fiscalização contratual.

Essa cizânia jurisprudencial levou o Supremo Tribunal Federal a se posicionar a respeito da responsabilidade subsidiária da Administração Pública, com fundamento em diversos precedentes que, atualmente, ainda mostram a divergência sobre qual é o limite da fiscalização do ente público sobre a execução do contrato administrativo firmado com o prestador de serviços.

## 2. Responsabilidade da Administração Pública e os precedentes do STF

A Ação Declaratória de Constitucionalidade 16,[3] sob relatoria do ministro Cezar Peluso, definiu a constitucionalidade do art. 71, § 1º da Lei Federal 8.666/1993. No

(3) Supremo Tribunal Federal. ADC 16. Relator: Min. Cezar Peluso. Disponível em: www.stf.jus.br. Acesso em: 2 abr. 2024.

julgamento foi definido que a inadimplência contratual do prestador de serviços não transfere de forma automática os encargos trabalhistas, fiscais e comerciais resultantes da execução do contrato à Administração Pública.

Em meio ao debate proposto pelos ministros do Supremo Tribunal Federal, por ocasião do julgamento da ADC 16/DF, ao analisar eventual conflito do art. 71, § 1º da Lei n. 8.666/1993 com a Constituição Federal, a ministra Cármen Lúcia apresentou as distinções entre a responsabilidade contratual e extracontratual da Administração Pública, sendo complementada pelo ministro Marco Aurélio Mendes de Farias Mello, que pontuou dos precedentes do Tribunal Superior do Trabalho que afiançam a responsabilidade objetiva do Poder Público, nos termos da Súmula n. 331 do Tribunal Superior do Trabalho.

Deflui-se do julgamento da ADC 16/DF, a orientação do Supremo Tribunal Federal de afastar interpretação no sentido de condenar a Administração Pública com fundamento na responsabilidade objetiva ou de forma solidária com o prestador de serviços, para situar essa responsabilidade como de natureza contratual. De qualquer modo, a ADC 16/DF não enfrentou a discussão sobre a evidência da caracterização da culpa da Administração Pública, tampouco sobre a atribuição do ônus da prova: ao trabalhador ou à Administração Pública.

Em 2017, o Supremo Tribunal Federal enfrentou novamente a discussão sobre a responsabilidade subsidiária da Administração Pública no RE 760.931 (Tema 246).

A discussão presente no Tema 246 abordou, entre outros fatores, os critérios de abrangência da fiscalização do ente público a fim de evitar a culpa *in vigilando*, sugerindo a legitimidade da fiscalização por amostragem, com a discussão ampla sobre o critério do ônus da prova à Administração Pública quanto à fiscalização do contrato administrativo, na esteira do voto do ministro Edson Fachin.

Em seguida, destaca-se a conclusão do voto do ministro Luís Roberto Barroso, em que se fixaram parâmetros para a responsabilidade subsidiária do ente público por culpa *in vigilando*:

> Fixo, ainda, a seguinte tese: "1. Em caso de terceirização, a Administração Pública responde subsidiariamente pelo inadimplemento de obrigações trabalhistas da empresa contratada, no que respeita aos profissionais que tenham atuado em seu benefício, se restar comprovada falha do Poder Público em seu dever de fiscalizá-la (culpa *in vigilando*) ou em adotar as medidas cabíveis em relação ao inadimplemento. Precedente: ADC 16, rel. Min. Cezar Peluso. 2. Compete à Administração comprovar que houve adequada fiscalização. 3. O dever de fiscalização da Administração acerca do cumprimento de obrigações trabalhistas pelas empresas contratadas constitui obrigação de meio, e não de resultado, e pode ser realizado através de fiscalização por amostragem, estruturada pelo próprio ente público, com apoio técnico de órgão de controle externo, caso em que gozará de presunção *juris tantum* de razoabilidade. 4. Constatada, pelo Poder Público, a

> ocorrência de inadimplemento trabalhista pela contratada, as seguintes providências devem ser tomadas: (i) notificar a empresa contratada, assinando-lhe prazo para sanar a irregularidade; (ii) em caso de não atendimento, ingressar com ação judicial para promover o depósito, a liquidação do valor e o pagamento em juízo das importâncias devidas, abatendo tais importâncias do valor devido à contratada. 5. Não é válida a responsabilização subsidiária da Administração Pública: (i) com afirmação genérica de culpa *in vigilando*, sem indicar, com rigor e precisão, os fatos e as circunstâncias que configuram a sua culpa *in vigilando* ou (ii) se for comprovada, pela Administração, a realização de fiscalização por amostragem e a adoção das medidas mitigadoras antes indicadas".[4]

Após a discussão do Tema 246, o Supremo Tribunal Federal definiu a seguinte tese:

> O inadimplemento dos encargos trabalhistas dos empregados do contratado não transfere automaticamente ao Poder Público contratante a responsabilidade pelo seu pagamento, seja em caráter solidário ou subsidiário, nos termos do art. 71, § 1º, da Lei n. 8.666/93.

No entanto, a tese definida no Tema 246 não explicitou a questão da atribuição do ônus da prova, se ao trabalhador ou se à Administração quanto à falha na fiscalização do contrato, em que pese ter estabelecido parâmetros para a fiscalização contratual, afastando a presunção ou atribuição genérica da culpa *in vigilando* da Administração, equiparando essa interpretação à responsabilização automática da Administração, anteriormente afastada pela ADC 16 do Supremo Tribunal Federal.

## 3. Ônus da prova na fiscalização do contrato administrativo. Parâmetros atuais

Após a conclusão do Supremo Tribunal Federal sobre a constitucionalidade do art. 71, *caput* e do § 1º da Lei n. 8.666/1993 quanto à impossibilidade da transferência automática da responsabilidade sobre os encargos trabalhistas à Administração Pública e a evolução jurisprudencial sobre o tema, o Tribunal Superior do Trabalho, em julgamento pela SDI-1, ante a lacuna do julgamento proferido no Tema 246 sobre os critérios do ônus da prova, definiu que *cabe ao Poder Público, tomador dos serviços, o ônus de demonstrar que fiscalizou de forma adequada o contrato de prestação de serviços.*[5]

A atribuição do ônus da prova à Administração Pública foi reafirmada em novo julgamento da SDI-1 do Tribunal Superior do Trabalho, sufragando o entendimento de que *o Supremo Tribunal Federal ao apreciar o Tema 246 da repercussão geral não emitiu tese*

(4) Supremo Tribunal Federal. Tema 246. Min. Luís Roberto Barroso. Disponível em: www.stf.jus.br. Acesso em: 2 abr. 2024.

(5) Tribunal Superior do Trabalho. RR – 925-07.2016.5.05.0281. Min. rel. Claudio Brandão. Disponível em: www.tst.jus.br. Acesso em: 9 abr. 2024.

*jurídica de efeito vinculante em relação ao ônus da prova e, diante dessa constatação, concluiu que incumbe à Administração Pública o ônus da prova da fiscalização dos contratos de prestação de serviços por se tratar de fato impeditivo da responsabilização subsidiária.*(6)

Em que pese a definição da incumbência do ônus da prova na fiscalização do contrato administrativo à Administração Pública, a 4ª Turma(7) e 8ª Turma(8) do Tribunal Superior do Trabalho têm entendimento diverso no sentido de que cabe ao trabalhador terceirizado o ônus da prova em relação à falha na fiscalização do contrato de prestação de serviços (culpa *in vigilando*).

Segundo a decisão adotada pela 4ª Turma do Tribunal Superior do Trabalho, o Supremo Tribunal Federal tem cassado as decisões da Justiça do Trabalho que reconhecem a culpa da Administração Pública. O referido julgamento do TST cita a Reclamação Constitucional 40.137(9) no Supremo Tribunal Federal. Nessa decisão restou estabelecido que os fatos que assentaram os votos prevalecentes no julgamento do Tema 246 definiram a impossibilidade da presunção da culpa da Administração Pública e a inversão do ônus da prova.

De qualquer forma, o Supremo Tribunal Federal deverá enfrentar as divergências acerca do ônus da prova na fiscalização do contrato administrativo, pois ainda pendente o julgamento do RE 1298647 RG (Tema 1.118),(10) o qual reconheceu a repercussão geral diante da multiplicidade de recursos extraordinários em que se evidencia a mera presunção da culpa e a inversão do ônus da prova.

Verifica-se que as divergências decorrem do próprio alcance do texto normativo do art.71, *caput* e do § 1º da Lei n. 8.666/1993 que não dispõe, expressamente, sobre a atribuição do ônus da prova no caso da falha na fiscalização do contrato de prestação de serviços, bastando apenas a menção de que não se transfere à Administração Pública os encargos trabalhistas decorrentes da prestação de serviço.

Assim sendo, questiona-se se a nova Lei de Licitações (Lei n. 14.133/2021) poderia descortinar a questão jurídica sobre os limites (abrangência) da fiscalização do contrato administrativo pela Administração Pública e os critérios de atribuição do ônus da prova em relação à comprovação da culpa *in vigilando*.

---

(6) Tribunal Superior do Trabalho. RR – 62-40.2017.5.20.0009. Min. rel. Marcio Eurico Vitral Amaro. Disponível em: www.tst.jus.br. Acesso em: 9 abr. 2024.

(7) Tribunal Superior do Trabalho. RR – 1000045-02.2022.5.02.0077. Min. rel. Ives Gandra da Silva Martins Filho. Disponível em: www.tst.jus.br. Acesso em: 9 abr. 2024.

(8) Tribunal Superior do Trabalho. RR-1000562-45.2022.5.02.0323. Min. rel. Delaíde Miranda Arantes. Disponível em: www.tst.jus.br. Acesso em: 9 abr. 2024.

(9) Supremo Tribunal Federal. Recl. 40137. Minª. Rosa Weber. Disponível em: www.stf.jus.br. Acesso em: 9 abr. 2024.

(10) Supremo Tribunal Federal. RE 1298647. Minª. Rosa Weber. Disponível em: www.stf.jus.br. Acesso em: 9 abr. 2024.

## 4. Responsabilidade da Administração Pública na Lei n. 14.133/2021

O art. 121, *caput*, da Lei n. 14.133/2021 disciplinou que somente o contratado será responsável pelos encargos trabalhistas, previdenciários, fiscais e comerciais resultantes da execução do contrato. O referido artigo é similar ao art. 71, *caput*, da revogada Lei n. 8.666/1993, com a exceção do termo "somente", que na antiga lei não constava.

A singeleza da palavra "somente" traduz que a intenção do legislador não é, de fato, responsabilizar diretamente a Administração Pública pelos encargos decorrentes da execução do contrato, justamente porque a fiscalização do contrato não pode envolver atos de ingerência direta nas atribuições do prestador de serviço como empregador.

Ainda, a regra jurídica do § 1º do art. 121 indica a confluência com os entendimentos do Supremo Tribunal Federal nas ADC 16 e Tema 246 da repercussão geral, pois não é possível atribuir-se a responsabilidade automática e presumida da Administração Pública pela inadimplência dos encargos trabalhistas pelo prestador de serviços, sob pena de se inviabilizar a própria execução do contrato administrativo, impondo-se exigências impossíveis de fiscalizar o detalhe da execução de cada contrato celebrado pelo prestador de serviços, sem que isso implique a subordinação direta do trabalhador ao tomador.

Em seguida, o § 2º do art. 121 define as responsabilidades tanto solidária pelos encargos previdenciários quanto subsidiária pelos encargos trabalhistas exclusivamente nas contratações de serviços contínuos com regime de dedicação exclusiva de mão de obra, se comprovada a falha na fiscalização do cumprimento das obrigações do prestador de serviços (contratado):

> § 2º Exclusivamente nas contratações de serviços contínuos com regime de dedicação exclusiva de mão de obra, a Administração responderá solidariamente pelos encargos previdenciários e subsidiariamente pelos encargos trabalhistas se comprovada falha na fiscalização do cumprimento das obrigações do contratado.

A nova lei de licitações determinou critério da responsabilidade subsidiária pelos encargos trabalhistas apenas nas contratações de serviços contínuos com regime de dedicação exclusiva, cuja definição se encontra no art. 6º, inciso XVI da Lei n. 14.133/2021.

O art. 6º da Lei n. 14.133/2021 apresentou importante inovação em comparação à Lei n. 8.666/1993, pois trouxe a definição sobre os diversos conceitos jurídicos existentes na lei, permitindo certa uniformização de interpretação de cada modalidade licitatória.

O inciso XVI do art. 6º prescreveu que os serviços contínuos com regime de dedicação exclusiva de mão de obra constituem-se como aqueles cujo modelo de execução contratual exige, entre outros requisitos, que: a) os empregados do contratado fiquem à disposição nas dependências do contratante para a prestação dos serviços; b) o contratado não compartilhe os recursos humanos e materiais disponíveis de uma contratação para execução simultânea de outros contratos; c) o contratado possibilite a fiscalização pelo contratante quanto à distribuição, controle e supervisão dos recursos humanos alocados aos seus contratos.

O conceito de serviços contínuos com regime de dedicação exclusiva de mão de obra implica a condição do empregador (prestador de serviços) que executa as atividades nas dependências da Administração Pública e garante a possibilidade concreta da fiscalização pelo ente público.

Segundo Souza (2021, p.150):

> Destaca-se que, além do local da prestação de serviços vincular-se às dependências do ente contratante, deve também agregar a característica da permanência da prestação de serviços, ou seja, o serviço a ser executado não pode ser rotativo ou por demanda. Não há espaço para a execução simultânea de outros contratos, porque o empregado fica à disposição de forma exclusiva para o desempenho de suas atividades nas dependências do órgão ou da entidade.(11)

Diante desse modelo de execução contratual e suas características normativas fixadas no § 2º do art. 121 da Lei n. 14.133/2021, o enquadramento jurídico na modalidade de serviços contínuos com regime de dedicação exclusiva de mão de obra será imprescindível como elemento prévio à análise da responsabilidade subsidiária da Administração Pública, pois os demais modelos não estão contemplados na possibilidade da investigação da culpa *in vigilando.*

Entre os demais modelos que não se enquadram na hipótese do § 2º do art. 121 da Lei n. 14.133/2021 destacam-se: os serviços e fornecimentos contínuos que são serviços contratados e compras realizadas pela Administração Pública para a manutenção da atividade administrativa, decorrentes de necessidades permanentes ou prolongadas (inciso XV do art. 6º) e os serviços não contínuos ou contratados por escopo que são aqueles que impõem ao contratado o dever de realizar a prestação de um serviço específico em período predeterminado, podendo ser prorrogado, desde que justificadamente, pelo prazo necessário à conclusão do objeto (inciso XVII do art. 6º).

Por esse motivo, contratos de prestação de serviços típicos, tais como manutenção predial, serviços de alimentação e transporte, *s.m.j*, podem ser discutidos em relação ao enquadramento no § 2º do art. 121 da Lei n. 14.133/2021, já que a ênfase contratual se

(11) SARAI, Leandro. *Tratado da Nova Lei de Licitações e Contratos Administrativos*. Lei n. 14.133/21. Comentada por advogados públicos. Salvador: JusPodivm, 2021. p. 150.

encontra no fornecimento do produto/serviço e não a disponibilização de mão de obra em prol da Administração Pública, ainda que de modo contínuo ou prolongado.

Já os serviços de portaria, limpeza e vigilância podem ser enquadrados como na hipótese de serviços contínuos com regime de dedicação exclusiva de mão de obra, já que os trabalhadores terceirizados atuam nas dependências do tomador de serviços com a utilização de todo aparato da Administração Pública para a realização dos serviços, sendo a ênfase no fornecimento da mão de obra.

Assim, o enquadramento jurídico na hipótese dos serviços contínuos com regime de dedicação exclusiva de mão de obra pressupõe a análise prévia do magistrado a fim de se aplicar ou não a responsabilidade subsidiária da Administração Pública sobre os critérios estabelecidos do ônus da prova.

## 5. Critérios do ônus da prova e os limites (abrangência da fiscalização)

Diante do impasse no julgamento do Tema 1.118 no Supremo Tribunal Federal, o § 2º do art. 121 declarou a possibilidade da responsabilidade subsidiária da Administração Pública pelos encargos trabalhistas, se comprovada a falha na fiscalização do cumprimento das obrigações do contratado.

A nova lei de licitações reconheceu a responsabilidade subsidiária desde que comprovada a falha na fiscalização, sendo que a interpretação literal da regra jurídica promove a necessidade da comprovação pelo trabalhador da falha na fiscalização, a partir dos critérios de distribuição estática do ônus da prova (art. 818 da CLT e art. 373, I do CPC).

Isso porque o *caput* e § 1º do art. 121 indicam a impossibilidade da transferência automática da responsabilidade subsidiária à Administração Pública, de modo que, caso não fosse considerada a necessidade da comprovação da falha na fiscalização pelo trabalhador, a lei teria mencionado, expressamente, que a Administração Pública seria responsável subsidiariamente pelos encargos trabalhistas, salvo se comprovasse a regularidade da fiscalização do cumprimento das obrigações do contratado.

Como não há essa disposição normativa, a falha na fiscalização quanto ao cumprimento das obrigações do contrato, é fato constitutivo do direito do trabalhador e deve ser comprovado judicialmente, presumindo-se a fiscalização das obrigações contratuais do tomador de serviços, assim como se presumem legítimos os atos praticados pela Administração Pública.

Ainda, essa presunção da fiscalização adequada do contrato administrativo decorre das prerrogativas da Administração instituídas no art. 104 da Lei n. 14.133/2021, entre elas, a de fiscalizar a execução do contrato administrativo. Prerrogativas não se confundem com deveres, sendo as primeiras necessárias para o bom desempenho do interesse público.

Desse modo, as prerrogativas inscritas na Lei n. 14.133/2021 não se coadunam com a fiscalização constante e presente de todas as minúcias contratuais de cada trabalhador, sob pena de se equiparar a Administração Pública à empregadora e impedir, indiretamente, a terceirização no âmbito público.

Entre as prerrogativas da Administração Pública no cumprimento das obrigações contratuais está a previsão do § 3º do art. 121 da Lei n. 14.133/2021, o qual, nas contratações de serviços contínuos com regime de dedicação exclusiva de mão de obra, para assegurar o cumprimento de obrigações trabalhistas pelo contratado, a Administração, mediante disposição em edital ou em contrato, poderá, entre outras medidas: I – exigir caução, fiança bancária ou contratação de seguro-garantia com cobertura para verbas rescisórias inadimplidas; II – condicionar o pagamento à comprovação de quitação das obrigações trabalhistas vencidas relativas ao contrato; III – efetuar o depósito de valores em conta vinculada; IV – em caso de inadimplemento, efetuar diretamente o pagamento das verbas trabalhistas, que serão deduzidas do pagamento devido ao contratado.

Também há disposição normativa do art. 50 da Lei n. 14.133/2021 que imputa dever ao contratado, na hipótese de contratação de serviços com regime de dedicação exclusiva de mão de obra, quando solicitado pela Administração, a comprovação do cumprimento das obrigações trabalhistas e do Fundo de Garantia por Tempo de Serviço em relação aos empregados diretamente envolvidos na execução do contrato.

As medidas acima mencionadas imputadas à Administração Pública não aludem propriamente a deveres jurídicos, mas a prerrogativas para o bom exercício da fiscalização contratual, não sendo crível na hipótese de inação de algumas das medidas pela Administração Pública ensejar, automaticamente, a responsabilidade subsidiária pelos encargos trabalhistas, sob pena de se inviabilizar a terceirização no âmbito público.

A evidência da fiscalização adequada sobre o cumprimento das obrigações contratuais pela Administração Pública pressupõe a instituição do modelo fixado na Lei n. 14.133/2021, tais como a existência de gestor do contrato que coordena a execução contratual e fiscal do contrato e atua de maneira próxima ao contratado; a atuação da fiscalização técnica, administrativa e setorial e a realização dos procedimentos padrão previstos em lei para essa fiscalização documental.

A instituição dessas figuras previstas na Lei n. 14.133/2021 e a atuação permanente e adequada na fiscalização contratual representa a presunção de que a fiscalização do cumprimento das obrigações contratuais está potencialmente sendo exercida pela Administração Pública, o que atende aos postulados da proporcionalidade e razoabilidade previstos no art. 5º da Lei n. 14.133/2021, cabendo ao trabalhador o ônus da prova da falha na fiscalização, nos termos do art. 818 da CLT e art. 373, I do CPC.

## 6. Considerações finais

Na aplicação da nova lei de licitações devem ser observados os princípios da legalidade, impessoalidade, moralidade, eficiência, igualdade, planejamento, transparência, segregação de funções, segurança jurídica, presunção de legalidade dos atos administrativos, razoabilidade e proporcionalidade, entre outros fixados no art. 5º da Lei n. 14.133/2021.

Atende aos critérios da proporcionalidade e razoabilidade, a fiscalização adequada do contrato administrativo por meio da instituição dos mecanismos e a funcionalidade deles por meio da atuação da Administração Pública.

Diante de tais premissas, não é plausível exigir-se da Administração o cumprimento da fiscalização ostensiva e com minúcias dos encargos trabalhistas do contratado, sob pena de inviabilizar o modelo de contrato administrativo no âmbito público com a ingerência indevida do Poder Público sobre o objeto contratado e idealizado nas fases preparatórias do certame licitatório.

Com isso, de fato, tem-se uma postura mais ativa da Administração Pública na instituição de mecanismos facilitadores da fiscalização do contrato administrativo que antes não estavam expressos na Lei n. 8.666/1993, tratando-se de prerrogativas da Administração a serem exercidas legitimamente no caso de descumprimento das obrigações contratuais.

Essa postura ativa está representada por diversos mecanismos previstos na Lei n. 14.133/2021, tais como a necessidade de registro de ocorrências pelo fiscal do contrato (art. 117), as exigências solicitadas ao contratado (art. 50), a possibilidade de retenção de pagamento ao contratado o aprimoramento dos editais e contratos administrativos regidos pela nova lei por meio do processo de repactuação (reajustes fixados em convenções e acordos coletivos e a repactuação do objeto do contrato); o ajuizamento de ações de consignação em pagamento de verbas rescisórias ou mesmo a criação de canais de apoio ao trabalhador terceirizado e campanha de conscientização sobre medidas de saúde, segurança e higiene do trabalho.

Logo, não há como se exigir da Administração Pública, na condição de tomadora de serviços, a fiscalização ostensiva da dinâmica de trabalho de cada trabalhador terceirizado, sob pena de se criar, novamente, a responsabilidade automática da Administração pelo mero inadimplemento dos direitos trabalhistas e inviabilizar o processo de modernização das relações de trabalho e especialização das atividades em cumprimento ao princípio da eficiência administrativa.

## Referências

CALCINI, Ricardo; LOPES FILHO, Abel Ferreira; FONSECA, João José da. *CLT comentada artigo por artigo*. 3. ed. Leme: Mizuno, 2024.

CARRION, Valentin. *CLT.* Comentários à Consolidação das Leis Trabalhistas. 47. ed. São Paulo: SaraivaJur, 2023.

CARVALHO, Matheus. *Manual de Direito Administrativo.* 11. ed. Salvador: JusPodivm, 2023.

FORTINI, Cristiana; OLIVEIRA, Rafael Sérgio Lima de; CAMARÃO, Tatiana. *Comentários à Lei de Licitações e Contratos Administrativos.* Belo Horizonte: Fórum, 2022.

RESENDE, Ricardo. *Direito do Trabalho.* 9. ed. Rio de Janeiro: Forense, 2023.

SARAI, Leandro. *Tratado da Nova Lei de Licitações e Contratos Administrativos.* Lei n. 14.133/21. Comentada por advogados públicos. Salvador: JusPodivm, 2021.

SCHIAVI, Mauro. *Curso de Direito Processual do Trabalho.* 20. ed. Salvador: JusPodivm, 2024.

TORRES, Ronny Charles Lopes de. *Lei de Licitações Públicas comentadas.* 12. ed. Salvador: JusPodivm, 2021.

# ADI 5.322: Jornada de Trabalho dos Motoristas Profissionais e Ação Sindical

*Gustavo Zabeu Vasen*[1]

## 1. Breve contexto histórico. Novos desafios após o julgamento da ADI 5.322

O julgamento da ADI 5.322 pelo STF em julho de 2023 provocou nova reviravolta no âmbito das categorias que atuam no transporte de cargas e passageiros, instaurando-se quadro de incerteza e insegurança que afeta os diversos agentes que atuam em tal atividade profissional e econômica, bem como os operadores do Direito que lidam cotidianamente com tais questões.

O conflito das classes que atuam nessa atividade desdobra-se em diversos aspectos, não se resumindo, é evidente, às questões relativas à jornada de trabalho dos motoristas. Contudo, não é novidade que a complexidade inerente à jornada de trabalho dos motoristas profissionais tem há muito motivado conflitos trabalhistas, coletivos e individuais, de natureza também complexa, que não raro demandam a provocação do Poder Judiciário para sua pacificação.

De modo bastante abreviado, observa-se que em um passado não tão distante a jurisprudência trabalhista reconhecia que os motoristas profissionais se enquadravam na exceção prevista no art. 62, I, da CLT, dada a natureza externa da prestação dos serviços. Note-se, por exemplo, que a Orientação Jurisprudencial 332, da SDI-I, do TST, data de dezembro de 2003.[2] Isto é, há aproximadamente 20 anos ainda prevalecia o entendimento de que o fato de haver tacógrafo nos caminhões, por si só, era insuficiente para concluir que o motorista estivesse sujeito a controle de jornada.

---

(1) Juiz do trabalho do TRT da 15ª Região. Bacharel em Direito pela FDUSP. Especialização em Economia do Trabalho e Sindicalismo pelo CESIT/Unicamp.

(2) *OJ-SDI1-332 MOTORISTA. HORAS EXTRAS. ATIVIDADE EXTERNA. CONTROLE DE JORNADA POR TACÓGRAFO. RESOLUÇÃO N. 816/1986 DO CONTRAN* (*DJ 9.12.2003*) O tacógrafo, por si só, sem a existência de outros elementos, não serve para controlar a jornada de trabalho de empregado que exerce atividade externa.

Com a evolução dos meios tecnológicos, associada à necessidade de rastreamento de cargas e veículos decorrente do gerenciamento de riscos, somaram-se ao tacógrafo outros meios tecnológicos que passaram a possibilitar o efetivo monitoramento e fiscalização também da jornada de trabalho dos motoristas profissionais. Assim, a jurisprudência trabalhista também evoluiu, passando a afastar o enquadramento dos motoristas profissionais na exceção do art. 62, I, da CLT, reconhecendo o seu direito a horas extras e intervalos, muito embora não houvesse, na prática judiciária, como aferir a real jornada de trabalho desses trabalhadores nos processos judiciais, uma vez que, em sua grande maioria, não havia prova documental relativa ao controle da jornada dos empregados. Tais processos eram então julgados com a delimitação da jornada de trabalho com fundamento em prova testemunhal e, principalmente, com base em presunção decorrente da aplicação da Súmula n. 338 do TST. O entendimento dos tribunais trabalhistas nesse sentido acabou sendo posteriormente referendado pelo próprio STF, quando do julgamento da ADPF 381.(3)

Diante desse novo cenário fático e da evolução da jurisprudência, intensificou-se também a atuação sindical e política dos agentes que atuam na categoria de transporte de cargas e passageiros em busca de um marco legislativo para a questão da jornada de trabalho dos motoristas, a qual resultou na promulgação da Lei n. 12.619/2012, posteriormente alterada pela Lei n. 13.103/2015.

Tais instrumentos legislativos, de um lado, extirparam qualquer dúvida a respeito da possibilidade de fiscalização da jornada dos motoristas profissionais, estabelecendo de forma expressa ser direito de tais empregados ter a jornada de trabalho controlada

---

(3) (...)1. Arguição de descumprimento ajuizada contra decisões judiciais do Tribunal Superior do Trabalho e de Tribunais Regionais do Trabalho nas quais reconhecido a motoristas do transporte rodoviário de cargas o direito a horas extraordinárias e ao pagamento pelo trabalho em dias de descanso antes da vigência da Lei n. 12.619/2012, a despeito de prevista, quanto a eles, em convenções coletivas de trabalho, a aplicação do art. 62, I, da CLT, em razão da impossibilidade de controle da jornada. 2. Compreensão da maioria dos Ministros no sentido do cabimento da arguição de descumprimento, diante da relevância constitucional da controvérsia e da existência de quadro de insegurança jurídica e econômica decorrente da divergência de decisões entre Tribunais. Vencida, no ponto, a corrente minoritária, inaugurada pela Ministra relatora, quanto ao não conhecimento da ADPF, por envolver a subsunção das cláusulas coletivas a casos concretos, sem que configurado conflito em relação a normas heterônomas trabalhistas. 3. Reafirmação da diretriz assentada no julgamento do Tema n. 152 da Repercussão Geral (RE 590.415, rel. Min. Roberto Barroso), quanto à prevalência das normas coletivas do trabalho sobre o padrão geral heterônomo justrabalhista, notadamente em face de autorização constitucional expressa (CF, arts. 7º, VI, XIII e XIV), desde que assegurada a preservação dos direitos sociais de absoluta indisponibilidade, correspondentes ao patamar civilizatório mínimo assegurado pelo texto constitucional, tal como ocorre em relação às horas extras e ao repouso semanal remunerado (CF, art. 7º, XV e XVI), entre outros. 4. Inocorrência, no caso, segundo os votos da maioria, de situação de recusa dos órgãos da Justiça do Trabalho em reconhecer a validade dos contratos coletivos de trabalho. Decisões que apenas reconhecem não incidir, em relação aos motoristas profissionais empregados, a norma inscrita no art. 62, I, da CLT, diante da constatação, *in concreto*, da existência de meios idôneos ao controle da duração diária de trabalho realizada por essa categoria específica de trabalhadores. 5. Arguição de descumprimento conhecida e julgado improcedente o pedido (STF, Plenário, Min. rel. Gilmar Mendes, Minª. red. Rosa Weber, *DJE* 28.4.2023).

e registrada de maneira fidedigna (art. 1º, V, da Lei n. 12.619/2012). Por outro lado, o legislador reconheceu a existência de especificidades na jornada de trabalho de tais trabalhadores, estabelecendo exceções com relação à disciplina da jornada de trabalho dos demais empregados, como, por exemplo, na criação das figuras do tempo de espera (art. 235-C, § 8º, da CLT), tempo de reserva (art. 235-D, § 5º, da CLT), bem como na criação da possibilidade de fruição de intervalos entre jornadas de forma fracionada (art. 235-C, § 3º, da CLT) e na possibilidade de acúmulo de DSRs (art. 235-D, § 5º, da CLT).

Não se tratava de procedimento inédito por parte do legislador, uma vez que também no caso de outras categorias profissionais há muito fora instituído tratamento diferenciado para questões específicas da sua jornada de trabalho, conforme as especificidades por elas apresentadas, como, por exemplo, no caso dos ferroviários (art. 244, §§ 1º e 2º, da CLT, ao instituírem as horas de sobreaviso e de prontidão); dos petroleiros (art. 6º da Lei n. 5.811/72, ao instituir o tempo de sobreaviso); dos aeronautas (art. 41, § 4º, da Lei n. 13.475/2017, ao assegurar a acumulação de folgas e arts. 43 e 44 da mesma Lei ao instituírem, respectivamente, as horas de sobreaviso e as horas de reserva) etc.

Outrossim, a jurisprudência trabalhista parecia caminhar no sentido de reconhecer a constitucionalidade das normas previstas nas Leis 12.619/2012 e 13.103/2015. Nesse sentido, por exemplo, o TRT da 15ª Região, por intermédio de seu Tribunal Pleno, já havia rejeitado a tese de inconstitucionalidade do art. 235-C, § 8º, da CLT,(4) reiterando tal entendimento com relação ao período abrangido pela Lei n. 13.103/2015, ao julgar o ArgIncCiv 0007922-26.2018.5.15.0000, em 20 de novembro de 2020.

Nesse contexto é que sobreveio em 3 de julho de 2023 o julgamento da ADI 5.322, tendo o STF declarado a inconstitucionalidade de diversos dispositivos contidos na Lei n. 13.103/2015, sem efeito repristinatório, o que, na prática e em síntese, afasta a possibilidade de exclusão do cômputo da jornada de trabalho dos motoristas das horas de espera e das horas de reserva, obsta o fracionamento dos intervalos entre jornadas e impede a acumulação de DSRs.

Como se vê, a decisão do STF, cujo mérito não se pretende aqui discutir, foi proferida depois de mais de oito anos de vigência da Lei n. 13.103/2015 e mais de onze anos da promulgação da Lei n. 12.619/2012, sendo evidente que ao longo de tantos anos houve natural acomodação no comportamento dos sujeitos interessados em torno do quanto

---

(4) *ART. 235-C, § 8º, DA CLT (REDAÇÃO DADA PELA Lei n. 12.619/12). INCONSTITUCIONALIDADE. CATEGORIA DIFERENCIADA. NÃO CARACTERIZAÇÃO.* Não é inconstitucional o art. 235-C, § 8º, da CLT, com a redação dada pela Lei n. 12.619/12, ao dispor que as horas excedentes à jornada normal de trabalho do motorista de transporte rodoviário de cargas, para carga ou descarga de mercadorias, serão consideradas como tempo de espera e não computadas como horas extras, uma vez que se trata de regulamentação de categoria diferenciada, com base nas peculiaridades da rotina de trabalho. (TRT 15, Tribunal Pleno, ArgInc 0008010-98.2017.5.15.0000, Des. rel. Luiz Antonio Lazarim, julgado em 27.6.2019)

previsto na lei, inclusive com a jurisprudência dos tribunais trabalhistas caminhando no sentido de reconhecer a constitucionalidade das referidas leis.

Exemplo robusto da citada acomodação dos agentes com relação ao quanto previsto nas Leis ns. 12.619/2012 e 13.103/2015 é o fato de que muitas das convenções coletivas de trabalho pactuadas pelos sindicatos dos motoristas e pelos sindicatos dos transportadores acabavam inclusive por reproduzir grande parte dos dispositivos legais ora declarados inconstitucionais, inclusive aqueles relativos à especificidade na jornada de trabalho.

Daí que, como sustentado nas primeiras linhas, a decisão proferida pelo STF na ADI 5.322 causou reviravolta, de modo que estamos agora inseridos em um novo contexto, que ocasiona dúvida e insegurança a todos que de algum modo atuam na atividade de transporte rodoviário de cargas e passageiros, bem como aos operadores do Direito que lidam com tais questões.

De forma geral, pode-se dizer que a decisão do STF proferida na ADI 5.322 causa de imediato três perplexidades principais.

Em primeiro lugar, surge a preocupação, notadamente por parte dos transportadores, a respeito do passivo trabalhista que pode gerar a aplicação do entendimento do STF quanto às inconstitucionalidades da Lei n. 13.103/2015. Isso porque a decisão inicialmente proferida pelo STF não teve seus efeitos modulados, de modo que, por princípio, deve ser desde logo aplicada por todos os órgãos do Poder Judiciário no julgamento dos demais processos desde a data da publicação da referida ata de julgamento (11.7.2023), data em que se tornou eficaz a decisão da ADI 5.322 (consoante a jurisprudência do próprio STF — ARE 1.031.810),[5] sendo certo, ainda, que a decisão produz efeitos *ex tunc*, como é próprio das decisões proferidas em controle concentrado de constitucionalidade, atingindo todos os fatos ocorridos desde a promulgação da Lei n. 13.103/2015.

Nesse contexto, dados preliminares apresentados pela Confederação Nacional dos Transportes, em embargos de declaração interpostos contra o acórdão da ADI 5322, estimam que apenas a impossibilidade de excluir as horas de espera do cômputo da jornada de trabalho e a impossibilidade de fracionamento dos intervalos interjornadas, por si sós, teriam o potencial de gerar passivo trabalhista que ultrapassaria os 255 bilhões de reais, considerado apenas o período dos últimos cinco anos.

O impacto é de tal monta que parece preocupar não apenas os transportadores, como também a categoria dos próprios motoristas. Com efeito, interessante notar que também a Confederação Nacional dos Trabalhadores em Transportes Terrestres subscreve a mesma peça de embargos de declaração, na qual se pleiteia a modulação dos

(5) *EMBARGOS DE DECLARAÇÃO NOS EMBARGOS DE DECLARAÇÃO NO AGRAVO REGIMENTAL NO RECURSO EXTRAORDINÁRIO COM AGRAVO. ADI 2.332-2/DF. EFICÁCIA. PUBLICAÇÃO DA ATA DE JULGAMENTO.* (...) I – A eficácia das decisões proferidas em controle concentrado de constitucionalidade ocorre a partir da publicação da ata de seu julgamento. Precedentes (...) (STF, 2ª Turma, Min. rel. Ricardo Lewandowski, *DJE* 18.11.2019).

efeitos da decisão. Em acréscimo, há também embargos de declaração no mesmo sentido interpostos pela PGR e por outras confederações representantes de outras categorias econômicas, a demonstrar a relevância social da matéria e a preocupação quanto aos impactos do quanto decidido pelo STF.

Com relação a essa primeira perplexidade oriunda do quanto decidido pelo STF na ADI 5.322, contudo, parece não haver muito a acrescentar neste momento, estando a matéria relativa à modulação dos efeitos da decisão devidamente posta à apreciação por intermédio dos referidos embargos de declaração, julgamento o qual solucionará a questão de forma definitiva.

A segunda perplexidade trazida pela decisão da ADI 5.322 diz respeito ao novo cenário no qual são agora desenvolvidas as atividades de transporte rodoviário de cargas e passageiros e parte da constatação de que a referida decisão provoca alteração radical nas normas que vinham sendo aplicadas à jornada de trabalho dos motoristas, invalidando muitas das regras que visavam tratar de forma diferenciada as situações específicas da jornada de trabalho dessa categoria. Sendo assim, as questões que surgem a serem aqui enfrentadas são as seguintes: a aplicação à jornada de trabalho dos motoristas profissionais apenas das regras gerais que disciplinam a jornada de trabalho dos demais empregados é suficiente para assegurar aos motoristas e transportadores condições de executarem suas atividades de maneira adequada? Quais os limites para a negociação coletiva estabelecer condições específicas a disciplinar a jornada de trabalho dos motoristas profissionais após o julgamento da ADI 5.322?

Por fim, quanto à terceira perplexidade oriunda do julgamento da ADI 5.322, pode-se esperar que tamanha reviravolta nas normas que disciplinam a jornada de trabalho dos motoristas tenha potencial para causar ainda mais conflitos coletivos e individuais. Se é certo que a relação de emprego é por natureza conflituosa, e que há o costume de se levar ao Poder Judiciário a resolução das lides surgidas no âmbito das relações de emprego, com maior razão a alteração repentina nas normas que disciplinam as relações entre motoristas e transportadores tem o condão de suscitar dúvidas interpretativas, dificuldades operacionais e logísticas de adequação e, assim, provocar o surgimento de ainda mais conflituosidade. Assim, a questão a se enfrentar aqui é a seguinte: como pacificar os conflitos que certamente advirão da nova disciplina a respeito da jornada de trabalho dos motoristas de forma célere e de maneira a conferir soluções justas e adequadas para as disputas?

São essas as questões que abaixo se pretende enfrentar, com a intenção de trazer à reflexão algumas considerações iniciais a tal respeito, de modo que contribuam para a construção de soluções concretas para os diversos desafios que se impõem após o julgamento da ADI 5.322 pelo STF.

## 2. Adequação setorial negociada. Tema 1.046 do STF e limites da negociação coletiva após o julgamento da ADI 5.322

Proferida a decisão na ADI 5.322 pelo STF, observa-se grande agitação entre os motoristas e transportadores, na busca por compreensão dos efeitos do quanto decidido sobre a organização da logística da atividade, seus impactos na rotina de trabalho dos motoristas e os desdobramentos para a atividade econômica.

Do ponto de vista dos transportadores, manifestações preliminares das respectivas entidades sindicais patronais apresentadas nos próprios autos da ADI 5.322 indicam que a inclusão das horas de espera e reserva na jornada de trabalho dos motoristas, além da impossibilidade de fracionamento dos intervalos entre jornadas e de acumulação de DSRs, acarretam a necessidade imediata de aquisição de novos caminhões e contratação de novos motoristas, em aumento da ordem de 20%, além de promover redução na produtividade do setor no importe de 25%, sobretudo em razão da diminuição do número de viagens passíveis de realização por um único trabalhador ao longo de cada mês e do inevitável acréscimo na realização de viagens com os caminhões vazios, sem carga.

É certo que a referida necessidade de aquisição de novos caminhões e contratação de novos motoristas, por um lado, permite supor efeito positivo em termos de incentivo à redução do nível de desemprego e estímulo à indústria de veículos pesados.

De outro lado, há importantes barreiras e entraves a serem considerados: com relação à necessidade de contratação de novos empregados, é relevante notar que a atividade demanda emprego de mão de obra qualificada e treinada, de modo que a contratação de novos motoristas traz consigo a ínsita demanda por tempo e investimento na sua qualificação; e, quanto à necessidade de aumento da frota de veículos pesados na ordem de 20%, pode-se antever entraves relevantes quanto à própria capacidade de a indústria suportar a demanda pela imediata produção de tamanha quantidade de novos veículos e, outrossim, é necessário refletir sobre os efeitos do incremento expressivo na quantidade de veículos sobre a já assoberbada malha rodoviária nacional.

Ainda, é necessário considerar os efeitos da redução da produtividade e da consequente elevação dos fretes para toda a cadeia produtiva nacional. Tendo o país dimensões continentais e ainda assim adotando historicamente o modal rodoviário como a principal forma de transporte de cargas e passageiros, é consequência natural que as alterações advindas da decisão proferida na ADI 5.322 tenham potencial para impactar os custos de todo o setor produtivo nacional.

São todas essas preocupações concretas e relevantes, sobretudo em termos dos seus efeitos macroeconômicos, que estão postas e devem ser consideradas. Mas não é só. Há também questões igualmente relevantes que impactam a rotina de trabalho e de vida dos trabalhadores que integram a categoria profissional dos motoristas.

Do ponto de vista desses trabalhadores, também há alterações advindas da decisão proferida na ADI 5.322 que não necessariamente propiciam a eles melhores condições de trabalho. A impossibilidade de acumulação de DSRs, por exemplo, acarreta a consequência de os motoristas usufruírem maior quantidade de repousos semanais em hotéis e pousadas no curso das viagens de longa duração, resultando a redução da possibilidade de fruição de tais dias de repouso em casa, acompanhados da família.

Ainda, a impossibilidade de fracionamento dos intervalos entre jornadas e de exclusão do tempo de espera do cômputo da jornada pode ocasionar a necessidade de maior tempo de repouso em pontos de apoio ou de parada no curso das viagens, sendo notório que há muito é motivo de insatisfação por parte da categoria profissional a constatação de que não existem tais pontos de apoio em quantidade suficiente e em condições adequadas para assegurar condições dignas de repouso.

Também com relação à remuneração é possível vislumbrar que haverá desdobramentos negativos para os motoristas, na medida em que a maior necessidade de viagens com os veículos vazios, conforme acima aventada, pode resultar a diminuição da remuneração de muitos profissionais que recebem remuneração variável de acordo com a quantidade de fretes realizados.

Não menos importante, é necessário considerar também que o STF decidiu ser constitucional a Lei n. 11.442/2007,(6) convalidando a contratação de motoristas como autônomos ou agregados, circunstância que, em perspectiva, resulta possibilidade de contratação de motoristas por intermédio de formas alternativas de contratação, sem a proteção assegurada pela legislação trabalhista, aumentando a informalidade e, ainda, causando o enfraquecimento dos sindicatos profissionais via fragmentação da sua base.

---

(6) *DIREITO DO TRABALHO. AÇÃO DECLARATÓRIA DA CONSTITUCIONALIDADE E AÇÃO DIRETA DE INCONSTITUCIONALIDADE. TRANSPORTE RODOVIÁRIO DE CARGAS. Lei n. 11.442/2007, QUE PREVIU A TERCEIRIZAÇÃO DA ATIVIDADE -FIM. VÍNCULO MERAMENTE COMERCIAL. NÃO CONFIGURAÇÃO DE RELAÇÃO DE EMPREGO.* 1. A Lei n. 11.442/2007 (i) regulamentou a contratação de transportadores autônomos de carga por proprietários de carga e por empresas transportadoras de carga; (ii) autorizou a terceirização da atividade-fim pelas empresas transportadoras; e (iii) afastou a configuração de vínculo de emprego nessa hipótese. 2. É legítima a terceirização das atividades-fim de uma empresa. Como já foi decidido pelo Supremo Tribunal Federal, a Constituição não impõe uma única forma de estruturar a produção. Ao contrário, o princípio constitucional da livre-iniciativa garante aos agentes econômicos liberdade para eleger suas estratégias empresariais dentro do marco vigente (CF/1988, art. 170). A proteção constitucional ao trabalho não impõe que toda e qualquer prestação remunerada de serviços configure relação de emprego (CF/1988, art. 7º). Precedente: ADPF 524, rel. Min. Luís Roberto Barroso. 3. Não há inconstitucionalidade no prazo prescricional de 1 (um) ano, a contar da ciência do dano, para a propositura de ação de reparação de danos, prevista no art. 18 da Lei n. 11.442/2007, à luz do art. 7º, XXIX, CF, uma vez que não se trata de relação de trabalho, mas de relação comercial. 4. Procedência da ação declaratória da constitucionalidade e improcedência da ação direta de inconstitucionalidade. Tese: "1 – A Lei n. 11.442/2007 é constitucional, uma vez que a Constituição não veda a terceirização, de atividade-meio ou fim. 2 – O prazo prescricional estabelecido no art. 18 da Lei n. 11.442/2007 é válido porque não se trata de créditos resultantes de relação de trabalho, mas de relação comercial, não incidindo na hipótese o art. 7º, XXIX, CF. 3 – Uma vez preenchidos os requisitos dispostos na Lei n. 11.442/2007, estará configurada a relação comercial de natureza civil e afastada a configuração de vínculo trabalhista (STF, Plenário, ADC 48, Min. rel. Roberto Barroso, *DJE* 19.05.20202).

Trata-se, como se percebe, de quadro complexo após o julgamento da ADI 5.322 que vem sendo noticiado pelos próprios entes sindicais patronais e profissionais que representam as categorias e revelam grande preocupação dos envolvidos diretamente no setor quanto à viabilidade e suficiência das normas gerais que tratam da jornada de trabalho dos demais empregados, quando aplicadas ao setor, dadas as especificidades da atividade e das questões que envolvem a jornada de trabalho dos motoristas.

Nesse contexto, é possível atingir resposta para a primeira questão acima lançada, sustentando-se que a existência de características específicas do setor, somada ao quadro de incerteza e insegurança após o julgamento da ADI 5.322, parecem produzir terreno fértil para a adequação setorial negociada e para a autonomia privada coletiva, visando à construção de normas capazes de disciplinar de forma adequada e específica questões relativas à jornada de trabalho dos motoristas que não são adequadamente contempladas pelas disposições gerais que tratam da jornada de trabalho dos demais trabalhadores.

Ao mesmo tempo, exsurge a segunda questão já acima lançada: quais os limites para a negociação coletiva estabelecer condições específicas a disciplinar a jornada de trabalho dos motoristas profissionais após o julgamento da ADI 5.322?

A resposta a tal indagação decorre da necessária interpretação dos efeitos do quanto decidido pelo STF no Tema 1.046 de sua repercussão geral.

Existe uma percepção incorreta por parte de alguns operadores do Direito no sentido de que tal decisão teria assegurado a possibilidade irrestrita de normas coletivas limitarem ou suprimirem direitos assegurados na lei aos empregados. Ocorre que, em verdade, a própria redação da tese firmada pelo STF revela que a prevalência das normas coletivas sobre o legislado encontra limites no respeito aos direitos indisponíveis:

> São constitucionais os acordos e as convenções coletivas que, ao considerarem a adequação setorial negociada, pactuem limitações ou afastamentos de direitos trabalhistas, independentemente da explicitação especificada de vantagens compensatórias, desde que respeitados os direitos absolutamente indisponíveis.(7)

E, nesse contexto, o acórdão proferido pelo STF em tal oportunidade busca indicar quais seriam esses direitos absolutamente indisponíveis e, portanto, inegociáveis. Colhe-se do acórdão relatado pelo Ministro Gilmar Mendes que:

> Em regra, as cláusulas de convenção ou acordo coletivo não podem ferir um patamar civilizatório mínimo, composto, em linhas gerais, (i) pelas normas constitucionais, (ii) pelas normas de tratados e convenções internacionais incorporadas ao Direito Brasileiro e (iii) pelas normas que, mesmo infraconstitucionais, asseguram garantias mínimas de cidadania aos trabalhadores.(8)

(7) STF, Plenário, ARE 1121633, Tema 1.046 da Repercussão Geral, Min. rel. Gilmar Mendes, *DJE* 28.4.2023.

(8) *Ibidem*, p. 21.

Daí decorre a conclusão, portanto, que a adequação setorial negociada autoriza a negociação coletiva que limite ou suprima direitos, contanto que resguardados os direitos indisponíveis assegurados aos empregados pelas normas constitucionais, pelas normas internacionais incorporadas ao Direito Brasileiro e pelas normas infraconstitucionais que asseguram garantias mínimas de cidadania. Nesse mesmo sentido, aliás, há muito lecionava o ministro Mauricio Godinho Delgado.[9]

E essa conclusão é relevante no caso particular das categorias dos motoristas e transportadores após o julgamento da ADI 5.322. Isso porque, conforme já mencionado, muitas das convenções coletivas de trabalho pactuadas pelos sindicatos dos motoristas e pelos sindicatos dos transportadores acabavam por reproduzir grande parte dos dispositivos legais declarados inconstitucionais pelo STF, sobretudo aqueles relativos à especificidade da jornada de trabalho.

Assim, a declaração de inconstitucionalidade de dispositivos previstos na Lei n. 13.103/2015, os quais, por sua vez, também estavam previstos em normas coletivas, inicialmente suscita a impressão de que a aplicação do Tema 1.046 da repercussão geral do STF poderia acarretar a conclusão de que ainda que inconstitucionais os dispositivos legais, as suas disposições valeriam no caso concreto ante a expressa repetição de seus termos nas normas pactuadas coletivamente.

Ocorre que a interpretação dos efeitos do decidido pelo STF no referido Tema 1.046, conforme acima sustentado, revela que tal impressão inicial não pode prevalecer. Com efeito, o STF considera direitos indisponíveis integrantes do núcleo que não pode ser limitado ou suprimido pela negociação coletiva aqueles assegurados em normas constitucionais. Logo, ao concluir que certas disposições da Lei n. 13.103/2015 violavam normas constitucionais, especialmente aquelas previstas nos arts. 1º, IV e 7º, IV e XV, da CRFB/88, parece inarredável a conclusão de que normas coletivas que simplesmente repitam as disposições tidas por inconstitucionais pelo STF não podem ser consideradas válidas, justamente por violarem direitos tidos por constitucionais, e, assim, considerados indisponíveis.

Não se descura que o próprio STF foi provocado pelas confederações que representam as categorias dos motoristas e dos transportadores, via embargos de declaração, a esclarecer se o decidido na ADI 5.322 permite a submissão à negociação coletiva dos temas objeto de decisão na referida ADI. Não é possível saber se o STF, neste momento, decidirá tal questão, sobretudo porque, aparentemente, desborda dos limites estritos da ADI. De todo modo, considerando que a controvérsia já está posta e deve ser enfrentada inclusive em processos judiciais em curso, parece possível sustentar que o cotejo do decidido pelo STF no Tema 1.046 com o ora decidido na ADI 5.322 é suficiente para

(9) DELGADO, Mauricio Godinho. *Curso de Direito do Trabalho*. 6. ed. São Paulo: LTr, 2007. p. 1.321-1.323.

concluir que não poderão ser consideradas válidas as normas coletivas que apenas repitam as disposições da Lei n. 13.103/2015 tidas por inconstitucionais no julgamento da ADI 5.322.

Tal conclusão, contudo, não significa que o Tema 1.046 da repercussão geral do STF não possa ser objeto de aplicação no que tange à jornada de trabalho dos motoristas. Ao revés, na linha do quanto acima fundamentado, trata-se de ambiente propício para a atuação por parte dos entes sindicais que representam as categorias dos motoristas e transportadores, visando à criação de normas coletivas que possam se adequar às necessidades das categorias.

Em outras palavras, contanto que observado o patamar mínimo civilizatório assegurado aos motoristas em normas constitucionais ou internacionais, bem como em normas infraconstitucionais que assegurem garantias mínimas de cidadania, está assegurado espaço para que os entes sindicais que representam as categorias dos motoristas e dos transportadores assumam o protagonismo que a autonomia privada coletiva exige, com atuação proativa e criativa, pautada na lealdade e na boa-fé, com vistas a construir soluções e elaborar normas que se apliquem de forma específica às necessidades das categorias no que diz respeito à disciplina das questões de jornada de trabalho que lhe são peculiares.

Nos dois tópicos abaixo, reconhecendo que a conclusão assim apresentada pode parecer um tanto genérica, pretende-se apresentar dois exemplos em que haveria espaço para a negociação coletiva após a ADI 5.322, sem nenhuma pretensão, evidentemente, de esgotar as possibilidades.

## *2.1. Tempo de espera e tempo de descanso*

No julgamento da ADI 5.322 o STF declarou inconstitucionais as expressões “não sendo computadas como jornada de trabalho e nem como horas extraordinárias”, prevista na parte final do § 8º do art. 235-C; “e o tempo de espera”, disposta na parte final do § 1º do art. 235-C, por arrastamento; e, “as quais não serão consideradas como parte da jornada de trabalho, ficando garantido, porém, o gozo do descanso de 8 (oito) horas ininterruptas aludido no § 3º” do § 12 do art. 235-C, todos da CLT. O STF, ainda, declarou inconstitucional o parágrafo 9º do art. 235-C da CLT, sem efeito repristinatório.

Por outro lado, leitura atenta do quanto decidido pelo STF revela que o art. 235-C, § 11, da CLT não teve sua inconstitucionalidade declarada.

Portanto, o art. 235-C, § 8º e 11, da CLT com a redação vigente após o julgamento da ADI 5.322 dispõem que:

> § 8º São considerados tempo de espera as horas em que o motorista profissional empregado ficar aguardando carga ou descarga do veículo nas dependências do embarcador ou do destinatário e o período gasto com a fiscalização da mercadoria transportada em barreiras fiscais ou alfandegárias.
>
> (...)

> § 11. Quando a espera de que trata o § 8º for superior a 2 (duas) horas ininterruptas e for exigida a permanência do motorista empregado junto ao veículo, caso o local ofereça condições adequadas, o tempo será considerado como de repouso para os fins do intervalo de que tratam os §§ 2º e 3º, sem prejuízo do disposto no § 9º.

Note-se, portanto, que a lei em vigor, mesmo após o julgamento da ADI 5.322, dispõe que em caso de espera para carga, descarga ou fiscalização por tempo superior a duas horas, quando atendidas as condições adequadas no local em que se encontre o motorista, tal interregno pode ser considerado como tempo de repouso para os fins de que tratam §§ 2º e 3º do art. 235-C, isto é, para fins de concessão dos intervalos intrajornada e entre jornadas, respectivamente.

E as referidas condições adequadas para repouso são aquelas de que trata o art. 9º da própria Lei n. 13.103/2015:

> Art. 9º As condições de segurança, sanitárias e de conforto nos locais de espera, de repouso e de descanso dos motoristas profissionais de transporte rodoviário de passageiros e rodoviário de cargas terão que obedecer ao disposto em normas regulamentadoras pelo ente competente.
>
> (...)
>
> § 2º Os locais de repouso e descanso dos motoristas profissionais serão, entre outros, em:
>
> I – estações rodoviárias;
>
> II – pontos de parada e de apoio;
>
> III – alojamentos, hotéis ou pousadas;
>
> IV – refeitórios das empresas ou de terceiros;
>
> V – postos de combustíveis.

Vale acrescer, aqui, que o referido dispositivo legal é regulamentado atualmente pelos arts. 47 e seguintes da Portaria MTE 672/2021, os quais dispõem a respeito das condições mínimas de segurança, sanitárias e de conforto nos locais de espera e repouso dos motoristas profissionais, havendo ali disposições a serem observadas relativamente aos sanitários, refeitórios, fornecimento de água potável, demarcação de local para o estacionamento dos veículos, obrigatoriedade de vigilância ou monitoramento eletrônico etc.

Nesse contexto, portanto, é possível argumentar que atendidas as disposições do art. 9º da Lei n. 13.103/2015 e dos arts. 47 e seguintes da Portaria MTE n. 672/2021, períodos superiores a duas horas nos quais os motoristas permaneçam em espera em tais locais são considerados pela lei como tempo de repouso, equiparado a intervalos intrajornada ou entre jornadas.

Assim sendo, a interpretação da lei leva à conclusão de que caso o tempo de espera seja inferior a duas horas ou a espera ocorra em local inapropriado, o período correspondente será normalmente considerado como tempo à disposição do empregador, computado na jornada de trabalho; caso a espera seja superior a duas horas e ocorrida em local que atenda ao previsto nas normas competentes, o período será considerado como tempo de efetivo repouso por parte do motorista, sem o respectivo cômputo na jornada de trabalho.

Atente-se, ainda, que se antes do julgamento da ADI 5.322 tal período de repouso era também objeto de pagamento tal como ocorria com as horas de espera, a teor do quanto disposto na parte final do art. 235-C, §§ 11, da CLT, fato é que, com a declaração da inconstitucionalidade do art. 235-C, § 9º, não mais subsiste previsão legal a direito a tal pagamento.

Daí resulta a conclusão, portanto, que, ao menos em tese, a decisão da ADI 5.322 pode inclusive ensejar piora nas condições de trabalho dos motoristas neste ponto, na medida em que, horas de repouso ocorridas na forma do art. 235-C, § 11, da CLT, antes remuneradas como tempo de espera, agora poderão não mais ensejar nenhum pagamento aos motoristas, o que pode reduzir o valor auferido pelo trabalhador ao final do mês.

É certo, por outro lado, que se poderá aventar a tese de que o art. 235-C, § 11, da CLT seria também inconstitucional. Ocorre que tal tese deverá ser posta a crivo do Poder Judiciário, pois a ADI 5.322, como visto, não pronunciou a inconstitucionalidade de tal dispositivo legal, o que, por sua vez, enseja margem para ainda mais dúvida e insegurança jurídica.

Nesse contexto, diante da vigência inabalada do art. 235-C, § 11, da CLT e da potencial piora para os motoristas no tratamento do instituto da hora de repouso de que trata tal dispositivo legal, parece haver espaço neste particular para a negociação coletiva.

Do ponto de vista dos motoristas, há margem para que se encaminhe a pauta já antiga no sentido de exigir dos transportadores que sejam asseguradas melhores condições nos pontos de repouso, inclusive para além daquelas previstas na Portaria MTE n. 672/2021, condicionando a tal adequação a possibilidade de considerar o tempo de permanência em cada local como tempo de repouso, visando assim assegurar que durante os referidos intervalos os motoristas encontrem condições de efetivamente descansar, de forma digna, além de cuidar de assuntos de seu interesse pessoal. Para tanto, pode-se cogitar, por exemplo, de se exigir que nos pontos de parada haja disponibilização de manobristas, espaços com poltronas de descanso e camas, fornecimento de alimentação gratuita, fornecimento gratuito de acesso à *internet* etc.

E, nesse sentido, a participação ativa do sindicato profissional é imprescindível não apenas na negociação coletiva, como também na efetiva fiscalização dos locais que serão considerados como aptos à realização de horas de repouso. Tal tarefa, é evidente, também pode ser realizada de forma concorrente pelo Ministério Público do Trabalho e pela Fiscalização do Trabalho.

Do mesmo modo, há espaço para que se negocie a retomada do pagamento de valores aos motoristas em razão das horas consideradas como tempo de repouso, nos termos do art. 235-C, § 11, da CLT, em substituição ao pagamento como horas de espera, não mais previsto em lei.

Outrossim, é evidente que em razão da teoria do conglobamento, a categoria profissional pode naturalmente negociar outras melhorias nas condições de trabalho dos profissionais ao tratar da regulamentação das horas de repouso em normas coletivas.

Do ponto de vista dos transportadores, há espaço para negociação que busque alternativa que possibilite assegurar segurança jurídica na interpretação do art. 235-C, § 11, da CLT, bem como permita a exclusão do cômputo da jornada de trabalho dos motoristas de período no qual o motorista permanece usufruindo tempo de repouso em locais adequados para tal fim.

Em síntese, portanto, a vigência do art. 235-C, §§ 11, da CLT, dispondo sobre o tempo de repouso e sua exclusão da jornada de trabalho do motorista é matéria que assegura amplo espaço para a negociação coletiva com vistas a assegurar tratamento da matéria de forma a compatibilizar os interesses das categorias, sem que haja ofensa a direitos indisponíveis, possibilitando ainda maior segurança jurídica no tratamento de questão controvertida.

## *2.2. Descansos semanais remunerados. Banco de horas*

No julgamento da ADI 5.322 o STF declarou inconstitucionais a expressão "usufruído no retorno do motorista à base (matriz ou filial) ou ao seu domicílio, salvo se a empresa oferecer condições adequadas para o efetivo gozo do referido repouso", estabelecida na parte final do *caput* do art. 235-D da CLT, bem como os seus §§ 1º e 2º. Por afronta ao art. 7º, XV, da CRFB/88, portanto, restou decidido que não podem ser fracionados ou acumulados os descansos semanais remunerados.

Como já adiantado acima, o decidido pelo STF tem provocado preocupação não apenas por parte dos transportadores, como também por parte dos motoristas. Com efeito, a impossibilidade de acumulação dos descansos semanais tende a aumentar o número de viagens vazias, reduzindo a produtividade e, do mesmo modo, pode acarretar aumento no número de repousos semanais usufruídos pelos motoristas no curso das viagens, reduzindo os dias de repouso em casa, próximos da família e amigos.

Diante desse quadro, parece haver espaço para que, sem vilipendiar o art. 7º, XV, da CRFB/88, os interessados busquem alternativas para a adequação setorial negociada neste ponto.

E parece haver possibilidade para negociação coletiva na legislação infraconstitucional que rege a matéria. Isso porque o ordenamento jurídico assegura a remuneração para as horas laboradas em detrimento dos dias de repouso semanal como extras, com adicional de 100% (Súmula n. 146 do TST). Ao mesmo tempo, a lei possibilita a compensação de horas extras por intermédio de banco de horas (art. 59, §§ 2º e 5º, da CLT).

Assim, em tese, afigura-se possível a negociação coletiva para a adoção de sistema de banco de horas, que assegure a compensação de horas laboradas em prejuízo do repouso semanal remunerado, as quais, em razão da previsão infraconstitucional, devem ser remuneradas ao menos em dobro. Nesses termos, eventual dia laborado em prejuízo ao repouso semanal em viagem poderia ensejar a compensação por ao menos dois dias de repouso por parte do motorista, quando próximo de sua família.

No processo de negociação coletiva, a categoria profissional pode buscar inclusive majorar a quantidade de repousos que compensariam o labor em dia de descanso, bem como pode buscar a fixação de condições a serem observadas para que eventual descanso em viagem seja de fato assim considerado, como, por exemplo, assegurando o pagamento de diárias em hotéis, ou o fornecimento de alojamento respeitando determinadas condições. A categoria patronal, por sua vez, pode buscar soluções para entraves de produtividade e logística decorrentes da decisão proferida na ADI 5.322.

Não haveria, também nesse contexto, ofensa à norma constitucional ou infraconstitucional que trata de direito indisponível, uma vez que é praxe reconhecida pela lei e pela jurisprudência a compensação de jornada por intermédio de banco de horas, sobretudo quando atendidos os requisitos da negociação coletiva. Logo, a negociação coletiva nesse sentido estaria a respeitar o Tema 1.046 da repercussão geral do STF, cabendo aos entes coletivos a atuação proativa e criativa, na busca por resguardar os interesses dos seus representados.

## 3. Métodos alternativos de solução de conflitos

Do quanto até aqui exposto, é possível constatar que o julgamento da ADI 5.322 causou impacto relevante nas normas que disciplinam a jornada de trabalho dos motoristas, circunstância que, naturalmente, tem potencial para causar ainda mais conflitos coletivos e individuais entre motoristas e transportadores. Com efeito, a alteração repentina nas normas que vinham disciplinando as relações de trabalho no âmbito da categoria tem o potencial de suscitar dúvidas interpretativas, dificuldades operacionais e logísticas de adequação e, assim, provocar o surgimento de ainda mais conflituosidade.

Nesse quadro, retoma-se agora a questão antes proposta: como pacificar os conflitos que certamente advirão da nova disciplina a respeito da jornada de trabalho dos motoristas de forma célere e de maneira que confira soluções justas e adequadas para as disputas?

Não há dúvidas de que prevalece a garantia da inafastabilidade da jurisdição assegurada pelo art. 5º, XXXV, da CRFB/88, sendo certo que o Poder Judiciário deve estar a postos, como de fato tem estado, para exercer a jurisdição e dirimir os conflitos postos à sua apreciação, quer em dissídios individuais, em dissídios coletivos, ou, ainda, em processos metaindividuais que venham a ser ajuizados pelos sindicatos ou pelo Ministério Público do Trabalho.

Mas também é necessário considerar que a resposta aos conflitos por parte do Estado, mediate a tutela jurisdicional, nem sempre se viabiliza com a celeridade que dela se espera e, ademais, acaba, não raro, frustrando as expectativas das partes envolvidas. Essa frustração, em parte, decorre do fato de a tutela jurisdicional ser resultado de processo lógico de subsunção de fatos às normas que opera em lógica binária (constitucional/inconstitucional, legal/ilegal, eficaz/ineficaz etc.), o qual pode produzir decisões que não sejam capazes de se amoldar a todas as particularidades do caso concreto, notadamente quando complexo. E, ainda, a frustração também decorre do fato de a tutela jurisdicional ser resultado do quanto produzido nos autos do processo, sobretudo no que diz respeito à prova, sendo certo que, por fatores de ordens variadas, os fatos a serem considerados para efeito do julgamento podem estar dissociados da realidade efetivamente ocorrida.

Exemplo típico da referida insuficiência da tutela jurisdicional pode se verificar no próprio julgamento da ADI 5.322, o qual, como visto, foi proferido depois de mais de oito anos de vigência da Lei n. 13.103/2015 e mais de onze anos da promulgação da Lei n. 12.619/2012, sendo certo que as manifestações das entidades sindicais profissionais e patronais após o julgamento permitem verificar que a tutela estatal não agradou de forma integral a nenhuma das categorias diretamente envolvidas nas questões levadas a julgamento, nem mesmo à confederação profissional, a qual, mesmo tendo inicialmente ajuizado a demanda, após o julgamento interpôs embargos de declaração requerendo a modulação dos efeitos da decisão que acolheu os seus pedidos.

Nessa ordem de ideias, já há muito se admite que não apenas a jurisdição, como também outros meios alternativos de solução de controvérsias têm igualmente possibilidade de pacificar os conflitos decorrentes das relações jurídicas, inclusive as relações de trabalho, atingindo de igual modo o objetivo de pacificação social e jurídica inerentes ao processo judicial.

Aduz-se que são considerados métodos alternativos de solução dos conflitos, em síntese, a composição, a mediação e a arbitragem. Para o quanto se propõe aqui, cumpre se ater à composição, especialmente àquelas modalidades que ocorrem em momento anterior ao processo judicial.

E mais, ao longo desse artigo, tem-se pretendido trazer reflexão a respeito da importância da ação dos sindicatos, como entes representantes das categorias dos motoristas e dos transportadores, na retomada do protagonismo na construção coletiva de soluções para as questões que afetam as categorias, de modo que conciliem os interesses envolvidos.

Se é fato que tal atuação coletiva encontra terreno fértil no campo da autonomia privada coletiva, conforme defendido acima, quando se tratou do princípio da adequação setorial negociada e dos limites para a negociação coletiva, não menos importante é considerar também o papel que os sindicatos podem assumir na tentativa de pacificação de conflitos individuais que venham a surgir entre os motoristas e os transportadores. Aliás, a própria CLT dispõe, em seu art. 514, *c*, que é dever dos sindicatos promover a conciliação nos dissídios de trabalho.

Em que pese tal importância da ação sindical, parece claro que a Lei n. 13.467/2017, ao promover a criação da possibilidade de homologação judicial de transações extrajudiciais (art. 855-B da CLT), somada ao afastamento da obrigatoriedade de homologação de rescisões contratuais junto aos sindicatos (revogação do art. 477, § 1º, da CLT), acabou afastando o papel dos sindicatos profissionais na fiscalização das condições em que se encerram os contratos de trabalho.

O cenário posterior ao julgamento da ADI 5.322, nesse contexto, parece criar condições para que os sindicatos dos motoristas profissionais recuperem protagonismo no momento em que se encerram os contratos de trabalho. Se é fato que o cenário agora verificado tem potencial para gerar maior conflituosidade, conforme vem sendo aqui sustentado, parece razoável supor maior interesse da categoria dos transportadores em buscar soluções conciliadas para esses conflitos em momento anterior ao processo judicial, razão pela qual se apresenta assim oportunidade para negociação coletiva que retome a obrigatoriedade de participação dos sindicatos profissionais na homologação das rescisões contratuais, o que, por sua vez, tem o efeito de aproximar os trabalhadores de seus sindicatos no momento de encerramento do contrato e, por consequência, viabiliza a tentativa de conciliação pré-processual com a participação do sindicato.

Quanto às possibilidades de conciliação em momento pré-processual, com a participação dos sindicatos, lembre-se que a legislação trabalhista dispõe desde o ano 2000 sobre a instauração de comissões de conciliação prévia – CCPs. Embora inicialmente a Lei n. 9.958/2000 tenha tentado promover a obrigatoriedade de criação de tais CCPs, inclusive estabelecendo a obrigatoriedade de tentativa de conciliação em tais espaços previamente ao ajuizamento de reclamações trabalhistas, é notório que o STF, no julgamento das ADIs 2139-DF e 2160-DF, conferiu interpretação conforme à Constituição da República ao art. 625-D da CLT, para afastar a interpretação de que haveria tal obrigatoriedade de tentativa de conciliação previamente ao ajuizamento de reclamações trabalhistas.

Sem prejuízo, o próprio STF assentou quando do referido julgamento da ADI 2139-DF que:

> (...) 3. Art. 625-D e parágrafos da Consolidação das Leis do Trabalhos: a legitimidade desse meio alternativo de resolução de conflitos baseia-se na consensualidade, sendo

importante instrumento para o acesso à ordem jurídica justa, devendo ser estimulada, não consubstanciando, todavia, requisito essencial para o ajuizamento de reclamações trabalhistas.(...)[10]

Como se percebe, portanto, a tentativa de conciliação no âmbito das CCPs não se confunde com condição para a propositura de reclamações trabalhistas. Isso não retira, de outra mão, a importância do papel das CCPs na composição e pacificação dos conflitos trabalhistas, que deve ser incentivado.

Com efeito, as CCPs são espaços de tentativa de conciliação, nos quais as partes interessadas podem, assistidas pelos respectivos sindicatos de suas categorias, encontrar soluções céleres para os conflitos, as quais, ademais, são promovidas de forma consensual, diretamente por sujeitos que detêm amplo conhecimento a respeito das condições em que se desenvolveu a relação de trabalho. Tais circunstâncias, na contramão do que se afirmou acima a respeito da solução estatal dos conflitos, propiciam condições para que os conflitos trabalhistas sejam solucionados de forma particularmente amoldada ao quanto efetivamente ocorrido entre os interessados no curso do contrato de emprego, produzindo solução efetiva que se amolda igualmente às expectativas das partes.

Sendo assim, para que as conciliações no âmbito das CCPs sejam aptas a promover a pacificação dos conflitos com justiça, fundamental a atuação proativa, transparente e de boa-fé por parte dos entes sindicais e dos interessados, para que sejam conhecidas as efetivas condições nas quais a relação de trabalho ocorreu.

No mais, é sabido que um dos entraves para o sucesso das CCPs reside também no custo para a sua instalação e manutenção de suas operações. Nesse ponto, importa notar que embora os sindicatos tenham sofrido forte ataque no que diz respeito a suas fontes de custeio, especialmente desde a promulgação da Lei n. 13.467/2017, a recente alteração da jurisprudência do STF com relação à possibilidade de cobrança de contribuições assistenciais de empregados não sindicalizados (Tema 935 da repercussão geral)[11] permite vislumbrar cenário de recomposição de arrecadação pelos sindicatos, sendo igualmente possível pensar em efetiva possibilidade de custeio da instauração e manutenção das operações das CCPs.

Para além das CCPs, ou como alternativa à conciliação em tal espaço, é possível refletir, também, sobre a importância de maior participação dos sindicatos na homologação de transações extrajudiciais de que trata o art. 855-B da CLT. Nesse sentido, o próprio parágrafo 2º do art. 855-B da CLT assegura a possibilidade de o sindicato da categoria profissional assistir o trabalhador na homologação da transação extrajudicial.

(10) STF, Plenário, Min. rel. Carmen Lúcia, *DJE* 19.2.2019.

(11) É constitucional a instituição, por acordo ou convenção coletivos, de contribuições assistenciais a serem impostas a todos os empregados da categoria, ainda que não sindicalizados, desde que assegurado o direito de oposição. (STF, Plenário, ARE 1018459 ED, Min. rel. Gilmar Mendes, *DJE* 30.10.2023)

E a participação efetiva dos sindicatos de motoristas nessa modalidade de solução dos conflitos individuais contribui para que as homologações de transações extrajudiciais não sejam indevidamente utilizadas apenas como sucedâneo da homologação sindical, mormente como mecanismo inadequado de sujeição dos trabalhadores a renúncia a direitos oriundos do contrato de trabalho, como não raro se observa na prática forense.

Quer dizer, a assistência do sindicato profissional ao trabalhador no procedimento de homologação de transação extrajudicial, tal como ocorre nas CCPs, tem condão de possibilitar a construção de consenso diretamente pelos próprios interessados, baseado em seu conhecimento recíproco a respeito do quanto ocorreu no curso do contrato, de forma que viabilize solução célere e efetiva para os conflitos.

Em arremate, portanto, o potencial aumento de conflituosidade decorrente do cenário que advém do julgamento da ADI 5.322 traz a necessidade de considerar uma maior participação dos sindicatos na construção de soluções conciliadas para os conflitos individuais, o que, por sua vez, faz refletir acerca da importância de se retomar o protagonismo dos sindicatos dos motoristas na homologação das rescisões contratuais e consequente aproximação desses sindicatos dos trabalhadores em tal momento, a viabilizar a conciliação pré-processual no âmbito das CCPs ou por intermédio de homologações de transações extrajudiciais com participação do sindicato na assistência aos trabalhadores, com o objetivo de promover alternativa para o atingimento de soluções céleres e efetivas que dirimam conflitos individuais advindos das relações de trabalho entre motoristas e transportadores.

## 4. Conclusões

Não se pretendeu aqui trazer respostas definitivas para as questões relevantes surgidas após o julgamento da ADI 5.322 pelo STF que preocupam as categorias que atuam na atividade de transporte de cargas e passageiros, bem como os operadores do Direito que lidam cotidianamente com tais questões.

Pretendeu-se, isto sim, demonstrar que o cenário advindo do julgamento da ADI 5.322, em razão da reviravolta provocada na legislação que disciplinava a jornada de trabalho dos motoristas há mais de uma década, é marcado por dúvida e insegurança jurídica de variados matizes, quadro esse que clama por ação sindical, consistente na retomada do protagonismo por parte dos sindicatos que representam as categorias dos motoristas e dos transportadores.

Nesse sentido, procurou-se sustentar que as peculiaridades que envolvem a jornada de trabalho dos motoristas ensejam a adequação setorial negociada, visando assegurar a construção coletiva de normas capazes de disciplinar de forma adequada e específica questões relativas à jornada de trabalho dos motoristas que não são adequadamente contempladas pelas disposições gerais que tratam da jornada de trabalho dos demais trabalhadores.

Sem prejuízo, com a busca pela adequada interpretação do quanto decidido pelo STF no Tema 1.046 de sua repercussão geral, sustentou-se que normas coletivas que apenas reproduzam os dispositivos da Lei n. 13.103/2015 declarados inconstitucionais no julgamento da ADI 5.322 também deverão ser igualmente considerados inconstitucionais.

Buscou-se demonstrar, nesse contexto, que embora limitada pela vedação à mera repetição de dispositivos tidos por inconstitucionais, a autonomia privada coletiva encontra espaço para a pactuação de normas coletivas sobre a jornada de trabalho dos motoristas profissionais contanto que observado o patamar mínimo civilizatório assegurado aos motoristas em normas constitucionais ou internacionais, bem como em normas infraconstitucionais que assegurem garantias mínimas de cidadania.

Sem pretensão de esgotar as possibilidades abertas à negociação coletiva, buscou-se demonstrar duas possibilidades concretas nas quais haveria espaço para a adequação setorial negociada, tendo sido abordada a importância de disciplinar de forma coletiva e mais detalhada as condições em que se pode considerar o tempo de repouso, diante do quanto previsto no art. 235-C, § 11, da CLT, bem como a possibilidade de criar a possibilidade de compensação por banco de horas das horas trabalhadas em prejuízo dos descansos semanais remunerados, buscando a composição dos interesses das categorias, sem ofender o patamar mínimo civilizatório de que trata a jurisprudência.

Por fim, salientou-se que o quadro decorrente do julgamento da ADI 5.322 pode exacerbar os conflitos individuais oriundos das relações entre motoristas e transportadores, revelando-se, assim, fundamental a participação dos sindicatos na construção de soluções céleres e efetivas que dirimam tais conflitos, notadamente por intermédio de retomada na participação no momento das resilições contratuais, bem como fomentando conciliações pré-processuais no âmbito de CCPs ou, ainda, mediante a assistência dos sindicatos aos trabalhadores nas homologações de transações extrajudiciais.

Espera-se, assim, ter contribuído para lançar luz sobre a importância da ação sindical no papel de construção de soluções coletivas para o enfrentamento adequado das diversas questões e conflitos que se colocam como desafios para as categorias dos motoristas e dos transportadores no cenário posterior ao julgamento da ADI 5.322 pelo STF.

## Referências

DELGADO, Mauricio Godinho. *Curso de Direito do Trabalho*. 6. ed. São Paulo: LTr, 2007.

TRT 15. *ArgInc 0008010-98.2017.5.15.0000*. Des. rel. Luiz Antonio Lazarim, Tribunal Pleno, julgado em: 27.6.2019.

TST. *OJ 332, SDI-I*. Data da publicação: 9.12.2003.

STF. *ADPF 381*. Relator: Gilmar Mendes, red. Rosa Weber, Tribunal Pleno, data da publicação: 28.4.2023.

______. *ADI 2139-DF*. Relatora: Carmen Lúcia, Tribunal Pleno, data da publicação: 19.2.2019.

______. *ARE 1.031.810*. Relator: Ricardo Lewandowsi, 2ª Turma, data da publicação: 18.11.2019.

______. *ADC 48*. Relator: Roberto Barroso, Tribunal Pleno, data da publicação: 19.5.2020.

______. *ARE 1.121.633*. Relator: Gilmar Mendes, Tribunal Pleno, data da publicação: 28.4.2023.

______. *ADI 5.322*. Relator: Alexandre de Moraes, Tribunal Pleno, data da publicação: 30.8.2023.

______. *ARE 1.018.459 ED*. Relator: Gilmar Mendes, Tribunal Pleno, data da publicação: 30.10.2023.

# A Adoção do Regime 12x36 Mediante Acordo Individual — ADI 5.994: Possível Contradição com outras Decisões do STF e Efeitos Práticos

*Andrea M. L. Pasold*[(1)]

## Introdução

O art. 7º da Constituição da República prevê, entre os direitos elencados aos trabalhadores, no seu inciso XIII: "duração do trabalho normal não superior a oito horas diárias e quarenta e quatro semanais, facultada *a compensação de horários* e a redução da jornada, mediante acordo ou convenção coletiva de trabalho". O inciso XVI estabelece, por sua vez, "remuneração do serviço extraordinário superior, no mínimo, em cinquenta por cento à do normal".

A partir da brecha de possibilidade de compensação de horários, muitas formas de flexibilização da jornada e da duração semanal de trabalho foram sendo desenvolvidas, sendo a mais comum a de não trabalho em sábados com o aumento proporcional das horas correspondentes na jornada de segunda a sexta-feira.

Modalidade específica de compensação de horários (ou, para alguns, regime diferenciado de trabalho) é a duração de 12 horas de trabalho em um dia e descanso pelas 36 horas seguintes. Veja-se que a jornada extrapola em muito a duração de 8 horas diárias nos dias de trabalho, indo além, inclusive, do permissivo de jornada suplementar, de 2

---

(1) Juíza do Trabalho do TRT12 – Santa Catarina. Mestre em Ciência Jurídica pela Univali. Especialista em Direito Civil pela Unisul. Diretora de formação e cultura e coordenadora do Curso de Pós-graduação da Amatra12 em parceria com a Uniplac. Professora de cursos de pós-graduação e de cursos de capacitação e extensão. Coautora da obra *Reforma Trabalhista comentada por Juízes do Trabalho:* artigo por artigo. Coordenadora e coautora da obra *ESG* — Tecnologia e Trabalho, 2. ed.

horas e limite de 10 horas diárias.(2) Quando adotada a compensação semanal, mensal, ou mesmo o banco de horas, as horas que podem ser objeto de compensação limitam-se à décima de trabalho, sendo que as excedentes devem necessariamente ser remuneradas com o adicional previsto legal ou convencionalmente.

O debate, portanto, acerca da validade de um sistema de 12 horas de trabalho por 36 de descanso, passa por diversos aspectos, e a Lei n. 13.467/17, a lei da reforma trabalhista, trouxe novos contornos. O presente trabalho traz o estudo da adoção, mediante acordo individual, do regime de trabalho 12x36, previsto no art. 59-A da CLT introduzido pela legislação de 2017, e a declaração de sua constitucionalidade pelo Supremo Tribunal Federal após provocação, pela ADI 5.994 com seus efeitos jurídicos e práticos a partir das inúmeras variáveis do sistema.

O objetivo é apresentar os fundamentos do ministro Gilmar Mendes, relator da ADI, voto vencedor na Corte, e comparar, de certo modo, com acórdãos proferidos pelo STF em outras ações que abordam, direta ou indiretamente, a força da negociação coletiva, como o Tema 1.046 de repercussão geral, que trata da prevalência das convenções e acordos coletivos sobre o conteúdo da legislação, ainda que contenham cláusulas de supressão ou redução de direitos individuais dos trabalhadores.

Para tanto, inicialmente será trazido um breve histórico e considerações gerais sobre o regime compensatório 12x36 e então o tratamento do Tribunal Superior do Trabalho em relação à sua adoção e regularidade até 2017. Serão trazidas em seguida as conclusões de decisões importantes do STF sobre direito coletivo: Tema 1.046, de mesmo relator, o ministro Gilmar Mendes, ADPF 324, que declarou a inconstitucionalidade da Súmula n. 277 do TST, ADFP 324, que trata da terceirização em atividade-fim, Tema 935, que aborda a contribuição assistencial, e o Tema 638, que trata da despedida coletiva.

Será feito então o estudo da decisão do STF na ADI 5.994 e da sua fundamentação principal, para em seguida demonstrar a diferença de abordagem em relação ao decidido nas referidas ações e a possível contradição.

Ao final, serão estudados aspectos práticos da adoção do regime 12x36 e as preocupações concernentes à sua livre estipulação. Trata-se de um estudo com reflexões críticas.

## 1. Regime 12x36 e sua validação pela jurisprudência

O regime, também chamado de "dia sim, dia não", é fruto inicialmente de usos e costumes em atividades cuja interrupção não é recomendada, como atendimento na saúde, vigilância, hotelaria, criando, portanto, um sistema de turnos nos estabelecimentos, de modo que haja trabalhadores por 24 horas por dia, sete dias na semana.

---

(2) **Art. 59.** A duração diária do trabalho poderá ser acrescida de horas extras, em número não excedente de duas, por acordo individual, convenção coletiva ou acordo coletivo de trabalho.

Poucos autores dedicam estudos específicos ao tema, sendo em geral feita apenas a menção da existência do regime, sua adoção reconhecida pelo TST em determinados termos, e a alteração na CLT e suas consequências, já tratando como algo posto e resolvido, o que é lamentável, considerando a quantidade de trabalhadores que vivem tal contratação e a precariedade que pode acarretar a adoção do sistema, como será abordado.

Homero Batista destaca as vantagens do sistema:

> a) menor deslocamento do trabalhador para a empresa, porquanto no lugar de uma médica de 20 a 26 dias de trabalho por mês, ativa-se em apenas 15 dias [...];
>
> b) possibilidade de exercício de outra atividade, remunerada ou não, nos dias de folga;
>
> c) média de 42 horas na quinzena, pois a cada semana de 48 horas (quatro expedientes de 12 horas cada um) segue-se necessariamente uma semana de 36 horas (três expedientes de 12 horas), dentro do conceito de semana com sete dias, de segunda-feira a domingo;
>
> d) proporcional, a média mensal fica abaixo das 220 horas padronizadas pela Constituição Federal [...];
>
> e) tendência a que a jornada efetivamente laborada seja de apenas 11h ou 11 horas e meia, porque habitualmente o empregador deixa de deduzir o tempo gasto para intervalo para refeição e descanso, a fim de que dois turnos de 12 horas caibam perfeitamente dentro das 24 horas por dia, como em hospitais e estabelecimentos de serviço contínuo, pois, do contrário, o empregador teria turnos de 13 horas;
>
> f) e, por fim, tendência verificada na maioria das normas coletivas de se concederem folgas adicionais, à razão de uma ou duas por mês, além das 36 horas, para os empregados submetidos a esse sistema, como uma forma velada de se compensarem os feriados acaso coincidentes com o dia de plantão.(3)

Em suma, matematicamente, a jornada parece uma boa opção, com um aparente rol de benefícios em relação à jornada convencional. No entanto, o mesmo autor traz o contraponto a se observar:

> a) A jornada de 12 horas é necessariamente extenuante, no trabalho braçal ou na atividade intelectual, e jamais foi tolerada pela CLT ou pela Constituição Federal,

(3) SILVA, Homero Batista Mateus da. *Curso de Direito do Trabalho aplicado*. vol. 2. 4. ed. São Paulo: Editora Revista dos Tribunais, 2017. p. 85.

a não ser em casos muito especiais, como a força maior ou o serviço inadiável, de que trata o art. 59 [...]

b) A produtividade do trabalhador decai de forma acentuada, sobretudo na 11ª e 12ª horas de trabalho, aumentando potencialmente os riscos de acidentes de trabalho por fadiga ou por desatenção, além de desatender os anseios de bom desempenho profissional;

c) A busca por outra atividade remunerada nos dias de folga, o que se nota muito nas áreas de saúde, como serviços de enfermagem e auxiliares, pode parecer vantajosa à primeira vista, mas logo cobra seu preço pela ausência completa do repouso, privação do sono e aumento da pressão por dois trabalhos concomitantes e desgastantes, provocando, na verdade, expediente 12x12 e não 12x36, muito embora um empregador nada tenha que ver com o outro empregador;

d) Existe expressa vedação a que acordos de compensação excedam de "dez horas diárias" [...];

e) A anuência da jornada 12x36 estabelece precedente perigoso em torno de outras variações, como a infame jornada 24x72.(4)

No campo legislativo, há previsão para adoção do regime para os bombeiros, pela Lei n. 11.901/09, e mais recentemente para domésticos, pela Lei Complementar 150/2015.

Justamente por esse vácuo legislativo, o sistema sempre foi questionado na Justiça do Trabalho, até que em 2012 o TST divulgou a Súmula n. 444, com a redação:

> JORNADA DE TRABALHO. NORMA COLETIVA. LEI. ESCALA DE 12 POR 36. VALIDADE. É válida, em caráter excepcional, a jornada de doze horas de trabalho por trinta e seis de descanso, prevista em lei ou ajustada *exclusivamente* mediante acordo coletivo de trabalho ou convenção coletiva de trabalho, assegurada a remuneração em dobro dos feriados trabalhados. O empregado não tem direito ao pagamento de adicional referente ao labor prestado na décima primeira e décima segunda horas. (Grifo meu)

A Súmula vem como resultado de precedentes desde 2008, e explicita sua excepcionalidade, por isso impõe condicionantes à sua validade, e exclui do cômputo os feriados, que, em caso de trabalho, devem ser pagos ou concedidos especificamente em outra data. A partir de sua publicação, não houve mais divergência quanto à possibilidade de adoção mediante instrumento coletivo, vedada a pactuação individual, o que é facilmente explicável: na negociação coletiva, o princípio aplicável é da equivalência dos contratantes, enquanto que nos contratos individuais, impera a imposição e o contrato de adesão para o empregado, sem grandes controles do que se pactua.

---

(4) SILVA, Homero Batista Mateus da. *Curso de Direito do Trabalho aplicado*. vol. 2. 4. ed. São Paulo: Editora Revista dos Tribunais, 2017. p. 85-86.

## 2. Abrangência e fortalecimento da negociação coletiva no STF

### *2.1. Tema 1.046*

Embora o tema deste trabalho seja a ADI 5.994, que reconheceu a constitucionalidade do acordo individual para adoção do regime 12x36, a análise crítica de tal decisão exige o estudo do Tema 1.046 de repercussão geral do STF, que fixou a seguinte tese:

> São constitucionais os acordos e as convenções coletivos que, ao considerarem a adequação setorial negociada, pactuam limitações ou afastamentos de direitos trabalhistas, independentemente da explicitação especificada de vantagens compensatórias, desde que respeitados os direitos absolutamente indisponíveis.(5)

Oportuno destacar alguns trechos do voto do ministro Gilmar Mendes no referido acórdão:

> A partir da jurisprudência acumulada deste Tribunal em torno do tema, entendo oportuno fixar 3 (três) balizas ou premissas básicas para a revisão judicial de normas coletivas. Repiso que essas balizas, a meu ver, apenas projetam o que já foi decidido por esta Corte em outras oportunidades. III.A – Princípio da equivalência entre negociantes. Inaplicabilidade do princípio protetivo ou da primazia da realidade. [...]
>
> III.B – Teoria do conglobamento na apreciação de normas coletivas. Impossibilidade de interpretação baseada na dissecação de compensações individuais. [...] Em síntese, não é possível a análise de determinada cláusula de um acordo ou convenção coletiva, sem levar em consideração o conjunto do negociado. Isso, porque concessões e abdicações são inerentes ao processo de transação entre empregadores e trabalhadores, característica que evidencia a importância da necessidade da participação do respectivo sindicato, nos termos do texto constitucional. A anulação de acordos, na parte em que supostamente interessam ao empregador, mantidos os ônus assumidos no que diz respeito ao trabalhador, ao mesmo tempo em que viola o art. 7º, XXVI, da Constituição Federal, leva a um claro desestímulo à negociação coletiva, que deveria ser valorizada e respeitada, especialmente em momentos de crise.
>
> III.C – Disponibilidade ampla dos direitos trabalhistas em normas coletivas, resguardado o patamar mínimo civilizatório. [...] Isso conduz ao principal ponto desse princípio: a definição dos direitos absolutamente indisponíveis. Em regra, as cláusulas de convenção ou acordo coletivo não podem ferir um patamar civilizatório mínimo, composto, em linhas gerais, (i) pelas normas constitucionais, (ii) pelas normas de tratados e convenções internacionais incorporadas ao Direito Brasileiro e (iii) pelas normas que, mesmo infraconstitucionais, asseguram garantias mínimas de cidadania aos trabalhadores.
>
> É claro que nem sempre é fácil delimitar *ex ante* qual seria o patamar civilizatório mínimo que escaparia do âmbito da negociabilidade coletiva. Para conferir maior segurança jurídica às negociações, a Lei n. 13.467/2017, que instituiu a chamada Reforma Trabalhista, acrescentou à CLT dois dispositivos que definiriam, de forma positiva e negativa,

(5) Disponível em: https://portal.stf.jus.br/jurisprudenciaRepercussao/verAndamentoProcesso.asp?incidente=5415427&numeroProcesso=1121633&classeProcesso=ARE&numeroTema=1046.

> os direitos passíveis de serem objeto de negociação coletiva. A redação conferida ao art. 611-A da CLT prevê as hipóteses em que a convenção coletiva e o acordo coletivo de trabalho têm prevalência sobre a lei, enquanto que o art. 611-B da CLT, lista matérias que não podem ser objeto de transação em acordos e negociações coletivos caso sejam suprimidos ou reduzidos. Considerando que, na presente ação, não estamos discutindo a constitucionalidade dos arts. 611-A e 611-B da CLT, entendo que uma resposta mais efetiva sobre os limites da negociabilidade coletiva deve ser buscada na própria jurisprudência consolidada do TST e do STF em torno do tema.
>
> *Assim, ainda que de forma não exaustiva, entendo que a jurisprudência do próprio TST e do STF considera possível dispor, em acordo ou convenção coletiva, ainda que de forma contrária a lei sobre aspectos relacionados a: (i) remuneração (redutibilidade de salários, prêmios, gratificações, adicionais, férias) e* (ii) jornada (compensações de jornadas de trabalho, turnos ininterruptos de revezamento, horas *in itinere* e jornadas superiores ao limite de 10 horas diárias, excepcionalmente nos padrões de escala doze por trinta e seis ou semana espanhola).
>
> Entretanto, conforme amplamente demonstrado acima, esta Corte firmou orientação no sentido de que deve ser privilegiada norma coletiva de trabalho, desde que os temas pactuados não sejam absolutamente indisponíveis.

Em voto divergente, a Ministra Rosa Weber assim explicitou:

> Isso significa que o direito fundamental ao reconhecimento das convenções e acordos coletivos (art. 7º, XXVI, CF) no âmbito da relação de emprego, há de ser compreendido, repito, em consonância com os princípios conformadores da autonomia privada coletiva, notadamente à pertinente à representatividade da entidade sindical a assegurar verdadeira situação de equivalência entre os seres coletivos na agência criativa da negociação coletiva (art. 8º, incisos, CF).
>
> Na lição de Mauricio Godinho Delgado, o equilíbrio dos contratantes no exercício da autonomia privada coletiva resulta não apenas da natureza coletiva de ambos os atores, mas principalmente da paridade dos instrumentos à disposição da entidade sindical no processo de negociação: possibilidade de mobilização da categoria e pressão sobre o empregador, sociedade civil e Estado, garantias de emprego, prerrogativas de atuação sindical.

Era uma ressalva já ao próprio entendimento do ministro Gilmar Mendes, no sentido de presumir-se, sempre e em qualquer circunstância, o equilíbrio das partes na negociação coletiva.

No mesmo sentido, seguiu:

> *A falta de conhecimentos técnicos aliada à escassez de informações sobre a situação econômica da empresa ou da categoria econômica novamente coloca os trabalhadores em situação de desvantagem na negociação coletiva na medida em que os empresários, como é de conhecimento geral, normalmente contam com assessorias especializadas, inclusive terceirizadas, com profissionais altamente capacitados e preparados para o convencimento dos dirigentes dos sindicatos profissionais.*
>
> [...]

> Não olvido a grandiosa função da negociação coletiva à construção de sólida democracia por meio da participação do trabalhador cidadão na construção das normas trabalhistas por meio do ator coletivo.
>
> Por isso, com a devida vênia do entendimento do relator, é fundamental não apenas que esse espaço negocial seja delimitado pelos direitos de indisponibilidade absoluta (assim entendidos os direitos sociais decorrentes de compromissos internacionais do Estado Brasileiro, na forma do art. 5º, § 2º, da Constituição de 1988, os direitos sociais constitucionais conformados pelo desenho essencial contido na legislação infraconstitucional) como também que o seja a partir da delimitação do papel do sindicato na negociação coletiva de transacionar mediante concessões recíprocas, e não renunciar a direitos já consolidados. (Grifo meu)

O fundamento principal do ministro Gilmar Mendes ao entendimento que expôs é, portanto, da equivalência entre os contratantes, e, em decorrência dele, a autonomia privada coletiva deve ser prestigiada em relação ao ordenamento heterônomo estatal. No entanto, também faz referência a uma redução ou supressão da aplicação, no caso de negociações coletivas, do princípio da Primazia da Realidade, o que é incompreensível.

Entender que existem simulações, com aparência de um negócio (simulado) quando se tem outro (dissimulado) é fundamental para a aplicação do Direito do Trabalho como um todo, sem distinção se é individual ou coletivo. Não há como escapar da possibilidade de um instrumento formal, ainda que coletivamente firmado, ser utilizado indevidamente para surrupiar direitos, sob as vestes de um falso enquadramento. Explico: é possível que uma cláusula de convenção coletiva trate de situação de pagamento de determinada verba como de natureza não salarial, denominando prêmio, por exemplo, porque assim permite a lei. Contudo, apesar de assim consignada a rubrica, é paga em virtude do trabalho prestado pelo empregado, habitualmente e sem qualquer vinculação a um desempenho superior ao ordinariamente esperado, que é a premissa do pagamento de premiação.

Não há como entender pela natureza não salarial da verba unicamente pela sua previsão, formalmente, adequada às vestes da convenção coletiva e da sua prevalência sobre o que é legislado.

É importante trazer a reflexão acima para ressaltar que o Princípio da Primazia da realidade, ou seja, da verdade material sobre a forma, não tem nenhuma relação específica com a ampla possibilidade de negociação coletiva.

De toda forma, ao abordar também tal princípio, fica destacada a força a que o STF, na ocasião, atribuiu aos instrumentos normativos de autocomposição. Em uma primeira análise, a impressão que se teve foi de que a negociação coletiva seria cada vez mais prestigiada, em todos os assuntos. Não foi o que se viu no que diz respeito ao regime de compensação 12x36, como se sabe.

## 2.2. ADPF 323: inconstitucionalidade da Súmula n. 277 do TST

Em 2022 (decisão publicada dia 15 de setembro), o STF entendeu inconstitucional a Súmula n. 277,[(6)] que trazia a ideia de ultratividade condicionada ou relativa.[(7)]

Do voto do ministro Gilmar Mendes (muito sorteado em processos de matéria trabalhista como relator), destaque-se:

> Ora, se acordos e convenções coletivas são firmados após amplas negociações e mútuas concessões, parece evidente que as vantagens que a Justiça Trabalhista pretende ver incorporadas ao contrato individual de trabalho certamente têm como base prestações sinalagmáticas acordadas com o empregador. Essa é, afinal, a essência da negociação trabalhista. Soa estranho, desse modo, que apenas um lado da relação continue a ser responsável pelos compromissos antes assumidos — ressalte-se, em processo negocial de concessões mútuas.

No específico, não parece ser exatamente a que se referia a súmula. A manutenção seria de todas as cláusulas normativas, ou seja, as que alteram o contrato de trabalho ou criam normas específicas para a categoria, fossem ou não benéficas aos trabalhadores. Por exemplo, uma cláusula que reduzisse o intervalo intrajornada (o que se admite por negociação coletiva desde a Lei n. 13.467/17) seria mantida, tanto quanto a cláusula que elevasse o adicional noturno a 30%.

A ponderação do ministro Alexandre de Moraes em seu voto compõe, de fato, a maior crítica à redação da súmula:

> É importante relembrar que, nessas convenções, nos contratos do trabalho, o prazo de validade é um dos elementos mais importantes na negociação. Obviamente, para determinadas vantagens, ou não, se um prazo for mais extensivo, ou menor, mais restritivo, a vantagem pode ser menor ou maior. Isso faz parte da negociação. A partir do momento em que o prazo termina e não há um novo acordo, se formos jogar com essa ultratividade que não está, a meu ver, expressa diretamente na Constituição, nós acabamos, em

---

(6) CONVENÇÃO COLETIVA DE TRABALHO OU ACORDO COLETIVO DE TRABALHO. EFICÁCIA. ULTRATIVIDADE. As cláusulas normativas dos acordos coletivos ou convenções coletivas integram os contratos individuais de trabalho e somente poderão ser modificados ou suprimidas mediante negociação coletiva de trabalho.

(7) No voto da min. Rosa Weber na ADPF, explica: A teoria da "aderência irrestrita" ( ou "ultratividade plena") preconiza que as normas veiculadas em negociação coletiva integram definitivamente os contratos de trabalho, sem possibilidade de ulterior supressão, nos moldes da diretriz que emana do art. 468 da CLT para os contratos individuais. Já a teoria da "aderência limitada pelo prazo" (não ultratividade), posição interpretativa adotada pelo Tribunal Superior do Trabalho à época da edição da Súmula n. 277, em sua redação original, reconhece a eficácia das cláusulas normativas apenas durante o período de vigência do instrumento coletivo, com a extinção automática das respectivas disposições contidas após o término do prazo pactuado (cujo limite máximo poderia ser de até 2 anos). Por fim, a teoria da "aderência limitada por revogação" (ultratividade relativa) constitui, na lição do eminente juslaboralista, a posição "tecnicamente mais correta e doutrinariamente mais sábia". Essa vertente interpretativa estipula a prorrogação da vigência das cláusulas contratuais até a sua revogação por um novo pacto coletivo de trabalho". Sugere-se a leitura completa do voto da ministra em: https://portal.stf.jus.br/processos/detalhe.asp?incidente=4599102.

> verdade, inviabilizando até futuras negociações, porque, a partir do momento em que não há segurança jurídica no prazo dessa negociação, fica muito mais difícil prever os reflexos desse pacto entre empregado e empregador.

Significa dizer que se dá a importância devida ao prazo de vigência dos instrumentos coletivos, porque a situação econômica da empresa pode se alterar, assim como as necessidades dos trabalhadores. Frise-se, portanto — porque o tema será novamente abordado — que o STF também privilegia a negociação coletiva pelo fato de ter prazo de vigência o instrumento dela decorrente.

Desde antes dessa decisão, o ministro Luis Roberto Barroso já vinha apontando suas denominadas premissas para julgamento de matéria trabalhista, e é relevante, para compreensão das motivações ao decidir, que sejam trazidas (são repetidas em diversos votos de S. Exa.):

> O primeiro vetor é assegurar os direitos fundamentais de natureza trabalhista inscritos na Constituição, que incluem salário mínimo, segurança no trabalho, jornada máxima de trabalho, repouso remunerado, férias, aposentadoria e todos os que estão lá no art. 7º. Essa é a nossa primeira e principal missão. O segundo vetor, também com base na Constituição, acho que, ao decidir questões trabalhistas, devemos ter em conta a importância de preservar o emprego e de aumentar a empregabilidade, que é uma questão muito importante num país que, hoje, tem mais de 14 milhões de desempregados. O terceiro vetor que geralmente me move nas questões trabalhistas é remover os obstáculos que levam à informalidade, e assim contribuir para a formalização do trabalho. O trabalhador tem que ter carteira assinada e os direitos importantes de FGTS e aposentadoria que daí decorrem. *O quarto vetor é melhorar a qualidade e a representatividade dos sindicatos. Considero que, no regime de livre iniciativa, os sindicatos fortes, honestos e bem articulados são decisivos para equilibrar as relações entre trabalhadores e empregadores.* O quinto vetor, embora não seja uma questão específica do Direito do Trabalho, acho que desonerar a folha de salários é importante para estimular a empregabilidade e reduzir a informalidade. (Grifo meu)

### 2.3. ADPF 324, Tema 935 e Tema 638 de repercussão geral do STF e a consolidação do suporte à negociação coletiva

Na ADPF 324,[8] que trata de terceirização da atividade-fim, o destaque é sobre o voto do ministro Barroso, relator.[9] Na ocasião, além dos seus vetores, trouxe menção importante para a compreensão do presente estudo no que diz respeito à possível contradição nos votos em situações semelhantes:

---

(8) Disponível em: https://portal.stf.jus.br/processos/detalhe.asp?incidente=4620584.

(9) O ministro, aliás, traz no voto conceito de terceirização: "Terceirizar significa transferir parte da atividade de uma empresa para outra empresa, por motivos de custo, eficiência, especialização ou por qualquer outro interesse empresarial legítimo. Assim, uma etapa da cadeia produtiva de uma empresa — chamada empresa contratante — passa a ser cumprida por uma outra empresa — denominada empresa contratada ou empresa prestadora de serviços."

Quando eu defendi que a quitação geral dada pelo trabalhador que aderiu voluntariamente a um plano de demissão incentivada, instituído mediante negociação coletiva, deveria prevalecer — quitação geral, aderiu voluntariamente ao plano e deu quitação —, eu entendi que esta manifestação de vontade deveria prevalecer sobre a regra da CLT, porque considerei — e considero hoje ainda — que a desmoralização dos programas de demissão incentivada era ruim para os trabalhadores. Quando eu votei a favor da contribuição sindical facultativa e não compulsória, foi por entender que o modelo de monopólio e arrecadação fácil, subjacente aos sindicatos brasileiros, favorecia aos sindicalistas, mas não aos trabalhadores. Sempre lembrando que, no Direito do Trabalho, a liberdade de contratar é rigidamente limitada pela Constituição.

O ministro elenca os processos nos quais deu prevalência à negociação coletiva exatamente por ser... coletiva. Ainda assim, foi firme na crítica não só ao modelo sindical vigente, mas aos sindicalistas, no que tange à arrecadação pelas contribuições. Isso mantinha sua convicção já manifestada em 2017, no julgamento do Tema 935, que trata da cobrança da contribuição assistencial,(10) cuja tese fixada originalmente foi:

Recurso extraordinário. Repercussão geral. 2. Acordos e convenções coletivas de trabalho. Imposição de contribuições assistenciais compulsórias descontadas de empregados não filiados ao sindicato respectivo. Impossibilidade. Natureza não tributária da contribuição. Violação ao princípio da legalidade tributária. Precedentes. 3. Recurso extraordinário não provido. Reafirmação da jurisprudência da Corte.

Em uma das maiores reviravoltas já vistas na Corte, foram dados efeitos infringentes aos embargos declaratórios, após inúmeros debates que se estenderam até abril de 2023, e a tese passou a ter a seguinte redação:

É constitucional a instituição, por acordo ou convenção coletivos, de contribuições assistenciais a serem impostas a todos os empregados da categoria, ainda que não sindicalizados, desde que assegurado o direito de oposição.

No voto, o ministro Gilmar Mendes esclarece a alteração:

Refletindo sobre os fundamentos de seu voto, entendo que é caso de evolução e alteração do posicionamento inicialmente por mim perfilhado para aderir àqueles argumentos e conclusões, em razão das significativas alterações das premissas fáticas e jurídicas sobre as quais assentei o voto inicial que proferi nestes embargos de declaração, sobretudo em razão das mudanças promovidas pela Reforma Trabalhista (Lei n. 13.467/2017) sobre a forma de custeio das atividades sindicais.

Caso mantido o entendimento por mim encabeçado no julgamento de mérito deste Recurso Extraordinário com repercussão geral reconhecida — no sentido da inconstitucionalidade da "imposição de contribuições assistenciais compulsórias descontadas de

(10) DIsponível em: https://portal.stf.jus.br/jurisprudenciaRepercussao/verAndamentoProcesso.asp?incidente=5112803&numeroProcesso=1018459&classeProcesso=ARE&numeroTema=935.

> empregados não filiados ao sindicato respectivo" —, *tais entidades ficariam sobremaneira vulnerabilizadas no tocante ao financiamento de suas atividades.* Tal ocorre porque o ordenamento jurídico brasileiro, até o advento da Lei n. 13.467/2017, baseava seu sistema sindical na conjugação da unidade sindical (princípio segundo o qual é vedada a criação de mais de uma organização sindical, em qualquer grau, representativa da categoria profissional ou econômica, na mesma base territorial – Constituição, art. 8º, II), e da contribuição sindical obrigatória.
>
> Com o fim da natureza tributária da exação, *os sindicatos perderam sua principal fonte de receita, mas essa inovação — calcada na ideia de que os empregados deveriam ter o direito de decidir se desejam ser representados por determinada entidade sindical —, não veio acompanhada do estabelecimento da pluralidade sindical* (ideia de que seria possível a instituição de mais de uma organização sindical na mesma base territorial, sendo facultado aos trabalhadores escolher qual sindicado melhor lhes representa e, portanto, merece a sua filiação e contribuição). *Como resultado, os sindicatos que representam as categorias profissionais, únicos em sua respectiva base territorial, se viram esvaziados, pois a representação sindical, ausentes os recursos financeiros necessários à sua manutenção, tornou-se apenas nominal (sem relevância prática). Os trabalhadores, por consequência, perderam acesso a essa essencial instância de deliberação e negociação coletiva frente a seus empregadores.* (Grifo meu)

O ministro Luis Roberto Barroso, então, refletindo melhor, justificou:

> Não tenho simpatia pela compulsoriedade, *mas a contribuição assistencial financia a atuação dos sindicatos, inclusive nas negociações coletivas. A linha de jurisprudência que temos procurado firmar, aqui, no Tribunal, com o meu apoio, é de que o negociado deve prevalecer sobre o legislado e que queremos prestigiar e valorizar a negociação coletiva.* Sendo a contribuição assistencial o mecanismo de financiamento da negociação coletiva, se ela estiver prevista em negociação coletiva, gostaria de refletir se não a consideraria legítima, sobretudo se ressalvarmos o direito de oposição, o direito de o empregado não querer e se manifestar nesse sentido. Penso que, legitimamente, validamos a retirada da contribuição sindical compulsória, legitimamente, validamos a retirada da contribuição confederativa compulsória, e gostaria de refletir se queremos aplicar a mesma lógica à contribuição assistencial, diante da jurisprudência que criamos de que o negociado deve prevalecer sobre o legislado. Não gostaria de esvaziar inteiramente a capacidade de negociação dos sindicatos por falta de financiamento. (Grifo meu)

Mais uma decisão a demonstrar a força que a Corte pretende atribuir às negociações *coletivas*. Isso se reforça, para finalizar os exemplos e voltar ao tema central do estudo, no Tema 638.(11) Transitada a decisão em julgado em 23 de junho de 2023, fixou a seguinte tese:

> A intervenção sindical prévia é exigência procedimental imprescindível para a dispensa em massa de trabalhadores, que não se confunde com autorização prévia por parte da entidade sindical, ou celebração de convenção o acordo coletivo.

---

(11) Disponível em: https://portal.stf.jus.br/jurisprudenciaRepercussao/verAndamentoProcesso.asp?incidente=5059065&numeroProcesso=999435&classeProcesso=RE&numeroTema=638.

No voto, o ministro Barroso ainda aponta:

> Aliás, além desses dispositivos, também considero importante o inciso XXVI do art. 7º, que prevê, como direito dos trabalhadores rurais, além de outros que visem à melhoria de sua condição social, o: (...) XXVI – reconhecimento das convenções e acordos coletivos de trabalho. *Então, tal como fazem as convenções internacionais relevantes, inclusive e notadamente da OIT, a Constituição brasileira valoriza a negociação coletiva. Mesmo em situações extremas, o incentivo ao diálogo é desejável.* Penso que, na vida, a capacidade de um ouvir o argumento do outro e imaginá-lo como um igual, com as mesmas necessidades, é uma etapa desejável do processo civilizatório em que se busca a harmonia entre as pessoas. (Grifo meu)

## 3. A ADI 5.994 e o acordo individual

Contrariando a expectativa criada não apenas pela decisão tomada no Tema 1.046, mas nos diversos outros processos envolvendo direito coletivo do trabalho, como acima exposto, a Ação Direta de Inconstitucionalidade foi julgada improcedente pelo STF.

Conforme relatório da ADI, a Confederação Nacional dos Trabalhadores na Saúde ajuizou a medida nos seguintes termos:

> Aponta violados os incisos VI, IX, XIII, XV, XVI e XXIII do art. 7º da Lei Maior. Sustenta excepcional o estabelecimento do turno de 12 horas de trabalho por 36 de descanso. Frisa restrito, a categorias específicas, o regime compensatório. Cita precedente do Supremo. Refere-se ao enunciado n. 444 da Súmula do Tribunal Superior do Trabalho. [...]
>
> Afirma condicionada à celebração de acordo ou convenção coletiva de trabalho a fixação de jornada ininterrupta. Diz imprescindível a participação de entidade sindical, sob risco de ter-se a flexibilização de direitos do trabalhador, especialmente relacionados à proteção da saúde — arts. 6º e 196 da Constituição Federal.

Na ocasião do ajuizamento, o relator foi o ministro Marco Aurélio de Mello, e seu voto foi pela procedência da ação nos seguintes termos:

> Estabeleceu-se, no inciso XIII do art. 7º, a duração de trabalho normal não superior a 8 horas diárias e 44 semanais — carga de trabalho considerada a unidade de tempo semana —, facultada a compensação de horários e a redução da jornada mediante acordo ou convenção coletiva. O preceito não contempla o acordo individual.
>
> O inciso que se segue – o XIV – versa jornada de 6 horas para o trabalho realizado em turnos ininterruptos de revezamento, mais uma vez submetendo o fenômeno à negociação coletiva. Proclama a Constituição Federal, no inciso XXVI, ante a importância da participação da entidade sindical – ao menos da que congrega a categoria profissional —, o reconhecimento de acordos e convenções coletivas de trabalho.
>
> No que impugnado, nesta ação direta de inconstitucionalidade, a cabeça do art. 59-A e o parágrafo único dele constante, da Consolidação das Leis do Trabalho, a reforma trabalhista potencializou o fim em detrimento do meio, colocando em segundo plano

comezinha noção de Direito. Previu-se a possibilidade de a jornada de 12 horas, alternada com descanso de 36, ser pactuada não só por acordo coletivo ou convenção coletiva, mas também via acordo individual. O menosprezo aos ditames constitucionais foi grande. O conflito, com a Constituição Federal, da expressão "acordo individual escrito" é de clareza solar.

Após pedido de vista, o ministro Gilmar Mendes proferiu voto, expondo longamente sobre o que entende como evolução do modo de produção no Brasil e no mundo, e como deve ser feita a adaptação das contratações e gestões aos novos tempos.

No voto, faz crítica também ao modelo sindical adotado, diferentemente de quando entendeu pela validade e perfeita adequação das entidades de trabalhadores para fins de negociação coletiva:

> Um "paradigma perdido" que exprime um modo de organização trabalhista sindical-corporativo, matizado por esse contexto de produção fordista. Um produto nacional bem próprio que deu ensejo a algo não menos singular: um estilo de regulação do mercado de trabalho que assume feição paternalista. A partir dessa lógica, o direito do trabalho, apesar de sua índole privada, tornou-se verdadeiro mar de protecionismo engendrado por normas de ordem pública que deixam pouca margem para a autonomia das partes e para a disponibilidade de direitos. Essa cultura paternalista, que se desenvolveu há décadas e que persiste, gera uma compreensão de direito do trabalho fundada em um dualismo necessariamente antagônico entre empregador e empregado. As apresentações da contraposição variam, mas há um Leitmotiv: a querela entre capital e trabalho, que anima a perspectiva marxista da luta de classes.

Destaco, ainda, do voto:

> [...] No Brasil, ainda em 2017, o trabalho sem carteira assinada e "por conta própria" superava o emprego formal. E, interessantemente, a ligeira redução da taxa de desemprego se deu em razão do crescimento do trabalho informal e do desenvolvimento do comércio, segundo dados do IBGE (IBGE, Informalidade e comércio contribuem para queda no desemprego). Era esse o problema que se colocava ao país em 2017, quando da Reforma Trabalhista que, entre outras novidades, permitiu a fixação da jornada de trabalho de 12 horas de trabalho por 36 horas de descanso, por meio de contrato individual, privilegiando a liberdade de escolha do trabalhador.
>
> Em relação à jornada de 12h por 36h, lembro que sua aceitação já era pacífica na jurisprudência trabalhista, tendo sido considerada constitucional, inclusive, por esta Suprema Corte. Antes da Reforma Trabalhista, a Súmula n. 444 do TST entendia válida a adoção da jornada de 12h por 36h, desde que em caráter excepcional, se prevista em lei ou ajustada em negociação coletiva.
>
> Seguindo a evolução do tratamento doutrinário e jurisprudencial sobre a jornada 12h por 36h, que cada vez mais se consolida entre diferentes categorias de trabalhadores, me *parece natural que a reforma trabalhista normatizasse a referida jornada na CLT, passando a permitir sua adoção pelos trabalhadores via contrato individual, com base na liberdade do trabalhador,* mote da reforma.

Não nos parece, com todo o respeito ao ministro, que o mote da reforma tenha sido privilegiar a liberdade *individual* do trabalhador, tanto que há referência expressa a tal autonomia como exceção, no instituído parágrafo único do art. 444.[12]

A liberdade contratual trazida como novo parâmetro pela reforma trabalhista e consolidada pelos entendimentos acima apresentados no STF é a *coletiva*, exercida pelo intermédio dos sindicatos, no caso dos trabalhadores. A autonomia da vontade coletiva é aplaudida e apregoada como um novo parâmetro para as relações de trabalho, com tal importância que o STF alterou entendimento para manter receita dos sindicatos, exatamente a fonte de custeio de instrumentos coletivos.

Toda a lógica das decisões já expostas está pautada na excelência e prevalência da negociação *coletiva*, pela qual não há assimetria entre as partes, e, portanto, a contratação respeitará os demais princípios. E eis que, em um determinado assunto, bem específico, e com efeitos à saúde do trabalhador, porque reflete no excesso de horas de trabalho, a pseudoautonomia individual é exaltada. Sim, pseudoautonomia, porque os contratos individuais são, em geral, de adesão, e no caso dos trabalhadores que geralmente estão submetidos ao regime 12x36, não é diferente, inclusive por não se enquadrarem na exceção do parágrafo único do art. 444.

Mais adiante, no voto, o ministro, acrescenta:

> Ademais, cabe registrar que o art. 7º, inciso XIII, da Constituição não proíbe a jornada 12h por 36h, apenas estabelece que a jornada de 8 horas diárias ou 44 horas semanais poderá ser relativizada mediante compensação, conforme acordo ou negociação coletiva. Essa compensação, conforme a doutrina e a jurisprudência, pode se dar na forma da jornada 12h por 36h, em que as 4 horas a mais de jornada de trabalho são compensadas por 36 horas seguidas de descanso. Essa não é a única forma de compensação de jornada possível, mas uma das possíveis.

O debate que perdurou por muitos anos no TST sobre a validade do regime estava justamente calcado na questão constitucional, uma vez que a compensação permitida tem que respeitar a duração semanal de 44 horas, o que não acontece em todas as semanas no regime 12x36, a não ser como média. A CLT, por seu turno, nunca admitiu – ainda não admite – a compensação de horas excedentes à décima diária, que devem ser pagas com o adicional. A exceção é o regime 12x36, em que todas as horas além da oitava são consideradas compensadas pelas 12 horas seguintes mais as 24 horas que separam da nova jornada, o que, como já se falou, é considerado uma vantagem.

---

(12) ***Parágrafo único***. A livre estipulação a que se refere o *caput* deste artigo aplica-se às hipóteses previstas no art. 611-A desta Consolidação, com a mesma eficácia legal e preponderância sobre os instrumentos coletivos, no caso de empregado portador de diploma de nível superior e que perceba salário mensal igual ou superior a duas vezes o limite máximo dos benefícios do Regime Geral de Previdência Social.

Se o próprio ministro admite que as compensações de jornada admitidas pela Constituição são aquelas instituídas por convenção ou acordo coletivo, e que o regime 12x36 é uma forma de compensação, a conclusão de que é constitucional o regime mesmo por "acordo" individual parece, com a devida vênia, contraditória.

O TST, por sua vez, tem decisões que tratam o regime 12x36 não como forma de compensação de jornada, mas algo de fato bem específico:

> RECURSO DE REVISTA INTERPOSTO SOB A ÉGIDE DA LEI N.13.015/2014. HORAS EXTRAS. JORNADA DE 12 X 36. NORMA COLETIVA. PRESTAÇÃO HABITUAL DE HORAS EXTRAS. INVALIDADE. Súmula n. 85, III E IV, DO TST. A jurisprudência desta Corte Superior entende que a prestação de horas extras habituais descaracteriza o acordo de compensação de jornada, inclusive, quando se trata do regime12x36. *Na mesma senda, prevalece ser inaplicável o entendimento extraído dos itens III e IV em hipóteses nas quais há o extrapolamento da jornada prevista no regime12x36, notadamente porque tal regime não se caracteriza, propriamente, como regime de compensação, mas sim como uma situação excepcional que autoriza o elastecimento das duas horas de prorrogação previstas no art. 59 da CLT.* Portanto, o Tribunal Regional, ao condenar a reclamada ao pagamento das horas excedentes da 8ª diária e 44ª semanal, em razão da constatação de trabalho extraordinário habitual, decidiu consoante a jurisprudência prevalecente nesta Corte superior. Incidem, pois, os óbices previstos no art. 896, § 7º, da CLT e nas Súmulas ns. 126 e 333 do TST . Recurso de revista não conhecido.[13]

Seria, então, um regime de mera prorrogação, e não propriamente compensação, razão de não aplicação da Súmula n. 85 (cada vez menos aplicável).

A adoção por acordo individual validade pelo STF choca-se frontalmente com o entendimento do TST nos últimos quinze anos, sendo nos últimos 11, em forma sumulada. Mas, a decisão foi tomada, por maioria, e assim é a nova situação reconhecida. Há que se verificar como será o estado das coisas com tal entendimento.

## 4. O regime 12x36 na prática: Possibilidades, desafios e invalidade

A previsão legal atual, com a redação conferida pela reforma trabalhista, independentemente de como o regime é formalizado, já traz perdas ao trabalhador. Por exemplo, suprime o direito ao adicional noturno para as horas prestadas além das 5h da manhã, considerando-as incluídas no "pacote de vantagens" de se trabalhar dia sim, dia não, ou, no caso, noite sim, noite não.[14]

---

(13) RR-1133-70.2017.5.17.0006, 2ª Turma, relatora Ministra Maria Helena Mallmann, *DEJT* 19.11.2019.

(14) Contrariando, mais uma vez, entendimento do TST, agora da OJ n. 388 DA SDI: JORNADA 12X36. JORNADA MISTA QUE COMPREENDA A TOTALIDADE DO PERÍODO NOTURNO. ADICIONAL NOTURNO. DEVIDO. O empregado submetido à jornada de 12 horas de trabalho por 36 de descanso, que compreenda a totalidade do período noturno, tem direito ao adicional noturno, relativo às horas trabalhadas após as 5 horas da manhã.

Isso é bastante questionável, porque a hora noturna é reduzida exatamente pelo entendimento de que o trabalho noturno é, por si, mais penoso, e, por isso, devem ser exigidas menos horas. Ora, quem faz o turno das 19h às 7h, com intervalo intrajornada indenizado e não fruído (uma flexibilização a um direito que era tido, como regra, indisponível), trabalha ininterruptamente 12 horas de sessenta minutos, e só tem o adicional noturno sobre 7 horas desses 60 minutos. Acreditar ser vantajoso o sistema porque depois esse empregado não trabalha no dia seguinte é, no mínimo, ingenuidade de quem nunca se submeteu a tal regime por vários meses ou anos. Mas não é só.

Com a nova redação, contrariando entendimento predominante no TST até então, os feriados também ficam abrangidos pelo sistema, vale dizer: se as 12 horas de trabalho caírem em um feriado, trabalha-se pelas horas normais sem qualquer adicional, e se considera a compensação nas 24 horas das 36 subsequentes de descanso, com o que então o descanso é de 12 horas. Ocorre que em um mês como novembro, em que há dois feriados, 2 e 15, por exemplo, dificilmente não haverá prejuízo, além da questão de costumes relacionada aos feriados de 1º de maio e 25 de dezembro, com maior rigidez imposta pelos sindicatos para o trabalho, que inclui a impossibilidade de compensação, obrigando ao pagamento.

Homero Batista explicita com cálculo:

> Na semana em que o trabalhador se ativa quatro dias e folga três, a conta ficou apertada, pois duas dessas folgas são meramente a compensação dos outros quatro dias e a terceira folga nada mais é do que a folga semanal a que todos tem direito. Se nessa semana houver um feriado, ele não terá nenhuma folga compensatória, ao contrário do que se poderia supor. O dia seguinte ao feriado, na verdade, já estava comprometido, seja com a folga compensatória do domingo, seja com a folga compensatória do excedente laborado.(15)

Outro ponto diz respeito ao intervalo intrajornada: adotado o regime 12x36 por acordo individual, o que normalmente será feito em cláusula contratual inserida no contrato de trabalho de experiência, a supressão do intervalo com pagamento de indenização substitutiva deve constar do contrato ou exige outro acordo específico?

Quando há a redução para trinta minutos feita por acordo coletivo ou convenção coletiva, presume-se a consulta à base, aos trabalhadores, sobre o interesse da medida. O empregador não pode impor a redução. Mas, no regime 12x36, em que há possibilidade de supressão mediante pagamento com adicional, na forma indenizatória, é necessária a anuência do empregado ou faz parte do poder diretivo do empregador?

---

(15) *Ob. cit.*, p. 88.

Do raciocínio acima apontado, no sentido de ser fixado o regime 12x36 já no momento da contratação, há que se abordar uma das grandes questões, relacionadas à negociação coletiva e seus produtos – acordo e convenção: o prazo. Foi trazida a ADPF 323 a este estudo justamente pela correlação com o que se aborda agora. O STF dá, ao que tudo indica, bastante importância ao prazo de validade/vigência dos instrumentos coletivos, porque o tempo, em países com mais instabilidade econômica, é o senhor de todas as decisões. E não poderia permitir, sob a ótica do Supremo, que se desse vigência ulterior à data prevista no instrumento, porque as condições poderiam não se manter as mesmas.

Pois bem. O regime 12x36, repita-se, é uma forma de jornada muito específica, porque extrapola, em todos os dias de trabalho, a jornada máxima admitida pela Constituição e pela CLT, e também as horas passíveis de compensação de acordo com a CLT. Sua viabilidade e análise dependiam de negociação coletiva, e havia prazo de vigência da condição, muito mais para buscar tratamento especial a esse tipo de compensação, como previsão de folga ou pagamento de alguns feriados, bonificações, revisão dos intervalos, entre outros itens.

O acordo individual não está limitado a qualquer prazo, especialmente na prática usual de se inserir a cláusula no contrato de trabalho inicial. Apenas se o empregador quiser fazer alguma alteração, assim será. Pouquíssimos trabalhadores terão poder de negociação para deixar o regime 12x36 para o regime habitual de 8 horas diárias. É desejável que um regime tão específico e com variáveis, vantajoso em termos numéricos estritos, mas com efeitos na saúde e na vida privada do trabalhador, possa ser imposto para toda a contratualidade, sem possibilidade de revisão ao longo do tempo?

A Súmula n. 444 também tinha deixado claro que o regime era excepcional, admitido quando lei previsse para determinada atividade ou categoria, ou mediante negociação coletiva, o que transparecia que não se pretendia criar turnos de 12 horas em qualquer atividade econômica. O art. 59-A não faz nenhuma ressalva. Não há proibição, embora seja um tanto inusitado, que uma loja em *shopping center*, cujo horário de funcionamento geralmente é de 12 horas por dia, adote para seus vendedores o regime 12x36, o que pode ser para o trabalhador aparentemente vantajoso, mas pode ser o sepultamento da fixação efetiva da jornada de 8 horas, obtida com muita luta já praticamente no século XX.

Outra situação diferenciada para o 12x36 é quanto à atividade insalubre.[16] Trata-se de exceção à regra do art. 60 da CLT que exige licença prévia para prorrogação da jornada de trabalho. Isso porque a jornada de 12 horas é considerada a contratual, e não uma

(16) *Art. 60* - Nas atividades insalubres, assim consideradas as constantes dos quadros mencionados no capítulo "Da Segurança e da Medicina do Trabalho", ou que neles venham a ser incluídas por ato do ministro do Trabalho, Indústria e Comércio, quaisquer prorrogações só poderão ser acordadas mediante licença prévia das autoridades competentes em matéria de higiene do trabalho, as quais, para esse efeito, procederão aos necessários exames locais e à verificação dos métodos e processos de trabalho, quer diretamente, quer por

prorrogação, ao que tudo indica. Em suma, sendo insalubre a atividade realizada, como em geral ocorre com profissionais da saúde, não há necessidade de análise do local de trabalho para a instituição do regime 12x36.

A previsão também vai de encontro ao que o TST entende (ou entendia) sobre a matéria. veja-se decisão recente e completa do TST, mas sobre contrato anterior à Lei n. 13.467/17:

> RECURSO DE REVISTA DA RECLAMANTE – CONTRATO DE TRABALHO EXTINTO ANTERIORMENTE À VIGÊNCIA DA LEI N. 13.467/2017 – ATIVIDADE INSALUBRE – REGIME DE COMPENSAÇÃO 12X36 – PREVISÃO POR NORMA COLETIVA – AUSÊNCIA DE PRÉVIA AUTORIZAÇÃO DA AUTORIDADE EM MATÉRIA DE SAÚDE E SEGURANÇA DO TRABALHO – INVALIDADE DA NORMA À LUZ DO ART. 60 DA CLT E DOS PRESSUPOSTOS DA TESE DE REPERCUSSÃO GERAL PROFERIDA PELO STF NO EXAME DO TEMA 1.046. 1. A discussão reverbera nos limites da negociação coletiva e nas relações estabelecidas entre as normas produzidas coletivamente e aquelas decorrentes da legislação estatal heterônoma. *2. Dentro de um marco constitucional, como o inaugurado e conservado pela Constituição Federal de 1988, alterações na arquitetura da regulação do trabalho devem passar, necessariamente, pela avaliação da possibilidade de preservação e incremento dos direitos sociais arrolados no art. 7º, e da proteção integral à pessoa humana.* Assim é que o próprio texto constitucional, atento às transformações no mundo do trabalho e às demandas por constante adaptação da regulação do trabalho às modificações na esfera produtiva, *admitiu de forma expressa, em três dos seus incisos, que a negociação coletiva pudesse flexibilizar garantias fundamentais, entre as quais estão aquelas relacionadas à jornada de trabalho ordinária, à jornada dos turnos de revezamento e, ainda, à irredutibilidade salarial (7º, VI, XIII e XIV, da CF/88).* 3. A análise dessas possibilidades abertas pelo Constituinte se dá de modo a observar o caráter sistêmico da normatização constitucional do trabalho, que admite a possibilidade negocial, ainda que *in pejus*, sem descurar de assegurar, nos seus outros trinta e um incisos, direitos fundamentais em relação aos quais, *a priori*, não admite flexibilização. *4. Nesse sentido, abriu-se margem para a construção do princípio da adequação setorial negociada, à luz do qual a possibilidade de flexibilização em sentido desprotetivo, ou seja,* in pejus *dos trabalhadores, somente seria válida diante de dois vetores: o caráter de transação (mediante concessões recíprocas do modelo negocial coletivo, que não admitiria renúncia de direitos) e a incidência dessa transação sobre direitos não afetos ao núcleo de indisponibilidade absoluta.* [...] 7. O STF, em sede de repercussão geral, por meio da tese proferida no julgamento do Tema 1.046, firmou entendimento vinculante no sentido de que seria infenso à negociação coletiva rebaixar o patamar de direitos absolutamente indisponíveis assegurados pelas normas jurídicas heterônomas: "São constitucionais os acordos e as convenções coletivos que, ao considerarem a adequação setorial negociada, pactuam limitações ou afastamentos de direitos trabalhistas, independentemente da explicitação especificada de vantagens compensatórias, desde que respeitados os direitos absolutamente indisponíveis." (ARE 1121633, Supremo

---

intermédio de autoridades sanitárias federais, estaduais e municipais, com quem entrarão em entendimento para tal fim.

*Parágrafo único.* Excetuam-se da exigência de licença prévia as jornadas de doze horas de trabalho por trinta e seis horas ininterruptas de descanso. *(Incluído pela Lei n. 13.467, de 2017) (Vigência)*

Tribunal Federal, Tribunal Pleno, Rel. Ministro Gilmar Mendes, *DJ* e 28.4.2023). *8. Os parâmetros que orientam a decisão da Corte Constitucional revelam que houve inflexão em relação à exigência do caráter expresso das concessões recíprocas, de modo a fragilizar os contornos da transação, tal como moldada pelo princípio da adequação setorial negociada. Entretanto, há no acórdão expressa manifestação quanto à preservação da esfera de indisponibilidade absoluta dos direitos trabalhistas, que é referida pelo STF nos exatos termos emanados da doutrina justrabalhista.* 9. Esta Corte Superior, com respaldo no permissivo contido no art. 7º, XIII, e tendo em conta a valorização e reconhecimento constitucional dos acordos e convenções coletivas de trabalho (art. 7º, XXVI, da CF/88), *entende que é válido o regime de compensação de jornada de trabalho 12x36 para o labor prestado em condições insalubres. 10. A questão controvertida, todavia, remete à possibilidade de aplicação desse entendimento em se tratando de atividade insalubre, sem que haja a autorização de que trata o art. 60 da CLT.* [...] 12. A norma contida no art. 60 da CLT proíbe a prorrogação da jornada em ambiente insalubre sem a autorização prévia do Ministério do Trabalho, dispondo, como já exaustivamente demonstrado, sobre a saúde, higiene e segurança do trabalho. *A dispensa da licença prévia das autoridades competentes para a prorrogação e a compensação da jornada de trabalho em atividades insalubres, obrigação expressamente prevista no art. 60 da CLT, acarreta evidente alteração do meio ambiente do trabalho e desconsidera os princípios da igualdade, da precaução e da prevenção. Tanto a doutrina quanto a jurisprudência têm listado entre as normas de saúde, higiene e segurança do trabalho previstas em lei, aquela contida no art. 60 da CLT, que, portanto, traduz-se em norma de indisponibilidade absoluta, porque relativa à saúde e segurança no trabalho, a qual integra o bloco de constitucionalidade fundamental relacionado ao trabalho. 13. Por integrar o conjunto dos direitos de indisponibilidade absoluta referentes à saúde e segurança do trabalho (art. 7º, XXII), o art. 60 informa o bloco de constitucionalidade e, assim sendo, à luz da própria jurisprudência firmada pelo STF, não pode ser afetado pela negociação coletiva no sentido da flexibilização de direitos.* 14. Assim, a decisão regional que confere validade ao regime compensatório em atividade insalubre, indeferindo o pagamento das horas extraordinárias decorrentes da desconsideração do regime 12x36, sem observar a cláusula protetiva do art. 60 da CLT, de indisponibilidade absoluta porque informadora do art. 7º, XXII, da CF/88, viola norma de caráter tutelar, que constitui medida de higiene, saúde e segurança do trabalho, cuja observância é obrigatória. *15. Nesses termos, em face da violação ao art. 60 da CLT, o recurso de revista da reclamante merece ser conhecido e provido para invalidar o regime de compensação 12x36 e, consequentemente, condenar a reclamada ao pagamento de horas extras excedentes da 8ª hora diária e a 44ª semanal, com os adicionais e reflexos legais.* Recurso de revista conhecido e provido.[17] (Grifo meu)

Enxergava, portanto, o TST, causa de invalidade do regime 12x36 o descumprimento acima mencionado.

Assim, por fim, ao menos por ora, há que se verificar em que situações se verificará a invalidade do regime 12x36, porque o fato de ser permitido não significa que não haja limites para sua adoção e utilização na empresa. Parece-me que o principal limite é justamente o seu cumprimento fiel e integral. Isso significa que não pode haver trabalho além das 12 horas, além da tolerância de cinco minutos. Da mesma forma, não se pode

(17) RR-786-84.2018.5.23.0022, 2ª Turma, relatora Desembargadora convocada Margareth Rodrigues Costa, *DEJT* 27.10.2023.

remotamente admitir (e sim, acontece) a "dobra", ou seja, o trabalho no turno seguinte, bem como o trabalho em dois dias seguidos, transformando o regime em 12x12, retirando exatamente a vantagem aos trabalhadores que estão no sistema, ou pior, 24x24, sem nenhum respeito pelo direito ao descanso do trabalhador.

Esse tem sido o entendimento do TST:

> AGRAVO. AGRAVO DE INSTRUMENTO EM RECURSO DE REVISTA. PROCESSO SOB A ÉGIDE DA LEI N. 13.015/2014 E ANTERIOR À Lei n. 13.467/2017. JORNADA DE TRABALHO. REGIME 12X36. ACORDO DE COMPENSAÇÃO. PRESTAÇÃO HABITUAL DE HORAS EXTRAS. INVALIDADE. INAPLICABILIDADE DA Súmula n. 85/TST . A jurisprudência desta Corte tem se encaminhado no sentido de que o regime 12x36 é válido nas hipóteses em que houver expressa previsão em lei ou em instrumento coletivo, ou seja, nos casos em que há a efetiva intervenção do ser coletivo institucionalizado obreiro — o sindicato — no processo negocial, justamente para garantir que os interesses sociais da categoria sejam resguardados de maneira adequada e consoante as normas de proteção ao trabalhador (Súmula n. 444/TST). *Na hipótese, embora as normas coletivas acostadas aos autos contemplem a possibilidade de adoção da escala de trabalho 12x36, restou assentado, no acórdão recorrido, que o regime de compensação de jornada instituído pela Reclamada foi reiteradamente desrespeitado, uma vez que houve a prestação habitual de horas extras, inclusive em prejuízo das horas destinadas à folga. Assim, diante do descumprimento da própria norma coletiva instituidora do sistema — fato inconteste à luz da Súmula n. 126/TST —, há que ser reconhecida a invalidade do regime compensatório 12x36. De par com isso, a jurisprudência do TST, por entender que a jornada de doze horas de trabalho por trinta e seis de descanso não é propriamente um regime de compensação, tem concluído pela inaplicabilidade da Súmula n. 85 do TST quando reconhecida a invalidade dessa jornada, como na hipótese em exame, sendo devido o pagamento, como extras, das horas que ultrapassarem a 8ª diária e 44ª semanal.* Assim sendo, a decisão agravada foi proferida em estrita observância às normas processuais (art. 557, *caput,* do CPC/1973; arts. 14 e 932, IV, *"a"*, do CPC/2015), razão pela qual é insuscetível de reforma ou reconsideração. Agravo desprovido. (Grifo meu)[18]

Ainda, a utilização da hora de 60 minutos para quem trabalha 12 horas durante a noite (abrangendo todas as horas consideradas noturnas) pode ser causa de invalidade do regime? Ou apenas vai dar o direito a horas extras a partir da adoção da redução, com o que fictamente se admite, então o trabalho por mais de 12 horas seguidas?

De acordo com o TST:

> I – AGRAVO DE INSTRUMENTO. RECURSO DE REVISTA. RECLAMADA. LEI N. 13.467/2017. LEI N. 13.015/2014. INSTRUÇÃO NORMATIVA N. 40 DO TST. TRANSCENDÊNCIA. JORNADA 12X36 PREVISTA EM NORMA COLETIVA. *NÃO CONSIDERAÇÃO DA HORA NOTURNA REDUZIDA. DESCARACTERIZAÇÃO DO REGIME DE COMPENSAÇÃO. NÃO OCORRÊNCIA* [...] II – RECURSO DE REVISTA. RECLAMADA. LEI N. 13.015/2014. INSTRUÇÃO NORMATIVA N. 40 DO TST. LEI N. 13.467/2017. JORNADA 12X36 PREVISTA EM NORMA COLETIVA. NÃO CONSIDERAÇÃO DAHORA NOTURNAREDUZIDA. DESCARACTERIZAÇÃO. NÃO OCORRÊNCIA.

(18) Ag-AIRR-21214-35.2015.5.04.0018, 3ª Turma, relator Ministro Mauricio Godinho Delgado, *DEJT* 31.5.2019.

> 1 – Dispõe a Súmula n. 444 do TST que a jornada em escala12x36é válida, desde que prevista em lei ou acordada por norma coletiva. *Além do requisito formal para validade da jornada, que no caso foi observado, deverão se observados requisitos materiais previstos em lei ou na norma coletiva. 2 – Contudo, conforme a jurisprudência mais recente da SBDI, a inobservância do intervalo intrajornada e a não consideração da hora noturna reduzida implica apenas o pagamento das horas extras correspondentes e não a invalidade do regime de12x36previsto na norma coletiva.* Julgados da SBDI-1. 3 – Recurso de revista de que se conhece e a que se dá provimento. (Grifo meu)[19]

Em princípio, portanto, adotando-se a escala 12x36 por acordo individual, poucos limites parecem ter sido estabelecidos que não o estrito cumprimento dos termos do regime. Na verdade, interessante o posicionamento quanto à não adoção da Súmula n. 85, ao não considerar exatamente que exista compensação de jornada, porque isso acarreta o pagamento das horas além da 8ª com o adicional devido, e não apenas este, considerando as horas "compensadas", ao menos a 9ª e 10ª.

Mas é importante pensar se a adoção por acordo individual, ainda que entendida como constitucional, é capaz de resolver todas as variáveis que envolvem o regime 12x36. Sem aprofundar, mas apenas por oportuno, é fato corriqueiro os trabalhadores terem dois vínculos com jornada 12x36, trabalhando também nos dias que seriam de descanso, e não se trata de escolha para "preencher o tempo livre", e sim por necessidade econômica.

Cada empregador não tem responsabilidade pelo tratamento conferido pelo outro. No entanto, em caso de doença, como o caso de *burnout*, mais complexa é a verificação do nexo de causalidade para responsabilização. Mais um item para a pauta.

No final das contas, a decisão, mais uma vez, é sobre qual valor se dá prioridade. Como afirma Homero Batista:

> A resposta em prol da validade do sistema 12x36 ou contra a sua adoção reside na premissa a ser adotada pelo operador do direito, se mais sensibilizado pelas vantagens de cunho matemático e pecuniário ou se sensibilizado mais com a higidez física e mental do trabalhador, consoante argumentos acima abarcados.[20]

A tendência de liberação contratual do regime 12x36 é coerente com outros entendimentos sobre a dita necessidade de flexibilização para manutenção de empregos. Mas é contraditória, com todo o respeito, a muitos outros entendimentos que entregaram aos sindicatos de trabalhadores o poder e a responsabilidade pela negociação de condições de trabalho, melhores ou piores, mas que prevaleçam, sobre a lei.

---

(19) RR-1084-09.2016.5.05.0132, 6ª Turma, relatora Ministra Katia Magalhães Arruda, *DEJT* 10.5.2019.

(20) SILVA, Homero Batista Mateus da. *Ob. cit*, p. 88.

## Considerações finais

O sistema 12x36 vem sendo admitido pelos usos e costumes há muito tempo na jurisprudência, mas o Tribunal Superior do Trabalho sempre deixou claro que só poderia ser instituído por convenção ou acordo coletivo. Também havia outras restrições, como a concessão de fruição de feriados sem considerar o sistema, hora noturna após às 5h para quem trabalhasse todas as horas noturnas anteriores, algumas vantagens obtidas justamente por se tratar de negociação coletiva.

E também por ser assim, a cada ano, ou dois anos, as condições desse sistema eram revistas, renegociadas, porque os instrumentos coletivos têm prazo de validade, uma característica que sempre foi considerada fundamental para seu bom funcionamento, como o STF decidiu ao entender inconstitucional a Súmula n. 277 e a possibilidade de ultratividade.

O mesmo STF, ao fixar a tese do Tema 1.046, bradou a mensagem da importância dos detentores do capital negociarem com os trabalhadores por meio dos seus sindicatos, como determina a Constituição da República, com tanta relevância que, por haver o ente coletivo a representar os trabalhadores, prevalece o negociado sobre a legislação, respeitados os direitos indisponíveis, cujo rol não é totalmente conhecido. Essa negociação se faz tão importante que o sindicato pode cobrar contribuição para que possa entabular as tratativas, conversar com a base, voltar às empresas, tudo para viabilizar uma convenção ou um acordo coletivo que pode ter vantagens e prejuízos aos trabalhadores, sem necessidade de vincular umas aos outros como contrapartidas precisas.

E, apesar de tudo isso, o STF considerou possível a adoção do 12x36, sistema pelo qual o trabalhador presta 12 horas de trabalho — que podem ser contínuas, porque o intervalo intrajornada, para esses trabalhadores, não é direito indisponível, podendo ser convertido em indenização — e tem 36 horas sem trabalhar. Se suas 12 horas forem em um feriado nacional, trabalhará sem pagamento de valor adicional pelas horas ou direito a compensação específica. Se a atividade desenvolvida for insalubre, como em muitas atividades do setor de saúde, não há necessidade de qualquer tipo de vistoria para investigar as condições em que são exercidas as atribuições por mais de 8 horas. Por quatro horas a mais do que o limite diário permitido pela Constituição.

A adoção por acordo individual pode ser uma simples cláusula no contrato de experiência, provavelmente já adotando a supressão e pagamento de intervalo intrajornada quando for conveniente ao empregador ou ao seu contratante ou tomador de serviços, quando se trata de empregados da área de vigilância, por exemplo. Pode também, porque não há proibição, ser adotada para qualquer atividade econômica, mediante o ajuste individual, que na prática será uma adesão ao contrato ou aditivo, para a grande parte dos trabalhadores.

Haveria alguma diferença se fosse por instrumento coletivo, afinal? Uma, com certeza, e fundamental: prazo de vigência para revisão das condições, da viabilidade de manutenção, de eventuais benefícios para retenção de mão de obra. Não se trata apenas de uma perda ao trabalhador. O empregador fica amarrado. Se decidir pagar adicional noturno para as horas além das 5h, ou seja, quem trabalha das 19h às 7h, por exemplo, embora se trate de uma liberalidade, tal benefício se incorporará definitivamente ao contrato do trabalhador, porque será uma vantagem instituída individualmente, que não pode ser suprimida. Se estabelecida por negociação coletiva, tal vantagem poderia ser retirada, trocada, na nova negociação em data próxima ao encerramento da vigência do instrumento.

Com isso, o empregador também pode ficar receoso em atribuir vantagens. Se atribuir, para retirar, terá duas opções: despedir os trabalhadores beneficiados, porque não pode mais retirar o direito, ou buscar negociação coletiva e, por acordo coletivo, suprimir, provavelmente substituindo ou incorporando parte do valor, para trazer menor prejuízo ao trabalhador que desejar (ou precisar) ficar no emprego.

Claro, a intenção do legislador, reforçada pelo STF ao declarar sua constitucionalidade, é de ampla liberdade de imposição de novos regimes de trabalho, não se podendo falar em pactuação efetivamente. O próprio TST entende que não se trata exatamente de compensação de jornada, porque todos os dias em que há trabalho há extrapolamento do limite de oito horas diárias, e a duração semanal oscila. A média, economicamente falando, é entendida como favorável ao trabalhador. E, sendo economicamente mais interessante, é o que tem prevalecido. Mesmo que em médio e longo prazo a saúde desses trabalhadores cobre um alto preço pelo excesso.

Já se tem visto qual a escolha, pelo próprio STF, ao proclamar nos votos a importância do direito econômico em relação ao social. O que sempre se denominou princípio da alteridade, que significa dizer que o risco da atividade corre por conta do empregador (que é quem detém os meios de produção, conhece os custos, calcula a mais-valia, estabelece o preço para a venda), agora é tratado como um peso que tem que ser retirado, não pode haver tanto risco, é o novo discurso.

Há uma pessoalização da figura do empregador como se fosse um indivíduo que está sofrendo pela carga (que não é majoritariamente trabalhista, que diz respeito a pessoas, mesmo quando são chamadas de mão de obra), e que tenha que ser respeitado como tal pela sua condição humana, o que se dá em raríssimas ocasiões. As grandes questões trabalhistas, com exceção das relativas às domésticas, envolvem pessoas jurídicas de altíssima complexidade societária e imenso capital social, desenvolvendo atividade econômica para obter lucro (naturalmente).

Apesar dos esforços dos discursos (ah, a linguagem, a retórica e suas armadilhas), a realidade que se impõe todos os dias é de trabalhadores, em sua esmagadora maioria, submetidos, tal qual sempre estiveram, às necessidades, vontades e, eventualmente, aos caprichos dos proprietários dos meios de produção, exatamente como é o sistema liberal. Não à toa em 2024 já houve em janeiro resgate de trabalhadores sujeitos a condições análogas à escravidão.(21)

E justamente por assim ser, é necessário que se entenda que não há como se falar em igualdade, isonomia, paridade, e, por isso, liberdade contratual (em alguns casos, liberdade alguma), em se tratando de um sistema que pressupõe a desigualdade para funcionar adequadamente. E é curioso, num dizer suave, ler textos em votos e em outros espaços sobre a inteligência artificial, industrialização e robotização absolutas, que retirarão empregos (o que, claro, é verdade), o que justificaria, nesse sentido, uma flexibilização. Trata-se de algo necessário para o trabalhador manter o emprego e se contentar com o mínimo, ou ficará sem nada (como se não houvesse o caminho do meio). Enquanto isso e ao mesmo tempo, a maior parte do trabalho forçado está na economia rural, nas atividades manuais, com pessoas que são convencidas de que não possuem direito à dignidade no trabalho, que são mercadoria como já foram tantos nos séculos que pensávamos terem ficado para trás.

Por fim, seja por instrumento coletivo, seja individual, existem limites ao regime, e sua invalidade ainda pode ser declarada, especialmente se violadas as suas próprias regras, o que pode acontecer com as chamadas dobras, transfigurando o regime para 12hx12h, 12hx24h, 24hx24h.

Que a concessão dada para adoção desse sistema seja não um precedente para outros, e sim uma exceção, e que os empregadores percebam que, mesmo com o permissivo, há muito mais segurança jurídica em manter a negociação coletiva para estabelecer o regime 12x36, valorizando o trabalho realizado e a comunicação entre o sindicato e os trabalhadores.

## Referências

BRASIL. *Constituição da República Federativa do Brasil.* 1988. Brasília, DF. Disponível em: https://www.planalto.gov.br/ccivil_03/constituicao/constituicao.htm.

BRASIL. *Consolidação das Leis do Trabalho.* 1943. Disponível em: https://www.planalto.gov.br/ccivil_03/decreto-lei/del5452.htm.

SILVA, Homero Batista Mateus da. *Curso de Direito do Trabalho aplicado.* vol. 2. 4. ed. São Paulo: Revista dos Tribunais, 2017.

PORTAL STF. Disponível em: https://portal.stf.jus.br/.

PORTAL TST. Disponível em: https://www.tst.jus.br/jurisprudencia.

(21) Disponível em: https://www.gov.br/trabalho-e-emprego/pt-br/noticias-e-conteudo/2024/Fevereiro/operacao-flagra-18-trabalhadores-em-condicoes-analogas-a-escravidao-em-sao-marcos-rs.

# Medidas Atípicas de Execução na Justiça do Trabalho: Reflexos do Julgamento da ADI 5.941 pelo Supremo Tribunal Federal

*Samantha Fonseca Steil Santos e Mello*(1)
*Marcelo Francisco Nogueira*(2)

## 1. Introdução e contextualização

Os procedimentos de execução, ao longo da história humana, contêm históricos de crueldade e de humilhação. Há, inclusive, relatos na bíblia de que o individuo poderia se tornar escravo por dívida ou por pobreza, tal qual consta em Mateus 18:25 ou em Reis 4:1.

Dinamarco (2002), tratando desse contexto histórico, lembra a questão do Direito Romano com a seguinte passagem a respeito da forma de constranger o devedor ao pagamento da obrigação:

> Aquele que confessa dívida perante o magistrado ou é condenado, terá 30 dias para pagar. Esgotados os 30 dias e não tendo pago, que seja agarrado e levado à presença do magistrado. Se não paga e ninguém se apresenta como fiador, que o devedor seja levado pelo seu credor e amarrado pelo pescoço e

(1) Graduação em Direito pela Universidade Metropolitana de Santos (2007). Pós-Graduado *lato sensu* em Direito material e processual do Trabalho pela Universidade Anhanguera (2013) e em Direito Portuário e Marítimo pela Universidade Santa Cecília (2023). Mestra pelo IDP/SP (2020). Docente nas cadeiras de Direito e Processo do Trabalho na Universidade Paulista (desde 2023). Docente no Proordem Santos, em cursos de pós-graduação (desde 2021). Professora de cursos preparatórios para a Magistratura do Trabalho e Ministério Público do Trabalho. Juíza do Trabalho substituta no TRT-2 (SP).

(2) Graduado em Administração de Empresas (1991), Ciências Contábeis (1993) e Direito (1999). Especialização em Controladoria (UEL/2003) e Mestrado em Ciências Contábeis (FECAP/2006). Doutor em Ciências — Área: Administração de Organizações — FEARP/USP (2016). Atua como perito judicial contábil e administrador judicial, tendo apresentado mais de 13.000 laudos na condição de perito do juízo. Pesquisador nas áreas de perícia contábil, interface Direito — Contabilidade e passivo trabalhista.

pés com cadeias com peso até ao máximo de 15 libras; ou menos, se assim o quiser o credor. O devedor preso viverá à sua custa, se quiser; se não quiser, o credor que o mantém preso dar-lhe-á por dia uma libra de pão ou mais, a seu critério. Se não há conciliação, que o devedor fique preso por 60 dias, durante os quais será conduzido em três dias de feira ao *comitium*, onde se proclamará em altas vozes o valor da dívida. Se são muitos os credores, é permitido, depois do terceiro dia de feira, dividir o corpo do devedor em tantos pedaços quantos sejam os credores, não importando cortar mais ou menos; se os credores preferirem, poderão vender o devedor a um estrangeiro, além do Tibre.

À evidência que não se pretende, minimamente, voltar a tais tempos, é necessário que as normas legais e os direitos humanos sejam respeitados, mas também é necessário que as decisões judiciais sejam, efetivamente, cumpridas e respeitadas, com celeridade e objetividade e, nesse sentido, o Código de Processo Civil, em seu art. 139, IV, preconiza que:

> Art. 139. O juiz dirigirá o processo conforme as disposições deste Código, incumbindo-lhe:
>
> I – assegurar às partes igualdade de tratamento;
>
> II – velar pela duração razoável do processo;
>
> III – prevenir ou reprimir qualquer ato contrário à dignidade da justiça e indeferir postulações meramente protelatórias;
>
> IV – *determinar todas as medidas indutivas, coercitivas, mandamentais ou sub-rogatórias necessárias para assegurar o cumprimento de ordem judicial, inclusive nas ações que tenham por objeto prestação pecuniária;*
>
> V – promover, a qualquer tempo, a autocomposição, preferencialmente com auxílio de conciliadores e mediadores judiciais;
>
> VI – dilatar os prazos processuais e alterar a ordem de produção dos meios de prova, adequando-os às necessidades do conflito de modo a conferir maior efetividade à tutela do direito;
>
> VII – exercer o poder de polícia, requisitando, quando necessário, força policial, além da segurança interna dos fóruns e tribunais;
>
> VIII – determinar, a qualquer tempo, o comparecimento pessoal das partes, para inquiri-las sobre os fatos da causa, hipótese em que não incidirá a pena de confesso;
>
> IX – determinar o suprimento de pressupostos processuais e o saneamento de outros vícios processuais;
>
> X – quando se deparar com diversas demandas individuais repetitivas, oficiar o Ministério Público, a Defensoria Pública e, na medida do possível, outros legitimados a que se referem o *art. 5º da Lei n. 7.347, de 24 de julho de 1985*, e o *art. 82 da Lei n. 8.078, de 11 de setembro de 1990*, para, se for o caso, promover a propositura da ação coletiva respectiva.

Parágrafo único. A dilação de prazos prevista no inciso VI somente pode ser determinada antes de encerrado o prazo regular. (Destaque nosso)

Diga-se que, muito embora o citado artigo tenha caído no gosto popular, sendo mencionado à exaustão em peticionamentos dos mais criativos desde a edição da novel legislação, é certo que o tom do novo regramento pode ser visto em diversas passagens do CPC, tais como: arts. 297, *caput*; 380, parágrafo único; 403, parágrafo único, 536, *caput* e § 1º; e 773. Não se trata, pois, de uma faculdade, isoladamente, posta no código.

A autorização (para o uso de medidas atípicas) está presente em outros dispositivos, também, com o claro recado do legislador: não mais se tolera a postura recalcitrante dos devedores.

A partir dessa faculdade legal de determinar todas as medidas indutivas, coercitivas, mandamentais ou sub-rogatórias necessárias para assegurar o cumprimento de ordem judicial, inclusive nas ações que tenham por objeto prestação pecuniária, passou-se a adotar mecanismos que atingem (*e restringem*) direitos pessoais, como, por exemplo, a apreensão da Carteira Nacional de Habilitação (CNH) e do passaporte.

Outras medidas também foram aplicadas, como o cancelamento de cartões de crédito, a proibição de investir na Bolsa de Valores, de participar de licitações e de concursos públicos.

Adota-se esse tipo de medida não para o direto cumprimento da obrigação, mas para que o executado sofra determinado constrangimento em sua vida social que o leve a satisfazer a obrigação.

A discussão doutrinária e jurisprudencial a respeito da aplicação das medidas atípicas foi intensa e, nesse sentido, Cambi (2019) ressaltou que é possível o uso de tais ferramentas em qualquer obrigação de cumprimento de sentença ou execução de título executivo extrajudicial, independentemente do esgotamento quanto à aplicação das ferramentas típicas, e assim ocorre porque não há lógica em esgotar os modos custosos e menos eficientes antes daquele mais eficiente.

Aqui, Cambi toca em pontos relevantes que remetem à efetividade e à celeridade da tramitação processual, e a evitar o desperdício de recursos públicos com a movimentação do Judiciário, aplicando ferramentas, ainda que eletrônicas, que serão ineficazes.

E a jurisprudência caminhou no sentido de validar o uso de medidas atípicas, tais como a apreensão da CNH, sustentando que isso não configura restrição à liberdade de locomoção, tendo em vista que o executado somente não poderá conduzir veículos, podendo, contudo, adotar qualquer outro meio de transporte ou se deslocar de automóvel na condição de passageiro.

Nesse sentido, a seguinte decisão proferida pelo Tribunal Superior do Trabalho:

> AGRAVO EM HABEAS CORPUS. MEDIDAS ATÍPICAS DE EXECUÇÃO. SUSPENSÃO DA CARTEIRA NACIONAL DE HABILITAÇÃO – CNH. INADEQUAÇÃO DA VIA ELEITA. EXTINÇÃO DO PROCESSO, SEM RESOLUÇÃO DE MÉRITO.1. Esta Subseção II Especializada em Dissídios Individuais, no julgamento do processo n. TST-HCCiv-1000678-46.2018.5.00.0000, firmou o entendimento de que o habeas corpus tem cabimento restrito à defesa da liberdade de locomoção primária, assim entendida como a proteção do direito de ir, vir e permanecer consubstanciado na liberdade física como condição necessária para o seu exercício. 2. Na presente hipótese, o impetrante pretende a cassação da decisão que determinou a suspensão e apreensão da CNH da paciente até que a dívida trabalhista seja inteiramente paga ou garantida, o que denota a inadequação da via eleita, porquanto *tal determinação tão somente restringe a condução de veículos pela própria paciente e não a sua liberdade de locomoção em si.* Agravo a que se nega provimento. (HCCiv-1001147-53.2022.5.00.0000, Subseção II Especializada em Dissídios Individuais, relator Ministro Amaury Rodrigues Pinto Junior, *DEJT* 10.11.2023) (Destaque nosso)

Outra decisão proferida pelo Tribunal Superior do Trabalho validou a suspensão dos cartões de crédito do executado e proibiu a emissão de novos cartões. Na fundamentação restou consignado que a ação tramitava há cinco anos, e nesse curso, foram tentados todos os meios executivos usuais (penhoras, SisbaJud, inscrição no SERASA, CNIB etc.), sem sucesso. Além disso, o executado não manifestou interesse algum em efetuar o pagamento da dívida. *In verbis:*

> RECURSO ORDINÁRIO EM MANDADO DE SEGURANÇA. EXECUÇÃO. ADOÇÃO DE MEDIDAS COERCITIVAS. ART. 139, IV, DO CPC DE 2015. SUSPENSÃO DOS CARTÕES DE CRÉDITO E PROIBIÇÃO DE EMISSÃO DE NOVOS CARTÕES. INAÇÃO DO DEVEDOR. EFETIVIDADE DA DECISÃO JUDICIAL. AUSÊNCIA DE VIOLAÇÃO A DIREITO LÍQUIDO E CERTO. 1. Cuida-se de Mandado de Segurança impetrado contra decisão que, em execução, determinou a suspensão dos cartões de crédito do executado e a proibição de emissão de novos cartões. 2. Esta Subseção tem admitido o cabimento da ação mandamental impetrada contra ato praticado no âmbito da execução, a despeito do cabimento de recurso, quando passível de causar grave prejuízo, circunstância que, segundo alegado, teria ocorrido no presente feito. 3. É de se registrar que o Supremo Tribunal Federal, em recente decisão proferida nos autos da ADI n. 5941 (ata de julgamento publicada no *DJE* de 10.2.2023), reconheceu a constitucionalidade do art. 139, IV, do CPC de 2015, entre outros, que autorizam medidas coercitivas, indutivas ou sub-rogatórias voltadas a garantir a efetividade da decisão judicial, observadas as garantias fundamentais dos cidadãos. 4. A jurisprudência desta Corte já admitia a adoção das medidas atípicas previstas no referido dispositivo legal, não obstante a necessidade de observância, pelo magistrado, dos parâmetros necessários de adequação, razoabilidade e proporcionalidade de medidas tais como suspensão da CNH e do passaporte do devedor, frente às causas que sustentam a insolvência do executado. E, com essas balizas, firmou-se o entendimento no sentido de reconhecer que a mera insolvência do devedor não basta para autorizar o uso de medidas atípicas de execução fundamentadas no art. 139, IV, do CPC de 2015. 5. O caso concreto, todavia, não retrata a situação de que o ato coator tenha decorrido da mera insolvência. Com efeito, a ordem de suspensão dos cartões de crédito e de proibição de emissão de

> outros novos afigura-se ponderada diante das circunstâncias, sendo certo afirmar que a Reclamação Trabalhista já tramita há cinco anos, e nesse curso, foram tentados todos os meios executivos usuais (penhoras, SisbaJud, inscrição no SERASA, CNIB, etc.), sem sucesso. Além disso, o impetrante não manifestou, conforme consignado no acórdão regional, interesse algum em efetuar o pagamento da dívida. Ora, a inação do devedor acena para a possibilidade de adoção de medida atípica, capaz, pois, de fomentar o seu interesse na busca por alternativas para o adimplemento da obrigação. Desse modo, tem-se que a aparente apatia do impetrante não se coaduna, portanto, com os fins do processo, que, ao final e ao cabo, é alcançar a efetividade da decisão judicial. 6. Recurso Ordinário conhecido e não provido. (ROT-838-97.2022.5.09.0000, Subseção II Especializada em Dissídios Individuais, relator Ministro Luiz José Dezena da Silva, *DEJT* 16.6.2023)

Essa decisão traz mais um ponto de observação para a discussão que é a existência (ou não) de intenção do devedor em adimplir a obrigação.

De outra parte, a jurisprudência já ressalvava que a adoção de medidas atípicas é cabível nos casos em que o devedor, embora possuindo patrimônio suficiente para satisfazer a obrigação contida no título judicial, emprega meios ardilosos para dela se esquivar, mas não pode ser objeto de aplicação como mera penalidade, sendo necessário que se comprove a utilidade no processo, como explicitado na seguinte decisão:

> MANDADO DE SEGURANÇA. RECURSO ORDINÁRIO. PRETENSÃO DE SUSPENSÃO DA CNH E DO PASSAPORTE DO LITISCONSORTE PASSIVO. INVIABILIDADE. AUSÊNCIA DE UTILIDADE. INOCORRÊNCIA DE VIOLAÇÃO A DIREITO LÍQUIDO E CERTO. PRECEDENTES. RESSALVA DE ENTENDIMENTO PESSOAL. 1. O art. 139, IV, do CPC/2015 dispõe que o juiz, na direção do processo, pode determinar a adoção de medidas atípicas, dentre as quais se inclui a suspensão da CNH e do passaporte em fase de execução. 2. Conforme entendimento prevalecente nesta Subseção, deve-se observar que *a validade dessas medidas está condicionada à demonstração de sua utilidade no processo*, para a efetiva realização da coisa julgada, pois, em verdade, as chamadas medidas atípicas têm lugar nos casos em que o devedor, embora possuidor de patrimônio suficiente para satisfazer a obrigação contida no título judicial, emprega meios ardilosos para dela se esquivar. E mesmo nessa hipótese tais medidas não estão imunes à pesquisa sobre a observância dos princípios da razoabilidade e da proporcionalidade. Logo, *não se admite que a determinação de suspensão dos documentos funcione como meio punitivo ao executado*. 3. No caso vertente, o Ato Coator não contém indicativo algum de que a medida adotada poderia contribuir, de forma concreta, para a satisfação da obrigação definida no título executivo, principalmente quando se verifica que o Juízo da execução determinou outras medidas de pesquisa patrimonial e outras medidas restritivas. Dessa forma, a medida pretendida no presente *mandamus*, longe de se caracterizar como instrumento coercitivo para o pagamento da dívida, constituiria mera penalização do litisconsorte passivo, circunstância que contraria o objetivo da norma contida no art. 139, IV, do CPC de 2015. 4. Por conseguinte, não se revela abusividade da medida nem violação de direito líquido e certo do impetrante no indeferimento da suspensão da CNH e do passaporte do litisconsorte passivo. 5. Recurso Ordinário conhecido e não provido. (ROT-123-66.2022.5.05.0000, Subseção II Especializada em Dissídios Individuais, relator Ministro Luiz Jose Dezena da Silva, *DEJT* 28.04.2023) (Destaque nosso)

Outra restrição que a jurisprudência evidencia é que as medidas atípicas, além de não poderem ser utilizadas como mera penalidade, não podem impedir a continuidade das atividades e operações do executado, ou seja, não podem impedir a obtenção de receitas, como evidenciado na decisão seguinte:

> AGRAVO. RECURSO ORDINÁRIO EM MANDADO DE SEGURANÇA. DECISÃO QUE DEFERIU MEDIDA PROIBITIVA EM FACE DO CLUBE DE FUTEBOL IMPETRANTE A FIM DE IMPEDI-LO DE SE INSCREVER/PARTICIPAR DE COMPETIÇÕES ESPORTIVAS E/OU CAMPEONATOS PROFISSIONAIS. MEDIDAS ATÍPICAS DE EXECUÇÃO PREVISTAS NO ART. 139, IV, DO CPC/2015. NECESSIDADE DE OBSERVÂNCIA DA NECESSIDADE, PROPORCIONALIDADE E ADEQUAÇÃO. 1. O ato inquinado de ilegal consiste na decisão proferida pelo Juízo da 2ª Vara do Trabalho de Teresina/PI, que deferiu medida proibitiva em face do clube de futebol impetrante a fim de impedi-lo de se inscrever/participar de competições esportivas e/ou campeonatos profissionais, enquanto perdurar o inadimplemento da ordem judicial exarada naqueles autos, tendo como único fundamento para deferimento da medida atípica de execução a observação pelo Magistrado da inércia e descaso com as intimações desta Justiça Especializada pelo impetrante e pela Federação Piauiense de Futebol. 2. Esta Subseção II Especializada em Dissídios Individuais tem mitigado a aplicação da sua Orientação Jurisprudencial n. 92 nos casos em que a manifesta ilegalidade do ato possa resultar prejuízo de difícil reparação caso a parte aguarde o prosseguimento da controvérsia pela via ordinária, como na presente hipótese. 3. As medidas de execução atípicas previstas no art. 139, IV, do Código de Processo Civil devem ser adotadas quando demonstrado previamente o esgotamento das medidas típicas de execução e verificada a existência de indícios de que o devedor possua patrimônio expropriável, observadas a necessidade, a adequação e a proporcionalidade. 4. Embora se revele a inadimplência do impetrante, *não há demonstração da existência de ocultação de bens, ou da forma como a adoção da medida extrema de se impedir inscrição/participação do clube em competições esportivas irá viabilizar o pagamento do crédito exequendo, notadamente se considerarmos ser esse o meio pelo qual o impetrante poderá auferir renda.* 5. Logo, além da decisão impugnada não se revelar medida útil, proporcional e adequada à satisfação do crédito exequendo, ela também viola o direito fundamental do livre exercício da atividade econômica, por obstar o exercício da principal atividade do clube, caracterizando-se, por conseguinte, como medida abusiva a violar direito líquido e certo do impetrante. Agravo a que se nega provimento. (Ag-ROT-80384-78.2021.5.22.0000, Subseção II Especializada em Dissídios Individuais, relator Ministro Amaury Rodrigues Pinto Junior, *DEJT* 7.10.2022) (Destaque nosso)

Ocorre que, apesar dos contornos jurisprudenciais que estavam sendo formados, a aplicação de tais medidas gerou controvérsia jurídica e resistência por determinados nichos da sociedade, de tal modo que a questão chegou ao Supremo Tribunal Federal por meio da Ação Direta de Inconstitucionalidade — ADI 5.941, apresentada pelo Partido dos Trabalhadores.

Nos termos do quanto consignado no relatório proferido no julgamento de tal ADI, a argumentação do partido político é no sentido de que:

> [...] a adoção de técnicas de execução indireta consubstanciadas na suspensão do direito de dirigir, apreensão de carteira nacional de habilitação ou de passaporte, além

da proibição de participação em concurso ou licitação públicos para o executado, sob pena de ofensa, dentre outros, ao direito de liberdade de locomoção e à dignidade da pessoa humana.

Complementa aduzindo que o cerne dos procedimentos executórios é eminentemente patrimonial, não se confundindo com os direitos de liberdade das partes neles envolvidas. Consequentemente, potenciais interferências no direito de locomoção ou na liberdade contratual e na autonomia privada do devedor consubstanciariam odioso retrocesso, incompatível com a Carta Maior.

No julgamento da ADI 5941 o STF entendeu que a ação era improcedente. Salientou que é necessário que as decisões judiciais tenham cumprimento efetivo e célere e que, eventuais excessos devem ser aferidos, se o caso, em cada caso concreto e que as partes têm os deveres de cooperação e boa-fé. Também foi explicitado que o magistrado deve adotar todas as medidas necessárias para assegurar o cumprimento da decisão judicial, observando, contudo, os direitos fundamentais, a adequação e a proporcionalidade da medida que, inclusive, pode ser discutida por meio do sistema recursal.

Na ementa, restou consignado, que:

1. *O acesso à justiça reclama tutela judicial tempestiva, específica e efetiva* sob o ângulo da sua realização prática.

2. *A morosidade e inefetividade das decisões judiciais são lesivas a toda a sociedade*, porquanto, para além dos efeitos diretos sobre as partes do processo, são repartidos pela coletividade os custos decorrentes da manutenção da estrutura institucional do Poder Judiciário, da movimentação da sua máquina e da prestação de assistência jurídica integral e gratuita aos que comprovarem insuficiência de recursos.

3. *A efetividade e celeridade das decisões judiciais constitui uma das linhas mestras do processo civil contemporâneo*, como se infere da inclusão, no texto constitucional, da garantia expressa da razoável duração do processo (art. 5º, LXXVIII, após a Emenda Constitucional n. 45/2004) e da positivação, pelo Novo Código de Processo Civil, do direito das partes "de obter em prazo razoável a solução integral do mérito, *incluída a atividade satisfativa*. (Grifei).

4. A execução ou satisfação daquilo que devido representa verdadeiro gargalo na prestação jurisdicional brasileira, mercê de os estímulos gerados pela legislação não terem logrado suplantar o *cenário prevalente, marcado pela desconformidade geral e pela busca por medidas protelatórias e subterfúgios que permitem ao devedor se evadir de suas obrigações*.

5. *Os poderes do juiz no processo, por conseguinte, incluem "determinar todas as medidas indutivas, coercitivas, mandamentais ou subrogatórias necessárias para assegurar o cumprimento de ordem judicial*, inclusive nas ações que tenham por objeto prestação pecuniária" (art. 139, IV), obedecidos o devido processo legal, a proporcionalidade, a eficiência, e, notadamente, a sistemática positivada no próprio NCPC, cuja leitura deve ser contextualizada e razoável à luz do texto legal.

6. A amplitude semântica das cláusulas gerais permite ao intérprete/aplicador maior liberdade na concretização da *fattispecie* — o que, evidentemente, não o isenta do dever de motivação e de *observar os direitos fundamentais e as demais normas do ordenamento jurídico e, em especial, o princípio da proporcionalidade.*

7. A significação de um mandamento normativo é alcançada quando se agrega, à filtragem constitucional, a interpretação sistemática da legislação infraconstitucional — do contrário, de nada aproveitaria a edição de códigos, microssistemas, leis interpretativas, meta-normas e cláusulas gerais. Essa assertiva assume ainda maior relevância diante do Direito codificado: o intérprete não pode permanecer indiferente ao esforço sistematizador inerente à elaboração de um código, mercê de se exigir do Legislador a repetição, *ad nauseam*, de preceitos normativos já explanados em títulos, capítulos e seções anteriores.

8. A correção da proporcionalidade das medidas executivas impostas pelo Poder Judiciário reside no sistema recursal consagrado pelo NCPC.

9. *A flexibilização da tipicidade dos meios executivos visa a dar concreção à dimensão dialética do processo*, porquanto o dever de buscar efetividade e razoável duração do processo é imputável não apenas ao Estado-juiz, mas, igualmente, às partes.

10. O Poder Judiciário deve gozar de instrumentos de *enforcement* e *accountability* do comportamento esperado das partes, evitando que situações antijurídicas sejam perpetuadas a despeito da existência de ordens judiciais e em razão da violação dos deveres de cooperação e boa-fé das partes — o que não se confunde com a punição a devedores que não detêm meios de adimplir suas obrigações.

11. A variabilidade e dinamicidade dos cenários com os quais as Cortes podem se deparar (*e.g.* tutelas ao meio ambiente, à probidade administrativa, à dignidade do credor que demanda prestação essencial à sua subsistência, ao erário e patrimônio públicos), torna impossível dizer, *a priori*, qual o valor jurídico a ter precedência, de modo que se impõe estabelecer o emprego do raciocínio ponderativo para verificar, no caso concreto, o escopo e a proporcionalidade da medida executiva, vis-à-vis a liberdade e autonomia da parte devedora.

12. *In casu*, o argumento da eventual possibilidade teórica de restrição irrazoável da liberdade do cidadão, por meio da aplicação das medidas de apreensão de carteira nacional de habilitação e/ou suspensão do direito de dirigir, apreensão de passaporte, proibição de participação em concurso público e proibição de participação em licitação pública, é imprestável a sustentar, só por si, a inconstitucionalidade desses meios executivos, máxime porque a sua adequação, necessidade e proporcionalidade em sentido estrito apenas ficará clara à luz das peculiaridades e provas existentes nos autos.

13. A excessiva demora e ineficiência do cumprimento das decisões judiciais, sob a perspectiva da análise econômica do direito, é um dos fatores integrantes do processo decisório de escolha racional realizado pelo agente quando deparado com os incentivos atinentes à propositura de uma ação, à interposição de um recurso, à celebração de um acordo e à resistência a uma execução. *Num cenário de inefetividade generalizada das decisões judiciais, é possível que o devedor não tenha incentivos para colaborar na relação processual, mas, ao contrário, seja motivado a adotar medidas protelatórias*, contexto em que, longe de apresentar estímulos para a atuação proba, célere e cooperativa das partes no processo, a legislação (e sua respectiva aplicação pelos julgadores) estará promovendo

incentivos perversos, com maiores *payoffs* apontando para o descumprimento das determinações exaradas pelo Poder Judiciário.

14. *A efetividade no cumprimento das ordens judiciais, destarte, não serve apenas para beneficiar o credor que logra obter seu pagamento ao fim do processo, mas incentiva, adicionalmente, uma postura cooperativa dos litigantes durante todas as fases processuais,* contribuindo, inclusive, para a redução da quantidade e duração dos litígios.

15. *In casu*, não se pode concluir pela inconstitucionalidade de toda e qualquer hipótese de aplicação dos meios atípicos indicados na inicial, mercê de este entendimento, levado ao extremo, rechaçar quaisquer espaços de discricionariedade judicial e inviabilizar, inclusive, o exercício da jurisdição, enquanto atividade eminentemente criativa que é. Inviável, pois, pretender, apriorística e abstratamente, retirar determinadas medidas do leque de ferramentas disponíveis ao magistrado para fazer valer o provimento jurisdicional.

16. Ação direta de inconstitucionalidade CONHECIDA e, no mérito, julgada IMPROCEDENTE. (Destaque nosso)

Após o julgamento promovido pelo STF — reconhecendo a constitucionalidade na aplicação das medidas atípicas — o deputado federal Kim Kataguiri apresentou Projeto de Lei com vistas a alterar a Lei n. 13.105, de 2015 (Código de Processo Civil) com a introdução do § 2º no art. 139 com a seguinte redação:

§ 2º É vedada qualquer medida executiva consistente na apreensão de passaporte ou na proibição de sua emissão, na apreensão de Carteira Nacional de Habilitação (CNH) ou na vedação de sua emissão ou renovação, bem como na vedação de inscrição em concurso público ou na tomada de posse em cargo público.

Há, pois, atores sociais que buscam, de alguma forma, a restrição na aplicação das medidas atípicas, ainda que com foco específico na suposta preservação de direitos das pessoas físicas na condição de executados.

Esse é o contexto em que se coloca a discussão e o objetivo deste artigo é (i) analisar a aplicação das medidas atípicas na Justiça do Trabalho e (ii) propor a adoção de outras medidas como forma de promover a efetividade da execução.

## 2. Evolução e efetividade dos procedimentos de execução

A questão da cooperação e da boa-fé entre os litigantes foi objeto de destaque na decisão proferida no julgamento da ADI 5.941.

E litigar de boa-fé e com lealdade não deveria ser uma imposição legal, deveria ser o básico, tal qual obrigação natural, de tal sorte que, nesse sentido, a resistência ardil à satisfação da execução não deveria ocorrer e, se verificada, deveria ser combatida e apenada.

Nesse sentido, Doutor (2019) destaca que:

A lealdade e boa-fé processual deve nortear toda relação jurídica processual, sendo ela de conhecimento ou de execução. Consistem em dever recíproco, na qual as partes devem trabalhar em harmonia e transparência processual.

> Uma das grandes frustrações que experimenta quem recorre ao Judiciário para obter a solução de um problema da vida é a falta de satisfação da obrigação certificada, isso não raro após um longo e tortuoso processo até a prolação da sentença. Cuida-se do fenômeno que a sabedoria popular batizou de "ganha mas não leva" e a doutrina processual convencionou denominar crise de satisfação.

Nessa linha está o posicionamento de Rocha que preconiza, além da questão da cooperação e da boa-fé, a necessidade de romper rotinas viciadas. *In verbis:*

> Portanto, a função jurisdicional não pode mais ser exercida burocraticamente. O dever de cooperação, a boa-fé e a fundamentação consistente de todos os pronunciamentos judiciais constroem o perfil de juízes democráticos, transparentes e ao mesmo tempo corajosos. Para isso, é preciso romper rotinas viciadas e melhorar o desempenho qualitativo não só dos juízes, mas também dos advogados, dos quais aqueles dependem. Diante de todo esse quadro está o juiz do trabalho, preocupado com a efetividade da execução. De nada adianta reconhecermos o direito de um determinado credor, se ele não conseguir ver concretizada a sua vitória no processo.

Evitar o sentimento do "*ganha mas não leva*" é uma preocupação e esse evento, como destacado pela doutrina e na decisão proferida no julgamento da ADI 5,941, deve ser combatido.

É que, se um dos pilares do Direito, e mesmo da Democracia, é a pacificação social, como aceitar que decisões judiciais sejam simplesmente não exequíveis? Ora, se o Poder Judiciário é o responsável por dizer o direito, é dele também a missão de entregar a execução a quem de direito.

Avançando no raciocínio, Gajardoni explica que:

> A verdadeira reforma (silenciosa) da execução, não estaria propriamente nos capítulos do novo CPC relativos ao cumprimento de sentença ou ao processo de execução, mas sim na disciplina dos deveres/poderes do juiz.
>
> [...]. Temos doravante no Brasil a adoção do padrão da atipicidade das medidas executivas também para as obrigações de pagar quantia, vistas estas como ordens do Estado/Juiz para que haja prestação de pagamento em pecúnia.
>
> Ilustrativamente, não efetuado o pagamento de dívida oriunda da aquisição de insumos para a produção, e superados os expedientes tradicionais de adimplemento (penhora de dinheiro e bens), seria lícito o estabelecimento da medida coercitiva/indutiva de suspensão do direito à aquisição de insumos de novo fornecedor até pagamento do débito; não efetuado pagamento de verbas salariais devidas a funcionários da empresa, possível o estabelecimento de vedação à contratação de novos funcionários até que seja saldada

a dívida; não efetuado o pagamento de financiamento bancário na forma e no prazo avençados, possível, até que se tenha a quitação, que se obstem novos financiamentos, ou mesmo a participação do devedor em licitações (como de ordinário já acontece com pessoas jurídicas em débito tributário com o Poder Público).

Dinamarco (2019, p. 31) ensina que "executar é dar efetividade e execução é efetivação". Em complemento, Puoli destaca que:

> [...] no âmbito da execução é ainda mais marcante a necessidade de o instrumento estatal de solução de controvérsias estar dotado de instrumentos que propiciem a alteração do que ocorre no "mundo" exterior ao ambiente "formal" do processo, fazendo com que haja efetiva alteração da realidade existente, para garantir que o bem da vida, com utilidade almejada por quem busca o Judiciário, seja efetivamente entregue a quem de direito.
>
> [...] Ter êxito na realização de um sistema executivo equilibrado não é simples, sendo que tal complexidade pode ser apontada como um dos fatores que faz com que o gênero processual executivo seja apontado como verdadeiro "calcanhar de aquiles" do processo, tamanha a dificuldade de fazer com que os resultados almejados sejam efetivamente realizados.

Segundo consta no Relatório Geral da Justiça do Trabalho 2022, em 31 de dezembro de 2022 havia 1.856.265 processos pendentes de execução, sendo 347.672 no Tribunal Regional do Trabalho da 2ª Região.

Nominalmente, falar em quase 2 milhões de processos em andamento chama atenção. Contudo, quando se verifica que o prazo médio em que um processo permanece na fase de conhecimento é de 277 dias e que na fase de execução esse prazo é de 1.353 dias (quase 6 vezes) a situação passa a ser preocupante.

Olhando, especificamente, para o TRT da 2ª Região, a situação é mais grave porque o tempo médio na fase de conhecimento é de 242 dias e na fase de execução é de 2.163 dias, ou, aproximadamente, 6 anos.

E isso ocorre mesmo com a aplicação do instituto da prescrição intercorrente que leva, cotidianamente, centenas — senão milhares — de processos à extinção em função da aplicação do art. 11-A da CLT, acrescido ao texto celetista pela Lei n. 13.467 de 2017 e que colocou fim entre a divergência de posicionamento do STF(3) e do TST(4) ao dispor que:

(3) Súmula n. 327: O direito trabalhista admite a prescrição intercorrente.

(4) Súmula n. 114: É inaplicável na Justiça do Trabalho a prescrição intercorrente.

> Art. 11-A. Ocorre a prescrição intercorrente no processo do trabalho no prazo de dois anos.
>
> § 1º A fluência do prazo prescricional intercorrente inicia-se quando o exequente deixa de cumprir determinação judicial no curso da execução.
>
> § 2º A declaração da prescrição intercorrente pode ser requerida ou declarada de ofício em qualquer grau de jurisdição.

De se notar, ainda, que, não obstante as inúmeras tentativas do Poder Judiciário, mais especialmente na Justiça do Trabalho, em promover as semanas nacionais de conciliação e criar centros de solução de conflitos (CEJUSCs),[(5)] colocando o ramo como o órgão que mais concilia dentre todas as justiças,[(6)] superando em dados absolutos a Justiça Comum, pouco se avançou contra a cultura nacional de inadimplência de títulos judiciais e não judiciais.

Isso porque, bem observa Chaves, é corriqueiro nesse ramo especializado da Justiça a blindagem patrimonial ou ocultação de patrimônio em favor de terceiros, assim:

> Esse ramo da Justiça brasileira acumulou experiência de perceber que o princípio da aparência muitas vezes é suficiente para penhorar o patrimônio visivelmente na posse e administração do devedor, transferindo-se para este ou para terceiros interessados o ônus de demonstrar o contrário.

E, ainda, Chaves complementa — a respeito dos procedimentos adotados pelos executados para burlar as tentativas de constrição patrimonial — que:

> Apesar de todos os ataques e as resistências, hoje a penhora eletrônica parece muito bem consolidada entre nós. E ela tem sido relativamente eficiente, mas poderá sofrer progressiva limitação, porque os devedores sempre estão a procurar habilidades para ocultar seu patrimônio dos olhos do Estado-juiz.
>
> Nós já temos hoje uma incrível presença de informações quanto às contas em nome de parentes, de "laranjas", para que o devedor não opere com o seu número do Cadastro de Pessoas Físicas (CPF) no sistema financeiro, dificultando a penhora eletrônica.

A previsão de Chaves materializou-se: as ferramentas de ocultação do patrimônio do devedor foram aprimoradas.

---

(5) Centro Judiciário de Solução de Conflitos e Cidadania.

(6) Conforme consta no Painel de Estatísticas do Poder Judiciário.

Verifica-se, de modo habitual, que executados que possuem grandes movimentações financeiras (com destaque para as pessoas jurídicas) não apresentam saldos de ativos financeiros localizados pelo Sisbajud.

Isso se deve, por exemplo, ao fenômeno conhecido como "terceirização do caixa" em que empresas de *factoring* ou FDICs (fundo de investimento em direitos creditórios) são utilizados para o acolhimento das receitas e pagamento de custos e despesas, sem a movimentação de numerário em conta-corrente do executado.

Aqui, cabe considerar que há uma possível falha conceitual no Sisbajud que busca localizar saldos positivos em contas-correntes, contas-poupança e aplicações financeiras.

Outros fenômenos constatados para a proteção do patrimônio do devedor são a blindagem patrimonial (com a presença de *holdings*) e a antecipação de recebíveis por meio de conta garantida.

É nessa realidade, em que devedores buscam fugir da mão do Estado e de mudanças na economia, com a predominância das transações eletrônicas, que o ordenamento jurídico precisa de mudanças, inovações e procedimentos ágeis para a efetivação da execução.

Fato é que as transações financeiras — assim como a economia e o comércio geral — evoluíram. Há predominância das operações eletrônicas, com meios eletrônicos de pagamento que são, automaticamente, destinados a outras operações e outros titulares que não, necessariamente, o executado.

As penhoras de ativos físicos, muito realizadas até o final da década de 90 ainda existem, mas são cada vez menos utilizadas. Remanescem as penhoras de imóveis, veículos e móveis, além de equipamentos relevantes. Porém, pelo custo do procedimento (avaliar, remover e guardar) e pelo desinteresse na arrematação as penhoras de pequenos ativos móveis estão, paulatinamente, deixando se ser efetivadas.

Do mesmo modo ocorre com a "penhora na boca do caixa" porque, como supramencionado, a efetivação de transações em moeda corrente está rareando e, além disso, os procedimentos operacionais são complexos porque implicam recolher, transportar até a instituição financeira, gerar guia e efetivar o depósito.

Não se encontra, com facilidade, exequente que queira acompanhar o ato, dispender tempo e assumir o risco da violência urbana até o depósito das quantias no banco, sobretudo porque esse tipo de penhora pode ser — pela natureza da operação — realizada em período noturno ou em finais de semana, inclusive.

O mundo mudou. A penhora mudou e o processo mudou. O ambiente eletrônico e a inteligência artificial estão presentes, como ocorre, por exemplo, com a penhora *online* promovida pelo Sisbajud na modalidade conhecida como "teimosinha".

Além disso, convênios para o uso de ferramentas eletrônicas foram firmados e, no cenário atual, é possível acessar, dentre outros:

- SISBAJUD – Sistema de Busca de Ativos Financeiros do Poder Judiciário;
- RENAJUD – Sistema de Restrição Judicial de Veículos;
- ARISP – Associação dos Registradores Imobiliários de São Paulo;
- CNIB – Central Nacional de Indisponibilidade de Bens;
- SERASAJUD – Sistema Judicial de Inclusão do Nome do Devedor no Cadastro de Inadimplentes do Serasa;
- INFOJUD – Sistema de Informações pela Secretaria da Receita Federal ao Poder Judiciário;
- DECRED – Declaração de Operações com Cartão de Crédito;
- INFOSEG – Informações de Segurança Pública e Justiça;
- CAGED – Cadastro Geral de Empregados e Desempregados;
- CCS – Cadastro de Clientes do Sistema Financeiro Nacional;
- SIMBA – Sistema de Investigação de Movimentações Bancárias.

Também é possível consultar informações fiscais como a declaração de imposto de renda (pessoa física e pessoa jurídica) e a Dimob — Declaração de Informações sobre Atividades Imobiliárias, ou seja, do mesmo modo que os executados tentam frustrar a constrição de seus patrimônios, as ferramentas de localização vêm sendo aperfeiçoadas.

Outras medidas típicas que, indiretamente, podem levar à satisfação da execução, mediante exposição pública do devedor, são:

- Hipoteca judiciária;
- Protesto judicial;
- Inscrição do nome do executado em cadastro de inadimplentes;
- BNDT – Banco Nacional dos Devedores Trabalhistas.

Para a aplicação dessas ferramentas, contudo, Rocha ressalva que:

> A complexidade de que se reveste a concessão das medidas coercitivas indiretas impõe que, não obstante a sua atipicidade e relativa discricionariedade, a verificação de todos os seus pressupostos transpareça clara e especificamente

> da fundamentação da decisão que a conceder, considerando as circunstâncias do caso concreto. A fundamentação deve avaliar, além do aspecto jurídico, o seu impacto econômico e social, assim como todo o substrato ético e democrático que deve inspirar o próprio processo judicial.

Isso significa analisar, no caso concreto, possíveis medidas atípicas que possam sem aplicadas, não para punir o executado, mas para efetivar a satisfação da execução e, por isso, há que se admitir a flexibilização de que trata o art. 139 do CPC.

E, a respeito desta visão do processo, Didier menciona que:

> O processo não é um fim em si mesmo, mas uma técnica desenvolvida para a tutela do direito material. O processo é a realidade formal— conjunto de formas preestabelecidas. Sucede que a forma só deve prevalecer se o fim para o qual ela foi desenvolvida não lograr ter sido atingido. A separação entre direito e processo — desejo dos autonomistas — não pode implicar um processo neutro em relação ao direito material que está sob tutela. A visão instrumentalista do processo estabelece a ponte entre o direito processual e o direito material.

A questão que remanesce, assim, é como (bem) aplicar as medidas atípicas no processo de execução de título judicial.

## 3. Aplicação das medidas atípicas

No foco da ADI 5.941 estavam medidas atípicas que podem ser aplicadas em relação a pessoas físicas que figurem como executadas.

A finalidade na aplicação não é a penalização, mas sim criar algum tipo de constrangimento social que contribua para que o executado empreenda esforços para o adimplemento da obrigação judicial.

E o constrangimento social, *in casu*, é, histórica e amplamente, utilizado com a inscrição do nome de devedores em serviços de restrição e proteção ao crédito como o SPC e o SERASA, de modo que não se vislumbra nenhuma novidade na aplicação de tal procedimento.

Para Oliveira é razoável que seja exercida pressão psicológica sobre o devedor. Nesse sentido, preleciona:

> A possibilidade e satisfação da execução deve ser verificada por meio dos elementos presentes no processo, que demonstrem que a pressão psicológica que se pretende seja exercida por meio da medida de execução indireta seja, ao menos em tese, capaz de fazer o devedor satisfazer a obrigação de pagar.

> Por exemplo, o descompasso entre o padrão de vida ostentado pelo devedor e a existência da dívida inadimplida, principalmente diante da não localização de bens penhoráveis, com suspeita de ocultação e blindagem patrimonial, deveriam ser levados em conta pelo juiz na hora de aplicar medidas de execução indireta ao caso concreto, pois, nesse cenário, é mais provável que a pressão psicológica seja capaz de mover p devedor a pagar a dívida.

No quadro seguinte apresenta-se a relação das medidas atípicas usuais e as justificativas para a aplicação:

**Quadro 1: Descrição das medidas atípicas e justificativas para a aplicação.**

| Medida Atípica | Justificativa |
|---|---|
| Apreensão da CNH, Brevê e Carta Arrais | O executado não pode dirigir (ou pilotar) mas pode locomover-se, para onde bem entender, na condição de passageiro, com o meio de transporte que lhe convier. Não há, pois, restrição ao direito de ir e vir. |
| Apreensão de Passaporte | Havendo dívida judicial não se justifica a realização de viagem de turismo, mormente internacional, daí por que a apreensão do passaporte não causa danos. |
| Proibição de participar de licitação | Se o executado não possui condição de efetuar o pagamento do passivo judicial ele não detém a capacidade financeira de que trata o inciso IV do art. 62 da Lei n. 14.133/21 |
| Proibição de participar de concurso público | Se o executado, possuindo condição financeira, não adimple o passivo judicial ele não está em condição de manter a conduta compatível com a moralidade administrativa preconizada no inciso IX do art. 116 da Lei n. 8112/90. É o caso de dizer, ainda, que falta ao executado a conduta ilibada que é necessária para assumir o cargo público. |
| Apreensão de cartão de crédito e proibição de novas emissões | Não havendo recursos financeiros para o pagamento do passivo judicial não se justifica que o executado aumente seu endividamento com compras a crédito e possível pagamento de juros. Logo, retirar essa forma de endividamento é uma contribuição para a sua saúde financeira. Por outro lado, se recursos existem e o cartão de crédito é utilizado para aquisição de itens de luxo e supérfluos em geral, a apreensão é necessária pela finalidade educativa. |

Evidente que a aplicação das medidas pode ser relativizada no caso concreto, mediante apresentação de justificativas e dos comprovantes documentais correlatos.

Exemplo disso é o executado, pessoa física, que trabalha como empregado e necessita efetuar viagem internacional a trabalho e, assim, precisa utilizar o passaporte. No mesmo sentido, o executado, pessoa física, que trabalha como motorista e precisa da CNH para garantir seu sustento básico.

Contudo, as situações pontuais não impedem a aplicação geral das medidas atípicas e, ademais, há que se aferir a condição que o executado se posicionou no processo, ou seja, aferir se age de boa-fé e não paga pela (efetiva) ausência de recursos ou se opta por não pagar, tendo recursos e, com isso, age de má-fé.

### 3.1. Devedor de boa-fé

Devedor de boa-fé é aquele que reconhece a existência da obrigação, não se esquiva dos atos processuais, não dificulta as intimações e citações e, principalmente, compromete-se a evidenciar a composição de seu patrimônio e renda. Outrossim, estando em situação de dificuldade financeira apresenta plano — fundamentado e justificado — de pagamento das obrigações.

E isso pode ocorrer com pessoas físicas e jurídicas sendo que, para essas, se o caso, pode haver designação de perícia contábil para a análise da situação financeira e do plano de pagamento.

Se validadas as contas e confirmado que não há capacidade adicional de pagamento, não há, em princípio, objeção para que, de modo atípico seja deferido o pagamento das obrigações em prazo superior ao constante no art. 916 do CPC.

O deferimento dessa ampliação no prazo de pagamento é, de fato, atípico, mas — com as cautelas de análise técnica supramencionadas com vistas à pacificação, à segurança jurídica e à diminuição de atos processuais — pode ser considerado de modo a reduzir a quantidade de atos processuais e de manter as atividades do devedor.

### 3.2. Devedor de má-fé

O caso aqui é o mais recorrente, ou seja, é o devedor— contumaz ou não — que busca se esquivar de todas as formas do adimplemento da obrigação. Não raro, incorre em atos de fraude à execução, oculta patrimônio, utiliza a "terceirização do caixa" e adota formas de blindagem patrimonial.

Para o devedor pessoa física, a aplicação de todas as medidas atípicas mencionadas no quadro 1 é pertinente.

No caso de pessoa jurídica, após a desconsideração da personalidade jurídica, é possível aplicar também as medidas atípicas mencionadas no quadro 1 aos seus sócios ou aos seus diretores, no caso de sociedade anônima.

De outra parte, havendo constatação de que a pessoa jurídica devedora está em atividade, é preciso localizar sua movimentação financeira e isso pode ser feito mediante perícia contábil, com acompanhamento de oficial de justiça ou mediante inspeção judicial (com acompanhamento de perito contábil).

É que, dessa forma, pode-se verificar *in loco* nas áreas financeira e contas a receber, por exemplo, quais são as contas-correntes utilizadas e em nome de quem estão.

A identificação das contas-correntes é imperiosa para que se possa buscar a constrição dos depósitos acolhidos na conta, independentemente do saldo. Cabe destacar que o Sisbajud somente constringe saldos positivos e que, bem assim, contas do tipo "conta garantida" possuem, na essência, saldos devedores.

Localizadas as contas, pode-se oficiar a instituição financeira, preferencialmente por meio de Oficial de Justiça nos seguintes modos:

> [...] determino ao Sr. Gerente da agência xxx do Banco xxx para que promova a retenção de todo e qualquer depósito acolhido na conta xxx de titularidade de xxx, independente do saldo da conta ser positivo ou negativo, promovendo a imediata transferência para conta à disposição desse juízo, sob pena de desobediência, até que se complete o valor de R$ xx,ww. Outrossim, deverá ser fornecido ao juízo, mensalmente, cópia dos extratos de movimentação da aludida conta para que se possa promover a devida verificação dos valores transferidos.

Poder-se-ia argumentar que esse tipo de medida criaria dificuldades operacionais para o devedor ou que haveria constrição em excesso. Contudo, essa alegação não prevalece porque bastaria, em tal situação, que o devedor apresentasse em juízo, de forma ordenada e documentada, os valores das obrigações que necessitam ser pagas para manter a continuidade das operações e o juízo, caso a caso, poderia efetuar liberações.

Caso se verifique a prática da "terceirização do caixa" mediante uso de *factorings* ou FDICs, cabe a localização dos relatórios de contas a receber para que sejam expedidos ofícios aos clientes para que efetuem os pagamentos, diretamente, através de Guia de Depósito Judicial.

Tal medida tem duplo impacto ao comprometer a relação entre:

a. o devedor e a *factoring*/FDIC;

b. o devedor e o cliente.

Assim ocorre porque é esperado que esses agentes não desejem mais transacionar com o devedor ou que busquem vantagens adicionais. Considerando que o devedor pode não querer perder tais relacionamentos, esse tipo de medida pode contribuir para que o devedor satisfaça a obrigação.

Em casos mais extremos se pode optar por alguma medida intervencionista como a administração judicial com a penhora sobre o estabelecimento do devedor. Tal medida pode ser operacionalizada, exemplificativamente, do seguinte modo:[7]

> [...] Nomeio como administrador-depositário da penhora o Sr. perito judicial xxxx, o qual deverá, no prazo de 30 (trinta) dias, apresentar a este Juízo um balanço completo da

(7) Modelo baseado em despacho proferido no processo 1001435-15.2019.5.02.0464.

situação da empresa, podendo tal prazo ser prorrogado, se necessário, devendo entrar em contato com a reclamada com cópia desta decisão para efetivação da medida.

Ao administrador judicial e seus prepostos/assistentes, é conferido livre acesso às dependências da reclamada, autorizada a busca e apreensão de todos os objetos, documentos, papéis de qualquer natureza, livros comerciais, computadores e arquivos magnéticos relacionados ao mister designado, encontrados nos estabelecimentos da reclamada, recinto ou dependência, anexos ou não, em qualquer cidade do país, inclusive com arrombamento de portas, móveis e cofres, no caso de resistência de quem quer que seja (art. 536, CPC). É-lhe assegurado ainda plenos poderes de gestão, devendo a medida ser anotada no livro diário ou equivalente, devendo o fato ser comunicado à Junta Comercial, para fins de arquivamento.

Avaliando o crédito exequendo, o sr. administrador-judicial deverá informar a este Juízo eventuais créditos, patrimônio e renda da empresa reclamada, sugerindo a este Juízo qual a melhor maneira e, no caso de renda, qual o percentual adequado a se depositado mensalmente para cumprimento da coisa julgada. Em qualquer caso, a sugestão não poderá ser superior a 30% da renda líquida mensal da empresa, ressalvado, porém, que no conceito de renda líquida, para este caso, deve ser excluído o pagamento dos impostos, pois a dívida trabalhista tem preferência sobre aquela. Assim, da renda bruta, feito o abatimento das despesas com pagamento de pessoal, fornecedores, insumos e eventuais aluguéis, necessários ao funcionamento da empresa, chegar-se-á ao conceito de renda líquida mensal, para este caso específico, friso, sobre a qual incidirá o percentual a ser sugerido pelo sr. administrador-judicial para pagamento da dívida trabalhista, limitada a 30% (trinta por cento).

Em caso de patrimônio sobre bens imóveis, o sr. Administrador judicial poderá indicar se a melhor alternativa é a expropriação ou a locação/arrendamento, sendo que, nesta hipótese, todo o valor do aluguel será revertido ao pagamento da execução.

Ficam concedidos ao sr. administrador-judicial amplos poderes para obter dados sobre todos os ativos da empresa e de seus sócios e sobre suas movimentações financeiras, podendo realizar quaisquer diligências necessárias ao integral cumprimento desta ordem, podendo se apresentar como tal perante qualquer órgão público de qualquer esfera da União, Estados ou Municípios ou ainda entidade privada, inclusive bancos, qualquer que seja, considerando-se desobediência judicial a resistência em cumprir o pedido pelo sr. administrador-judicial, desde que vinculado à realização do objetivo desta decisão judicial, vedada a extrapolação de tais poderes para outros fins.

O sr. administrador-judicial no ato de entrega do plano supramencionado deverá apresentar estimativa de seus honorários.

A presente intervenção terá prazo inicial de 30 (trinta) dias, prorrogável pelo tempo necessário ao cumprimento integral da execução.

Mensalmente, a depender do período que perdurar o cumprimento da execução, o sr. administrador-judicial prestará contas a este Juízo, em relatório circunstanciado, indicando o estágio da penhora e sugerindo, quando o caso, outras medidas que sejam apropriadas a tanto.

Evidente que as aplicações devem ser analisadas caso a caso, conforme a particularidade da conduta do devedor e em consonância com o valor da dívida. Contudo, é certo que não se pode deixar de inovar e de buscar o adimplemento da obrigação, mesmo que, para isso seja necessária a aplicação de medidas atípicas.

Também não se ignora que nem todos os juízos possuem corpo de auxiliares técnicos (peritos) que permite a adoção desse tipo de procedimento, mas, ainda assim, as proposições aqui contidas podem servir de direcionamento para adaptação à realidade local.

## 4. Considerações finais

Fazer cumprir as determinações judiciais é desafio que se impõe ao Judiciário e para que isso ocorra o caminho é certo: utilizar da inovação e de todos os dispositivos legais e processuais é imperioso.

É certo que seria de bom alvitre que a mão de obra fosse adequada à quantidade de processos existentes nas secretarias, é dizer, o formato padrão de oito servidores em varas eletrônicas (ao menos na realidade do TRT2), mormente quando em tais varas tramitam processos na casa dos milhares, não ajuda a adoção de medidas que dispendem de muito tempo da rotina padrão.

Nos termos do quanto decidido no julgamento da ADI 5.941 o exercício da jurisdição é, também, atividade eminentemente criativa e por isso cabe — a todo momento — buscar soluções inovadoras e adequadas à solução do caso concreto.

Isso passa pela restrição de direitos do devedor e até mesmo pela aplicação de medidas intervencionistas com vistas, também, à criação de pressão psicológica sobre o devedor que o leve ao pagamento da dívida.

A declaração de constitucionalidade das medidas atípicas em consonância com os demais princípios processuais (especialmente boa-fé e colaboração) é passo importante para que o Direito avance no sentido de buscar soluções alternativas de constrangimento social do devedor que age de má-fé.

Não há justiça possível se o credor não recebe aquilo de direito, se não em todos os casos, na imensa maioria deles, ao menos.

## Referências

BRASIL. *Decreto-lei n. 5.452, de 1º de maio de 1943.* Consolidação das Leis do Trabalho. *Diário Oficial da União*: Brasília, DF, 9 ago. 2015.

______. *Lei n. 13.105, de 16 de março de 2015.* Código de Processo Civil. *Diário Oficial da União*: seção 1, Brasília, DF, p. 1, 17 mar. 2015.

______. Conselho Nacional de Justiça. *Estatísticas do Poder Judiciário.* Disponível em: https://painel-estatistica.stg.cloud.cnj.jus.br/estatisticas.html. Acesso em: 12 fev. 2024.

______. Tribunal Superior do Trabalho. *Relatório Geral da Justiça do Trabalho:* 2022. Disponível em: https://www.tst.jus.br/documents/18640430/24374464/RGJT.pdf/f65f082d-4765-50bf-3675-e6f352d7b500?t=1688126789237. Brasília, 2023. Acesso em: 12 fev. 2024.

CAMBI, Eduardo [*et al.*]. *Curso de processo civil completo.* 2. ed. São Paulo: Thomson Reuters Brasil, 2019. p. 133. [livro eletrônico]

CHAVES, Luciano Athayde. "Os desafios da execução na Justiça do Trabalho". *Revista do Tribunal Regional do Trabalho da 15ª Região,* Campinas, n. 36, p. 59-77, jan./jun. 2010.

DIDIER JR., Fredie. *Curso de Direito Processual Civil.* vol. 1, 17. ed. Salvador: JusPodivm, 2015.

DINAMARCO, Cândido Rangel. *Execução civil.* 8. ed. São Paulo: Malheiros, 2002. p. 35.

______. *Instituições de Direito Processual Civil.* vol. IV. 4. ed. São Paulo: Malheiros, 2019.

DOUTOR, Maurício Pereira. *Medidas executivas atípicas na execução por quantia certa:* diretrizes e limites de aplicação. Dissertação (mestrado) – Universidade Federal do Paraná, Setor de Ciências Jurídicas, Programa de Pós-Graduação em Direito. Defesa: Curitiba, 4 abr. 2019.

GAJARDONI, Fernando. "Mecanismos de aceleração do recebimento de créditos". *Genjuridico.* Disponível em: http://genjuridico.com.br/2016/05/30/mecanismos-de-aceleracao-creditos/. Acesso em: 12 fev. 2024.

OLIVEIRA, Diogo. *A extensão dos poderes de efetivação e a técnica coercitiva na execução pecuniária no CPC/2015.* 2020. 244 f. Dissertação (Mestrado em Direito) – Faculdade de Direito, Universidade de São Paulo, 2020.

PUOLI, José Carlos Baptista. In: Machado Filho, J. A. B. *et al.* (Orgs.) Execução, processo eletrônico e inteligência artificial. *Arbitragem e processo.* São Paulo: Quartier Latin, 2022.

ROCHA, Fábio Ribeiro da. *A heterointegração dos sistemas processuais e os desafios da efetividade da execução trabalhista*0. Tese (Doutorado – Programa de Pós-Graduação em Direito do Trabalho e Seguridade Social) – Faculdade de Direito, Universidade de São Paulo, 2022. 277 p.

# Igualdade de Direitos para as Motoristas e os Motoristas Uberizados: Do Discurso Ideológico à Compreensão da Realidade Baseada em Pesquisa Científica

*Ana Carolina Paes Leme*[1]

## 1. Introdução

A luta pelo reconhecimento de direitos das trabalhadoras e dos trabalhadores uberizados tem sido samplamente pesquisada, no Brasil e no mundo, como um aspecto chave para a disputa do modelo social que se pretende construir. Recentemente, com a inclusão do Projeto de Lei n. 12/2024 (PLP 12/24), se tornou urgente lançar luzes à questão.

A estratégia das empresas tem sido deslocar o centro do debate para a discussão acerca de as motoristas e os motoristas "quererem ou não" o vínculo de emprego. Porém, ao longo dos últimos anos, foram elaboradas por esta autora diversas pesquisas, cujos dados revelam que esse "desejo" é intermediado pelo "medo" de perder o trabalho, evidenciando que o Estado Brasileiro deveria intervir para introduzir limites éticos à contratação da mão de obra que garantam o trabalho com direitos e dignidade. Todavia, o PLP 12/24 aponta em outro sentido.

Tais pesquisas têm abrangido o contexto relacionado às motoristas e aos motoristas das empresas de transporte individual privado instrumentalizado por aplicativos digitais nos últimos seis anos, no âmbito do Programa de Pós-Graduação em Direito da Universidade Federal de Minas Gerais (Mestrado e Doutorado), o que resultou numa

(1) Doutora em Direito pela UFMG. Professora. Lattes: http://lattes.cnpq.br/9715907508121443. E-mail: anacarolinapaesleme@gmail.com. Instagram: @anacarolinapaesleme. Youtube: Ana Carolina Paes Leme.

dissertação publicada como livro[2] e em tese de doutorado intitulada "*De vidas e vínculos: as lutas dos motoristas plataformizados por reconhecimento, redistribuição e representação no Brasil*".[3]

Em tais estudos, foi possível entrevistar lideranças de quase a totalidade das organizações sindicais de motoristas plataformizados no Brasil, motivo pelo qual entende-se ser essencial manifestar neste debate a percepção revelada pelo campo da pesquisa, dividida por tópicos relacionados ao medo como impulsionador da suposta rejeição ao vínculo. A ideia deste artigo, portanto, é unir os resultados desse aprofundamento, enfocando os pontos que o PLP 14/24 não considerou.

Assim, serão apontadas como percepções ainda não tidas em conta o medo como impulsionador da "rejeição" ao vínculo empregatício, destacando a desqualificação da compreensão jurídica do enquadramento como empregado na economia de serviços, trazendo ainda a relação do indivíduo com o movimento sindical, em especial diante da prática de condutas antissindicais pelas empresas-plataformas, além do modelo de exploração do trabalho que utilizam, com a transferência dos riscos e custos às trabalhadoras e trabalhadores, que são impedidos do direito de acesso a ter direitos.

## 2. Percepções reveladas pelas pesquisas

Nas pesquisas indicadas, feitas pela autora, foi se revelando uma diversidade de problemas que, ao que tudo indica, o PLP 14/24 não levou em consideração. Por esse motivo, nos tópicos a seguir, essas percepções serão objeto de análise, como forma de acrescentar outra visão ao debate atual sobre o projeto.

### *2.1. O medo como impulsionador da suposta "rejeição" ao vínculo empregatício.*

### *2.2. Talvez o ponto principal que não tenha sido apontado nas discussões do PLP 14/24 seja o fato de que o discurso das motoristas e dos motoristas plataformizados está estruturado a partir do medo. Medo de pleitearem o reconhecimento pleno como merecedores dos mesmos direitos das demais trabalhadoras e trabalhadores.*

Em síntese, esse medo faz com que as motoristas e os motoristas não defendem o reconhecimento do vínculo de emprego pelo receio "*de a Uber ir embora*" e eles perderem

(2) LEME, Ana Carolina Paes Leme. *Da máquina à nuvem:* caminhos para o acesso à justiça pela via de direitos dos motoristas da Uber. São Paulo: LTr, 2019.

(3) LEME, Ana Carolina Reis Paes. *De vidas e vínculos:* as lutas dos motoristas plataformizados por reconhecimento, redistribuição e representação. 307 f. 2022. Tese (Doutorado em Direito). Faculdade de Direito. Universidade Federal de Minas Gerais/MG, 2022. Disponível no Repositório de Teses da Biblioteca da UFMG: https://repositorio.ufmg.br/handle/1843/45117. Acesso em: 15 mar. 2024.

o trabalho. E essa ameaça é produzida pelas empresas e reproduzida diariamente entre as trabalhadoras e os trabalhadores. As motoristas e os motoristas são "viradores", como dizem Vera Telles e Ludmila Abílio[(4)], ou seja, têm transitado entre ocupações formais e informais, "se virando" e fazendo bicos para se sustentarem. Por isso, compõem sua trajetória pela instabilidade e pela ausência de uma identidade profissional definida, raramente contando com uma rede de proteção e segurança socialmente instituída via mundo do trabalho. Assim como já se sabe de outras populações socialmente vulnerabilizadas, como negros, mulheres, domésticas e outros, o processo por eles vivido acabou por naturalizar a vulnerabilidade e incutir o medo, a ponto de que eles próprios negarem a possibilidade de romper com esse processo, o que demonstra sua característica de vulnerabilização.[(5)]

Nas discussões do PLP 14/24, é possível perceber que em muitos momentos se ressalta que os próprios motoristas não têm interesse em verem reconhecido o vínculo nos moldes da Consolidação das Leis do Trabalho (CLT), mas não há a busca pela causa de tal rejeição, que só ocorre de forma aparente. Por receio de se verem desempregados e desamparados, afirmam que tal reconhecimento não lhes favorece, quando em verdade é o contrário.

Ao levá-los a compreender que tal medo é infundado, a discussão do PLP ganha outros contornos. Na pesquisa de doutoramento elaborada por esta autora, colacionam-se relatos de que lideranças estavam sendo aliciadas e cooptadas pelas empresas, inclusive com promessa de remuneração, para se afastarem da luta sindical ativa e se restringirem às reinvindicações às pautas mais palatáveis.

Além do discurso destinado a desqualificar a compreensão jurídica de enquadramento empregatício do trabalho dos motoristas plataformizados como uma "ideologia do vínculo empregatício", chama a atenção a absorção da ideia de que a aplicação da legislação do trabalho acarretaria a inviabilidade da atividade econômica das empresas, colocando em risco a fonte de renda das motoristas e dos motoristas, o que se qualificou como esse medo de perder o próprio sustento.

Contraditoriamente, um dos entrevistados afirmou que as trabalhadoras e os trabalhadores é que teriam o encargo de não promover a aplicação da legislação do trabalho (CLT), sob pena de, assim o fazendo, a corporação encerrar suas atividades e suprimir a renda das trabalhadoras e dos trabalhadores. Sustenta isso, mesmo que manifeste com clareza que reconhece a existência de subordinação jurídica na relação entre empresas-plataformas e motoristas: "a partir do momento que elas dizem que o motorista é parceiro, mas criam metas e, se ele não atender, é automaticamente excluído do processo".

Já a presidenta do sindicado, casada com o Entrevistado 12, chega a afirmar que o vínculo empregatício pode acabar com a profissão dos motoristas que dirigem para

(4) ABÍLIO, Ludmila Costhek. Uberização do trabalho: subsunção real da viração. *Passa Palavra*, 19 fev. 2017. Disponível em: https://passapalavra.info/2017/02/110685/. Acesso em: 15 mar. 2024.

(5) VIDIGAL, Viviane. *Capitalismo de plataforma:* as facetas e as falácias. Campinas: Mizuno, 2023.

empresas-plataformas digitais no Brasil, em razão do imposto que seria devido pela empresa, mesmo sabendo que no Reino Unido foram reconhecidos direitos trabalhistas dos motoristas e que no mundo inteiro isso está sendo buscado. Manifesta, inclusive com supostos percentuais, que seria ônus das trabalhadoras e dos trabalhadores brasileiros lutarem contra o reconhecimento de direitos em prol da preservação das empresas no país, o que sintomaticamente não considera ser a situação das trabalhadoras e dos trabalhadores de outros países:

> "Hoje tão buscando o vínculo empregatício no mundo inteiro, não é nem só no Brasil, porque o Reino Unido é um dos maiores exemplos. E a gente luta justamente ao contrário, não luta pelo vínculo empregatício, porque a gente entende que ele pode matar a profissão no Brasil. A gente sabe que, no nosso país, os impostos são absurdos e o número de motoristas que existe hoje já são milhões, isso tornaria inviável para as plataformas pagarem. Hoje estamos com a média de 37% de imposto em cima de cada trabalhador [...] a gente não pode matar as plataformas porque se a gente mata as plataformas não tem a geração de renda e aí o que é que esses desempregados vão fazer" (Entrevistada 11, BA, 19.08.2021).[(6)]

Essa fala é muito elucidativa, quando confrontada com a declaração do CEO da própria UBER, feita em 2022, diante da perspectiva de uma legislação europeia que designe seus motoristas como empregados, ou forneça direitos adicionais, como férias e benefícios previdenciários. Dara Khosrowshahi garante que "qualquer modelo pode funcionar economicamente para nós. É isso que nossos motoristas querem. Na Espanha provamos que um modelo de emprego na frota funciona. Não só funciona, mas cresce com margens próximas das nossas margens de longo prazo"[(7)]. Ou seja, diante da necessidade de afirmar a sua sustentabilidade, a maior empresa do setor foi obrigada a desmentir o

(6) LEME, Ana Carolina Reis Paes. *De vidas e vínculos:* as lutas dos motoristas plataformizados por reconhecimento, redistribuição e representação. 307 f. 2022. Tese (Doutorado em Direito). Faculdade de Direito. Universidade Federal de Minas Gerais/MG, 2022. Disponível no Repositório de Teses da Biblioteca da UFMG: https://repositorio.ufmg.br/handle/1843/45117. Acesso em: 15 mar. 2024.

(7) UBER fireside chat with UBS. *Lee Fang* [Canal Youtube], 14 dez. 2021. Disponível em: https://www.youtube.com/watch?v=YDsOFNIET5U. Acesso em: 15 mar. 2024. "So any model can work economically for us" (no original), disse Khosrowshahi quando perguntado sobre uma possível legislação da UE que exigiria que o Uber designasse motoristas como funcionários ou fornecesse direitos adicionais, como férias e pensão. Disse Steve Smith, porta-voz da Federação do Trabalho da Califórnia, em um comunicado ao The Intercept que "o reconhecimento de Dara Khosrowshahi de que a empresa pode — e se adaptou — a tratar os trabalhadores como funcionários em outros países é um tapa na cara de todos os motoristas nos EUA que o Uber continua a explorar". E acrescentou Smith que: "Tudo se resume à pura ganância de executivos ricos que farão qualquer coisa ao seu alcance para impedir que os trabalhadores tenham uma parte dos lucros que seu trabalho gera." (FANG, Lee. Uber CEO admits company can afford labor protections for drivers. *The Intercept*, 7 jan. 2022. Disponível em: https://theintercept.com/2022/01/07/uber-drivers-labor-protections-dara-khosrowshahi-european-union/. Acesso em: 13 mar. 2024).

fato pressuposto na chantagem velada, tão disseminado e que hoje aprisiona as expectativas das trabalhadoras e dos trabalhadores de que a empresa não suportaria o reconhecimento do regime de emprego. Entretanto, a força coletiva também tem um papel em espalhar esse receio, como se verá a seguir.

### *2.3. A prática de condutas antissindicais pelas empresas-plataformas*

No quesito sindical, as pesquisas dos últimos seis anos levaram a compreender que também os sindicatos da categoria estão inteiramente imersos na luta por sobrevivência imediata das trabalhadoras e dos trabalhadores. Todos os dirigentes sindicais entrevistados na pesquisa são motoristas e sobrevivem e sustentam suas famílias com os ganhos diários advindos do que eles chamam de "rodagem". Nenhum deles relatou receber remuneração pelo exercício da atividade sindical. Há uma forte demanda, portanto, por sobrevivência, que dimensiona as possibilidades de sua atuação na luta coletiva e na capacidade de angariar recursos para a organização. Trata-se de injustiças de redistribuição, em primeiro lugar, que obstruem a sua representação no espaço político e agravam o medo relatado no tópico anterior.

As empresas-plataformas usam diversas estratégias para obstruir o crescimento de um movimento sindical forte, ao inibir que seu embrião se forme, impedindo ou dificultando a atuação das lideranças insurgentes. A prática de condutas antissindicais por empresas de transporte plataformizado foi já relatada em artigo acadêmico datado de 2017[8], mas permanece. Há diversos casos de lideranças bloqueadas do acesso no aplicativo e, em pelo menos um deles, foi reconhecida a conduta antissindical da empresa-plataforma, que bloqueou a dirigente do Sindicato do Rio Grande do Sul no curso das negociações em mediação pré-processual, sendo a empresa condenada ao pagamento de indenização por ato ilícito em acórdão do TRT-4, publicado em 23.06.2022.[9]

A título de exemplificação, no caso das plataformas de entrega recentemente foi noticiada a manipulação realizada pela empresa *IFood*[10], que contratou uma agência de publicidade para atuar nas redes sociais, por meio de perfis falsos, que se passavam por entregadores em meio a manifestações pelo reconhecimento de direitos trabalhistas, com o claro intuito de desmontar o movimento grevista e desvirtuar a pauta reivindicatória para propostas aceitáveis para a empresa, obstruindo estrategicamente as manifestações

---

(8) LEME, Ana Carolina Reis Paes. A relação entre o implemento das inovações tecnológicas disruptivas e a potencialização de práticas antissindicais. In: LEME, Ana Carolina Reis Paes; RODRIGUES, Bruno Alves; CHAVES JÚNIOR, José Eduardo de Resende (Coords.). *Tecnologias disruptivas e a exploração do trabalho humano*. São Paulo: LTr, 2017. p. 304-317.

(9) BRASIL. Tribunal Regional do Trabalho da 4ª Região. *Processo n. 0020882-91.2021.5.04.0201*. Recorrente: 99 tecnologia Ltda. Recorrido: Carina Mineia dos Santos Trindadero. Relator: Marcos Fagundes Salomão, 2022. Julgamento da 5ª Turma do TRT 4, em 23.06.2022.

(10) LEVY, Clarissa. A máquina oculta de propaganda do iFood. *A pública*, 4 abr. 2022. Disponível em: https://apublica.org/2022/04/a-maquina-oculta-de-propaganda-do-ifood/. Acesso em: 13 mar. 2024.

favoráveis ao reconhecimento de direitos empregatícios. Usando slogans pensados pelo *marketing*, era a empresa quem defendia sua própria pauta: "SEM patrão e salário mínimo. No corre bem feito a gente tira mais e não tem chefe pra encher o saco. A gente quer liberdade pra trampar pra quem a gente quiser!". Ou seja, importa à empresa substituir as pautas de direitos igualitários pelas "pautas da viração", o que também não tem sido levantado nas discussões do PLP 14/24.

Como ocorre em diversos tópicos relacionados ao Direito do Trabalho e à aplicação da CLT, há uma desqualificação em relação ao que de fato deve ser visto como relação de emprego ou não. Esse também é uma das percepções reveladas pelas pesquisas acadêmicas, como se verá a seguir.

### 2.4. A desqualificação da compreensão jurídica do enquadramento como empregado na economia de serviços

Grande parte das demandas de motoristas que buscam as entidades sindicais diz respeito aos "bloqueios" (o que bem podem ser chamados de demissão) do perfil da motorista ou do motorista feito pela empresa direto na plataforma, por motivos arbitrários ou sem explicação, o que dimensiona o desmesurado poder das empresas sobre o meio de sobrevivência, de modo que é esse primeiro degrau elementar que constitui o atual estágio e o horizonte imediato das pretensões das motoristas e dos motoristas. Por isso, tantos relatos expressando que "na verdade eles só querem rodar, querem trabalhar".

Contudo, ao mesmo tempo que querem o acesso à empresa para realizar o trabalho, a pesquisa[(11)] também mostrou que há o forte desejo por melhorias nas condições laborais, como, por exemplo, "um canal aberto com as plataformas, reajuste no valor do quilômetro rodado, poder escolher as corridas", condições de segurança frente à violência, acesso a condições sanitárias, de higiene e alimentação, acesso a informações e proteção em face das arbitrariedades do sistema automatizado, necessidades de descanso, de férias, proteção em face de acidentes e doenças. Há múltiplas demandas por reconhecimento e por direitos específicos das motoristas e dos motoristas e comuns a todas as trabalhadoras e a todos os trabalhadores. Mesmo que muitos expressem que não querem reconhecimento de vínculo de emprego, logo se sucedem demandas que constituem as mesmas vulnerabilidades que justificam a necessidade do modelo de regulação pública do trabalho dos demais empregados.

Conforme as entrevistas com os dirigentes sindicais, a grande maioria deles afirma a defesa do reconhecimento do vínculo de emprego para as motoristas e os motoristas

(11) LEME, Ana Carolina Reis Paes. *De vidas e vínculos:* as lutas dos motoristas plataformizados por reconhecimento, redistribuição e representação. 307 f. 2022. Tese (Doutorado em Direito). Faculdade de Direito. Universidade Federal de Minas Gerais/MG, 2022. Disponível no Repositório de Teses da Biblioteca da UFMG: https://repositorio.ufmg.br/handle/1843/45117. Acesso em: 15 mar. 2024.

como pauta prioritária.[(12)] No entanto, relatam que muitos motoristas da base manifestam a percepção de que, se tiverem "carteira assinada", serão obrigados a trabalhar somente para uma das empresas-plataformas existentes e com horário pré-definido. É compreensível que as motoristas e os motoristas queiram trabalhar também para outras empresas-plataformas, pois o rendimento advindo do trabalho em apenas uma empresa-plataforma é insuficiente, além de não desejarem cumprir um horário pré-definido. Pensam que, com a carteira assinada, as empresas-plataformas irão estabelecer unilateralmente a jornada e o horário de trabalho e acreditam que, para se ganhar o salário-mínimo, será necessário cumprir o mínimo diário de oito horas dentro do carro. Por tais motivos, chegam a afirmar que "a categoria não almeja essa rigidez de horário".

Dentre os relatos colhidos dos dirigentes, é paradigmático o exemplo da fala dos dirigentes sindicais da Bahia, casados entre si, constituindo, segundo eles, uma "família que vive do aplicativo". Nesse caso, diferentemente da maioria entrevistada, são os próprios dirigentes que expressam o receio manifesto da luta pelo vínculo. Ele, o vice-presidente, manifesta o seu desejo, como sindicalista, de não formar um sindicato que defenda aquilo que chama de "ideologia do vínculo empregatício". Ao mesmo tempo que reconhece a existência da subordinação dos motoristas à empresa-plataforma digital, demonstra que o medo da perda da fonte de renda lhe impediria de sustentar essa bandeira:

> "A categoria, por ser de mobilidade moderna, nova, com uma formatação diferente, percebe que sindicato não seria sindicato com a ideologia do vínculo empregatício. Mas mesmo entendendo que existem pontos dentro dessa questão da atividade em si, as plataformas conduzem de tal forma que configura essa subordinação né? Então isso acaba gerando vínculo, a partir do momento que elas dizem que o motorista é parceiro, mas criam metas e, se ele não atender, é automaticamente excluído do processo. Claro, evidente que se for analisar todas essas questões, vai gerar o vínculo. Então, o Sindicato tem essa visão, sabe que se deixar a questão do vínculo, ou se travar uma batalha, ou defender uma bandeira dessa natureza, nós podemos colocar em risco toda uma geração de renda de quem presta serviço" (Entrevistado 12, BA, 19.08.2021).[(13)]

(12) Quinze entidades sindicais foram mapeadas, em agosto de 2021. A espacialização se encontra em: LEME, Ana Carolina Reis Paes. *De vidas e vínculos:* as lutas dos motoristas plataformizados por reconhecimento, redistribuição e representação. 307 f. 2022. Tese (Doutorado em Direito). Faculdade de Direito. Universidade Federal de Minas Gerais/MG, 2022. Disponível no Repositório de Teses da Biblioteca da UFMG: https://repositorio.ufmg.br/handle/1843/45117. Acesso em: 15 mar. 2024.

(13) LEME, Ana Carolina Reis Paes. *De vidas e vínculos:* as lutas dos motoristas plataformizados por reconhecimento, redistribuição e representação. 307 f. 2022. Tese (Doutorado em Direito). Faculdade de Direito. Universidade Federal de Minas Gerais/MG, 2022. Disponível no Repositório de Teses da Biblioteca da UFMG: https://repositorio.ufmg.br/handle/1843/45117. Acesso em: 15 mar. 2024.

O medo de perder o sustento e a incompreensão sobre o que significa a caracterização de uma relação como de emprego indicam que o modelo de exploração utilizado tem sido eficiente em transferir os riscos e custos ao trabalhador, conforme se mostra a seguir.

### 2.5. Modelo de exploração do trabalho pelas empresas-plataformas e a transferência dos riscos e custos ao trabalhador

O modelo de exploração do trabalho pelas empresas-plataformas, mediante a transferência dos riscos e custos ao trabalhador, se vale, desse modo, de uma imputação de responsabilidade às trabalhadoras e aos trabalhadores pela preservação da empresa, mediante o esgotamento de todos os seus recursos humanos e patrimoniais. De um lado, não podem ter direito a uma remuneração que lhes proporcione, no mínimo, "uma existência decente para eles e sua família" como determina o art. 7º, a, ii, do Pacto Internacional sobre Direitos Econômicos, Sociais e Culturais (PIDESC), sob pena de "matar as empresas-plataformas" e a fonte de renda. De outro, então, as trabalhadoras e os trabalhadores estão obrigados a realizar jornadas exaustivas a valores baixos, sob pena de nem sequer se sustentarem e ficarem endividados com os custos dos instrumentos de trabalho, como veículo, celular, *internet*.

É por isso que a estratégia das empresas é deslocar o centro do debate para a discussão acerca de as motoristas e os motoristas "quererem ou não" o vínculo de emprego. As demandas por sobrevivência aparecem com força, manipulando as vulnerabilidades e o medo pela chantagem do "ir embora", e se associam às ações múltiplas das empresas-plataformas que disseminam falsas informações, acentuam a percepção de que o enquadramento jurídico que lhes assegure direitos igualitários seria impossível e distorcem as possibilidades de atender às demandas específicas das motoristas e dos motoristas dentro do modelo de emprego. Isso cria um contexto em que se impede as motoristas e os motoristas de terem direito a ter direitos.

Ante a ausência de percepção de perspectivas concretas para superar esse patamar de denegação de Justiça, os motoristas se agarram a um discurso de justificação da condição em que realmente se encontram, a de trabalhadoras e trabalhadores impedidos do direito de acesso a ter direitos. Tal situação é o que Nancy Fraser denomina de metainjustiça(14).

Conviver com essa condição de negação da própria dignidade impõe recorrer a estratégias discursivas de autoproteção, de negação da realidade sofrida, tão bem estudadas por Christophe Dejours(15), que são a porta escancarada para os *slogans* propagandeados

(14) FRASER, Nancy. *Scales of Justice* — Reimagining Political Space in a Globalizing World. New York: Columbia University Press, 2008.

(15) DEJOURS, Christophe. *A banalização da injustiça social*. Rio de Janeiro: FGV, 1999.

pelas empresas-plataformas quanto à "liberdade e autonomia", de "seja seu próprio chefe" e "trabalhe quando quiser". É assim que se constrói essa relação de poder, na qual os sujeitos dominados e explorados passam a defender a manutenção das condições de dominação e exploração.

O trabalhador absorve o discurso do empregador e se propõe a lutar por trabalho, sem direito de ter direito ao trabalho, evidenciando a urgência da intervenção do Estado para garantia de um patamar civilizatório mínimo. Entretanto, quando o Estado brasileiro finalmente decidiu realizar tal intervenção, a fez desconsiderando todos os tópicos aqui listados e acolhendo para si o medo das trabalhadoras e dos trabalhadores, no lugar de dissipá-lo.

Não sem razão, portanto, doutrinadores do Direito do Trabalho têm se posicionado em relação à desnecessidade de modernização da legislação trabalhista, como indicado por Ricardo Antunes, Luiz Correa e Rodrigo Carelli[(16)], e do debate "O que esperar da regulação do trabalho por plataforma em 2024?", que contou com a participação de Bruna Vasconcelos de Carvalho, auditora fiscal do Trabalho, Renan Kalil, procurador do Ministério Público do Trabalho, Carine Trindade, motorista de Uber e presidente do Sindicato dos Motoristas de Transporte Individual por Aplicativo do Rio Grande do Sul, e Wellington Araujo, presidente da Associação dos Trabalhadores por Aplicativo do Distrito Federal e Entorno (ATAM), sob a moderação de Nina Desgranges, pesquisadora de Democracia e Tecnologia no ITS[(17)].

No evento do ITS Rio, a presidenta do sindicato confirma o que foi trazido neste artigo, no sentido de que há, de sua parte, uma concordância com a caracterização do vínculo empregatício, mas que "fechou o acordo para ter a categoria reconhecida". Já o líder nacional dos motoristas, Leandro Medeiros, que preside o sindicato de São Paulo, manifestou durante o evento de envio do PLP 14/24 ao Congresso Nacional[(18)] seu contentamento com as decisões governamentais, comprovando mais uma vez que o medo tem sido utilizado para afastar o vínculo, em narrativa acolhida até pelos sindicalistas mais experientes.

## 3. Conclusões sobre o estatuto jurídico de reconhecimento em condições de igualdade com os demais empregados

Ora, quer-se fazer crer que o regime de emprego é incompatível com a previsão contratual de liberdade ou flexibilidade de horário, o que não é verdade, havendo diversas

(16) FAIXA LIVRE 08.03.2024 | Sâmia Bomfim, Ricardo Antunes, Rodrigo Carelli e Luiz Corrêa. Canal Faixa Livre, 8 mar. 2024. [144 min.]. Disponível em: https://www.youtube.com/watch?v=BxMHXUpoUpw. Acesso em: 15 mar. 2024.

(17) ITS Rio. O que esperar da regulação do trabalho por plataforma em 2024? | Varanda #138. ITS Rio, 7 mar. 2024. [72 min.]. Disponível em: https://www.youtube.com/watch?v=vmHgNNlkVxQ. Acesso em: 15 mar. 2024.

(18) LULA assina projeto de lei que regulamenta trabalho por aplicativos de transporte. *CanalGov*, 4 mar. 2024. [54 min.]. Disponível em: https://www.youtube.com/watch?v=qOG1iCemtbl. Acesso em: 15 mar. 2024.

hipóteses na legislação nesse sentido. Tampouco há qualquer exigência legal de exclusividade no regime de emprego. Nem sequer a obrigação de aceitação de chamados é absolutamente inerente ao regime empregatício, como previsto no art. 452-A, § 3º, da CLT, introduzido pela Lei n. 13.467/2017 para o trabalho intermitente. Portanto, fica clara a difusão de informações não verdadeiras e a dificuldade das motoristas e dos motoristas, inclusive dos líderes sindicais, de terem acesso ao conhecimento daquilo que poderiam ser suas condições de trabalho como empregados, uma vez reconhecidos em igualdade de direitos com os demais, ainda que a lei e acordos coletivos tratem de aspectos especiais da categoria.

Algo que as discussões do PLP 14/24 não têm abordado, mas que não se pode desconsiderar, é que, nessa resistência crítica ao vínculo de emprego, reside uma aspiração de algo mais. Além do reconhecimento do vínculo de emprego em igualdade de direitos com as demais trabalhadoras e trabalhadores, as motoristas e os motoristas expressam necessidades específicas de novas garantias legais, tais como i) a regulação da organização do trabalho de modo a propiciar maior qualidade na relação coletiva de trabalho, porque hoje é *gamificada*[19], com ordens ditadas algoritmicamente, de forma unilateral e não transparente, sem espaços de diálogo entre as trabalhadoras e os trabalhadores entre si e com as empresas, espaços de informação e de proteção em face de abusos; ii) definição e disciplina de um modelo flexível de jornada de trabalho, regulação de tempos de espera, jornada excedente, direito de desconexão e recusa; iii) discussão e regulação dos critérios igualitários de distribuição de chamados/corridas, de fixação e alteração dos valores pagos e retidos pelas empresas-plataformas, direitos de explicação e revisão de decisões automatizadas, inclusive de aplicação de sanções; iv) o direito à efetiva negociação coletiva em condições de paridade de participação com as empresas; v) uma legislação de suporte ao sindicato, que inclua reconhecimento da representatividade, forma de financiamento, acesso a informações dos critérios automatizados, dentre outros.

São demandas especialmente relevantes para os motoristas plataformizados, mas o seu atendimento não pode significar nunca menos do que o patamar de direitos mínimos previstos na legislação para a generalidade das trabalhadoras e dos trabalhadores subordinados. As trabalhadoras e os trabalhadores plataformizados **não** podem ser considerados uma subcategoria, uma subcidadania laboral, como deseja o PLP 14/24.

Antes de centrar o debate na questão do "querer ou não querer o vínculo", ou seja, a igualdade de direitos, é preciso que se entendam as condições de distorção comunicativa e da vivência de precariedade e vulnerabilidade dessas trabalhadoras e trabalhadores, suas vidas e vínculos. Há um claro rebaixamento de expectativas de direitos, estrategicamente construído, quando se veiculam pautas restritas a "um aumento da tarifa", ou mesmo um leque diminuto de direitos secundários reduzidos a plano odontológico,

(19) VIDIGAL, Viviane. *Capitalismo de plataforma:* as facetas e as falácias. Campinas: Mizuno, 2023.

seguro saúde, seguro de vida, sem a garantia de um estatuto jurídico de reconhecimento em condições de igualdade com os demais empregados.

Em função disso, é preciso que o Estado e a Sociedade definam qual modelo social querem construir, diante do enorme perigo, já visto antes na História, de alargar-se cada vez mais a brecha de desigualdade, inclusive entre grupos de trabalhadoras e trabalhadores. Pelas discussões que vêm ocorrendo, o cenário não parece animador.

A plataformização é um fenômeno que afeta a organização do trabalho tanto nas formas recentes sob demanda multitudinária, quanto em espaços tradicionais de trabalho. Por isso, o futuro das relações de trabalho está sendo jogado, hoje, no debate sobre a solução política, legislativa e jurídica que será dada para o enquadramento dos motoristas plataformizados. Se for aprovada uma lei que defina um estatuto juridicamente rebaixado às motoristas e aos motoristas e a outras trabalhadoras e trabalhadores plataformizados subordinados, será a cunha que promoverá a uberização de todas as demais profissões no Brasil, institucionalizando-se a precarização do trabalho humano, motivo pelo qual impera-se a reelaboração do PLP 14/24.

## Referências


ABÍLIO, Ludmila Costhek. Uberização do trabalho: subsunção real da viração. *Passa Palavra*, 19 fev. 2017. Disponível em: https://passapalavra.info/2017/02/110685/. Acesso em: 15 mar. 2024.

BRASIL. Tribunal Regional do Trabalho da 4ª Região. *Processo n. 0020882-91.2021.5.04.0201*. Recorrente: 99 tecnologia Ltda. Recorrido: Carina Mineia dos Santos Trindadero. Relator: Marcos Fagundes Salomão, 2022. Julgamento da 5ª Turma do TRT 4, e:m 23.06.2022.

DEJOURS, Christophe. *A banalização da injustiça social*. Rio de Janeiro: FGV, 1999.

FAIXA LIVRE 08.03.2024 | Sâmia Bomfim, Ricardo Antunes, Rodrigo Carelli e Luiz Corrêa. Canal Faixa Livre, 8 mar. 2024. [144 min.]. Disponível em: https://www.youtube.com/watch?v=BxMHXUpoUpw. Acesso em: 15 mar. 2024.

FANG, Lee. Uber CEO admits company can afford labor protections for drivers. *The Intercept*, 7 jan. 2022. Disponível em: https://theintercept.com/2022/01/07/uber-drivers-labor-protections-dara-khosrowshahi-european-union/. Acesso em: 13 mar. 2024.

FRASER, Nancy. *Scales of Justice* — Reimagining Political Space in a Globalizing World. New York: Columbia University Press, 2008.

ITS Rio. O que esperar da regulação do trabalho por plataforma em 2024? | Varanda #138. ITS Rio, 7 mar. 2024. [72 min.]. Disponível em: https://www.youtube.com/watch?v=vmHgNNlkVxQ. Acesso em: 15 mar. 2024.

LEME, Ana Carolina Paes Leme. *Da máquina à nuvem:* caminhos para o acesso à justiça pela via de direitos dos motoristas da Uber. São Paulo: LTr, 2019.

______. A relação entre o implemento das inovações tecnológicas disruptivas e a potencialização de práticas antissindicais. In: LEME, Ana Carolina Reis Paes; RODRIGUES, Bruno Alves; CHAVES JÚNIOR, José Eduardo de Resende (Coords.). *Tecnologias disruptivas e a exploração do trabalho humano*. São Paulo: LTr, 2017. p. 304-317.

______. *De vidas e vínculos*: as lutas dos motoristas plataformizados por reconhecimento, redistribuição e representação. 307 f. 2022. Tese (Doutorado em Direito). Faculdade de Direito. Universidade Federal de Minas Gerais/MG, 2022. Disponível no Repositório de Teses da Biblioteca da UFMG: https://repositorio.ufmg.br/handle/1843/45117. Acesso em: 15 mar. 2024.

LEVY, Clarissa. A máquina oculta de propaganda do iFood. *A pública*, 4 abr. 2022. Disponível em: https://apublica.org/2022/04/a-maquina-oculta-de-propaganda-do-ifood/. Acesso em: 13 mar. 2024.

LULA assina projeto de lei que regulamenta trabalho por aplicativos de transporte. *CanalGov*, 4 mar. 2024. [54 min.]. Disponível em: https://www.youtube.com/watch?v=qOG1iCemtbI. Acesso em: 15 mar. 2024.

UBER fireside chat with UBS. *Lee Fang* [Canal Youtube], 14 dez. 2021. Disponível em: https://www.youtube.com/watch?v=YDsOFNlET5U. Acesso em: 15 mar. 2024.

VIDIGAL, Viviane. *Capitalismo de plataforma:* as facetas e as falácias. Campinas: Mizuno, 2023.

# O Grupo de Empresas Após o Tema de Repercussão Geral 1.232

*Ulisses de Miranda Taveira*[1]

*Vinícius de Miranda Taveira*[2]

## Introdução

O Tema 1.232 de Repercussão Geral trata de alguns dos temas mais frequentes nas execuções trabalhistas e que, por tal motivo, são bastante caros aos estudiosos da seara laboral. O tema versa sobre a possibilidade ou não de inclusão de empresas do grupo na fase de execução, e sobre a necessidade de adoção do incidente de desconsideração da personalidade jurídica para tal fim.

Em 25.5.2023, o ministro Dias Toffoli concedeu medida liminar no RExt 1.387.795-MG (Tema de Repercussão Geral n. 1.232), determinando a suspensão imediata de todas as execuções trabalhistas na Justiça do Trabalho em que se discute a inclusão de empresas do grupo que não participaram da fase de conhecimento.

Em razão da vasta abrangência dos efeitos da decisão, nós, operadores do Direito da área trabalhista, recebemos a notícia com surpresa, considerando as dúvidas acerca da amplitude da liminar e seus potenciais efeitos em dezenas de milhares de execuções trabalhistas em trâmite no país.

Em 3.11.2023, o Ministro relator Dias Toffoli apresentou seu voto, sendo que até a conclusão do presente artigo, a votação pelo Plenário ainda não havia sido concluída. Acompanharam o relator os ministros Alexandre de Moraes e Flávio Dino.

---

(1) Mestre e Doutorando em Função Social do Direito pela FADISP. Especialista em Direito do Trabalho e Juiz titular da Vara do Trabalho de Mirassol D'Oeste, TRT da 23ª Região. Ex-Oficial de Justiça no TRT da 15ª Região. Ex-Analista e Técnico Judiciário do TRT da 2ª Região. Professor convidado das EJUDs dos TRTs 2, 5, 6, 9, 15, 21 e 23, além de cursos de pós-graduação em Direito e Processo do Trabalho. Coautor do *Manual estratégico de recuperação judicial:* Impactos no Direito e no Processo do Trabalho.

(2) Mestre em Função Social do Direito. Especialista em Direito Público. Juiz no TRT da 15ª Região. Professor convidado das EJUDs dos TRTs 2, 5, 6, 9, 15, 21 e 23, além de cursos de pós-graduação em Direito e Processo do Trabalho. Coautor do *Manual estratégico de recuperação judicial*: Impactos no Direito e no Processo do Trabalho.

Como veremos nos capítulos subsequentes, a proposta de tese apresentada pelo ministro Dias Toffoli em seu voto — que tende a ser seguida pela maioria da Corte — promove modificações relevantes nos contornos do instituto do grupo de empresas e no procedimento para execução de empresas do grupo que não participaram da fase de conhecimento.

Diante disso, o presente artigo tem o intuito de contribuir para o debate sobre os assuntos relacionados ao Tema 1.232, analisando os preceitos decorrentes da proposta de tese apresentada pelo ministro relator e seus possíveis impactos nas execuções trabalhistas.

## 1. Contextualização do Tema 1.232 de Repercussão Geral

O Tema 1.232 de Repercussão Geral não é um assunto novo na Justiça do Trabalho. Há bastante tempo, é objeto de debates na doutrina e na jurisprudência, especialmente após o cancelamento da antiga Súmula n. 205 do Tribunal Superior do Trabalho, em 2013. Vejamos o teor da súmula cancelada:

> Súmula n. 205 do TST:
>
> GRUPO ECONÔMICO. EXECUÇÃO. SOLIDARIEDADE (cancelada) – Res. n. 121/2003, *DJ* 19, 20 e 21.11.2003
>
> O responsável solidário, integrante do grupo econômico, que não participou da relação processual como reclamado e que, portanto, não consta no título executivo judicial como devedor, não pode ser sujeito passivo na execução.

O cancelamento da referida súmula decorreu da interpretação do art. 2º, § 2º, da CLT,(3) reconhecendo-se o grupo como empregador único, em consonância com o entendimento consolidado na Súmula n. 129 do Tribunal Superior do Trabalho.(4) De acordo com tal posicionamento, a participação de um integrante do grupo na fase de conhecimento equivale à participação de todo o grupo. O trecho da ementa, a seguir colacionado, retrata tal posicionamento:

> AGRAVO DE INSTRUMENTO. Lei n. 13.467/2017. EXECUÇÃO. INCLUSÃO DE EMPRESA PERTENCENTE A MESMO GRUPO ECONÔMICO NA FASE DE EXECUÇÃO MESMO NÃO TENDO PARTICIPADO DA FASE DE CONHECIMENTO. POSSIBILIDADE. (...) A jurisprudência atual e pacífica desta Corte Superior é no sentido da possibilidade de inclusão de

---

(3) O art. 2º, § 2º, da CLT, na época do cancelamento da Súmula n. 205 do TST, tinha o seguinte teor: § 2º *Sempre que uma ou mais empresas, tendo, embora, cada uma delas, personalidade jurídica própria, estiverem sob a direção, controle ou administração de outra, constituindo grupo industrial, comercial ou de qualquer outra atividade econômica, serão, para os efeitos da relação de emprego, solidariamente responsáveis a empresa principal e cada uma das subordinadas.*

(4) Súmula n. 129 do TST: *CONTRATO DE TRABALHO. GRUPO ECONÔMICO. A prestação de serviços a mais de uma empresa do mesmo grupo econômico, durante a mesma jornada de trabalho, não caracteriza a coexistência de mais de um contrato de trabalho, salvo ajuste em contrário.*

empresa pertencente a mesmo grupo econômico, somente na fase de execução, sem que isso resulte em violação dos princípios do devido processo legal, contraditório e ampla defesa, dispostos no art. 5º, LIV, LV, da CF. (...)

(TST-RR-79400-82.2005.5.02.0042. relª.: Desª. convocada Cilene Ferreira Amaro Santos, 6ª Turma, Publicação: *DEJT* 31.5.2019)

Com a promulgação do Código de Processo Civil de 2015, a discussão ganhou força em razão do disposto no seu art. 513, § 5º:

Art. 513. (...)

§ 5º O cumprimento da sentença não poderá ser promovido em face do fiador, do coobrigado ou do corresponsável que não tiver participado da fase de conhecimento.

Apesar de a jurisprudência do Tribunal Superior do Trabalho ter se mantido estável sobre a adoção da teoria do empregador único e possibilidade de inclusão de empresas do grupo na fase de execução, passaram a ser cada vez mais frequentes decisões no âmbito dos Tribunais Regionais do Trabalho divergindo do entendimento então prevalecente no Tribunal Superior do Trabalho.

Além das controvérsias jurídicas, é importante destacar o impacto social e econômico que a opção pela inclusão ou não de empresas do grupo econômico na fase de execução pode ter.

Muitas vezes, as empresas pertencentes ao mesmo grupo possuem interdependência financeira e operacional, o que repercute tanto para os credores trabalhistas quanto para a manutenção das atividades empresariais. Entender essa dinâmica é crucial para a análise das decisões judiciais neste contexto.

Uma corrente defende a inviabilidade da inclusão de empresas do grupo na execução por força do art. 513, § 5º, do CPC, como se vê no seguinte julgado:

AGRAVO DE PETIÇÃO. EMPRESAS INTEGRANTES DO MESMO GRUPO ECONÔMICO QUE NÃO PARTICIPARAM DO PROCESSO NA FASE DE CONHECIMENTO. IMPOSSIBILIDADE DE INCLUSÃO NO POLO PASSIVO NA FASE DA EXECUÇÃO. ART. 513, § 5º, DO CPC/2015. DECISÃO E. STF NO JULGAMENTO DO ARE 1.160.361-SP EM 10/09/2021. Dispõe o § 5º do art. 513 do CPC/2015, *verbis*: "O cumprimento da sentença não poderá ser promovido em face do fiador, do coobrigado ou do corresponsável que não tiver participado da fase de conhecimento". Aliás, este dispositivo legal está em consonância com a regra prevista na Súmula n. 205 do Col. TST, que foi cancelada antes da entrada em vigor do CPC/2015. Diante da lacuna verificada no processo trabalhista em relação a esta matéria, nos termos do art. 15 do CPC/2015, a regra disposta no § 5º do art. 5513 do CPC/2015 deve ser aplicada ao caso em exame. Por fim, vale lembrar que a sentença somente faz coisa julgada às partes entre as quais é dada, nos termos do art. 506 do CPC/2015 (limite subjetivo da coisa julgada). No mesmo sentido, a decisão do Exmo. Ministro Gilmar Mendes do E. STF, no julgamento do ARE 1.160.361-SP, em 10.9.2021, sobre a necessidade de observância da Cláusula de Reserva de Plenário (Súmula Vinculante n. 10),

> caso o Tribunal Trabalhista de Origem resolva pela não aplicação da regra insculpida no § 5º do art. 513 do CPC/2015. Assim, como as empresas agravantes não participaram do processo na fase de conhecimento, tendo sido incluídas na lide somente na fase de execução após a vigência do CPC/2015 (a partir de 18/3/2016), não detêm legitimidade ad causam para figurar no polo passivo desta execução trabalhista. Agravos de petição providos no aspecto.
>
> (TRT3. APPS 0010148-21.2020.5.03.0112, rel. Rodrigo Ribeiro Bueno, 9ª T., Publicação 4.2.2022)

Outra vertente, intermediária, admite a inclusão de empresa do grupo na fase de execução, contudo por meio de incidente de desconsideração da personalidade jurídica. A ementa a seguir retrata o posicionamento:

> MANDADO DE SEGURANÇA. INCLUSÃO DE SÓCIOS OU DE EMPRESAS PERTENCENTES AO MESMO GRUPO ECONÔMICO NO POLO PASSIVO. NECESSIDADE DE INSTAURAÇÃO DE INCIDENTE DE DESCONSIDERAÇÃO DA PERSONALIDADE JURÍDICA. A desconsideração da personalidade jurídica e/ou inclusão de empresa pertencente a grupo econômico no polo passivo da execução deve, necessariamente, ser precedida de instauração do incidente, com direito de defesa (arts. 133 a 137 do CPC/2015 e art. 855-A da CLT).
>
> (TRT18 MSCIV 0010258-77.2022.5.18.0000, relª. Kathia Maria Bomtempo de Albuquerque, Tribunal Pleno, Data de Julgamento: 29.6.2022)

Importante lembrar, ainda, o ajuizamento da ADPF 488 em 2017 pela Confederação Nacional do Transporte, questionando também a constitucionalidade da inclusão de empresas integrantes do grupo na fase de execução em processos trabalhistas.(5)

Em tal contexto de intensa cizânia jurisprudencial, em 19.10.2021, o ministro Gilmar Mendes proferiu decisão liminar na Reclamação Constitucional 49.974, suspendendo uma execução trabalhista na qual a empresa do grupo havia sido incluída sem que tivesse participado da fase de conhecimento, sob o fundamento de que a não observância do art. 513, § 5º, do CPC violava a reserva de plenário e a Súmula vinculante 10. A decisão liminar foi ratificada pela 2ª Turma do STF.

Como decorrência da aludida liminar, outra decisão também repercutiu significativamente na jurisprudência trabalhista, acirrando ainda mais a controvérsia. Em dezembro de 2021, contrariando a jurisprudência da Corte Superior Trabalhista, a 4ª Turma do Tribunal Superior do Trabalho refutou a inclusão na fase de execução de empresa do grupo que não figurou no conhecimento, sob o fundamento de violação do devido processo legal, ampla defesa e contraditório:

> RECURSO DE REVISTA – FASE DE EXECUÇÃO – RECONHECIMENTO DE GRUPO ECONÔMICO – ALEGAÇÃO DE ILEGITIMIDADE PASSIVA *AD CAUSAM* – INCLUSÃO, NA FASE DE EXECUÇÃO, DE EMPRESA INTEGRANTE DE GRUPO ECONÔMICO SEM QUE TENHA PARTICIPADO DA

---

(5) A ADPF 488 foi extinta sem resolução de mérito em novembro de 2023.

FASE DE CONHECIMENTO – CANCELAMENTO DA Súmula n. 205 DO TST – PRECEDENTE DO ARE 116361/SP DO STF – VIOLAÇÃO DO ART. 5º, LIV E LV, DA CF – MATÉRIA NOVA – TRANSCENDÊNCIA POLÍTICA – PROVIMENTO. 1. Em sede de execução de sentença, o recurso de revista somente é admissível com base na ocorrência de violação literal e direta de dispositivo constitucional, a teor da Súmula n. 266 do TST e do art. 896, § 2º, da CLT. 2. Esta Corte Superior, após o cancelamento da Súmula n. 205 do TST em 21.11.03, passou a entender majoritariamente que é despicienda a participação, na fase de conhecimento, de empresa solidariamente responsável pelo crédito trabalhista, podendo a referida empresa ser incluída diretamente no polo passivo da fase de execução. Tal entendimento visava a dar maior celeridade processual às demandas laborais bem como a resguardar os casos em que os grupos econômicos são constituídos após a propositura da ação judicial. 4. Ora, de acordo com o art. 513, § 5º, do NCPC, "o cumprimento da sentença não poderá ser promovido em face do fiador, do coobrigado ou do corresponsável que não tiver participado da fase de conhecimento". Ademais, o STF, no ARE 1160361/SP (Rel. Min. Gilmar Mendes, *DJE* 14.09.21), cassou decisão proferida por Turma do TST que admitia a possibilidade da inclusão de empresa pertencente a grupo econômico, mesmo que não tivesse participado da fase de conhecimento. 5. *In casu*, a reclamação trabalhista foi ajuizada em 12.12.18, já na vigência do novo Código de Processo Civil, incidindo sobre ele a norma do art. 513, § 5º, do CPC. Portanto, ainda que verificada pelas provas dos autos a participação da Recorrente no grupo econômico, por coordenação horizontal informal, a decisão do Tribunal Regional merece ser reformada porque considerou desnecessária a participação da empresa na fase de conhecimento, violando o disposto no art. 5º, LIV e LV, da CF. Recurso de revista conhecido e provido.

(TST – RR: 10016259620185020048, relator: Ives Gandra da Silva Martins Filho, Data de Julgamento: 1º.12.2021, 4ª Turma, Data de Publicação: 10.12.2021)

Posteriormente, em 2022, foram deferidas outras duas liminares, nas Reclamações Constitucionais 51.756 e 51.682, ambas da lavra do ministro Nunes Marques (também da 2ª Turma do STF), no mesmo sentido daquela decisão anterior do ministro Gilmar Mendes.

Em direção oposta, a 1ª Turma do STF manteve entendimento divergente, reconhecendo que a não aplicação do art. 513, § 5º, do CPC não afrontava a Súmula Vinculante n. 10 e o art. 97 da Constituição Federal, pois tal se deve à interpretação e aplicação de normas legais diversas, especialmente o art. 2º, § 2º, da CLT:

Agravo regimental em reclamação. Súmula Vinculante n. 10. Violação. Inexistência. Interpretação e aplicação de normas infraconstitucionais ao caso concreto. Ato reclamado que não apresenta aderência com o paradigma da Corte. Agravo regimental ao qual se nega provimento.

1. O reconhecimento da responsabilidade solidária da parte reclamante, por fazer parte de grupo econômico, se deu com fundamento no 2º, § 2º, da CLT e na legislação infraconstitucional pertinente. 2. Não houve afastamento da aplicação do art. 513, § 5º, do CPC, no todo ou em parte, ainda que implicitamente, pela autoridade reclamada, mas apenas um juízo interpretativo das normas celetistas. 3. Não há violação do art. 97 da Constituição Federal ou da Súmula Vinculante n. 10 do STF quando o Tribunal de origem

> nem sequer adentra na análise da norma objeto da reclamação constitucional, interpretando e aplicando ao caso concreto outras normas mais específicas. Precedentes. 4. A aderência estrita do objeto do ato reclamado ao conteúdo das decisões paradigmas é requisito de admissibilidade da reclamação constitucional. 5. Agravo regimental não provido.
>
> (Rcl 52.864-AgR, rel. Min. Dias Toffoli, 1ª Turma, 5.8.2022)

Foi nesse emaranhado de divergência jurisprudencial que, em maio de 2023, o ministro Dias Toffoli concedeu a medida liminar no Tema 1.232 de Repercussão Geral.

O voto do ministro relator foi apresentado em 3.11.2023 e o julgamento do mérito foi levado ao Plenário Virtual em três ocasiões, porém, até a entrega deste artigo, o julgamento ainda não havia sido concluído. O voto do relator foi acompanhado pelos ministros Alexandre de Moraes e Flávio Dino. Embora os demais ministros ainda não tenham apresentado seus votos, acreditamos que, possivelmente, o voto do ministro relator deva prevalecer no Plenário, tendo em vista os entendimentos manifestados por outros ministros em Reclamações Constitucionais(6) por afronta à decisão liminar do Tema 1.232, assim como o voto do Ministro Gilmar Mendes na ADPF 488(7) e na ADPF 951.(8)

Nos próximos capítulos, analisaremos os preceitos fixados no voto do ministro Relator do Tema 1.232.

## 2. Os preceitos estabelecidos na decisão do Tema 1.232 de Repercussão Geral

A tese proposta no Tema 1.232 pelo ministro relator tem o seguinte teor:

> É permitida a inclusão no polo passivo da execução trabalhista de pessoa jurídica pertencente ao mesmo grupo econômico (art. 2º, §§ 2º e 3º da CLT) e que não participou da fase de conhecimento, desde que devidamente justificada a pretensão em prévio

(6) Entre outras, destacamos as seguintes decisões que indicam o posicionamento de outros ministros: Rcl: 60.470 (Min. Roberto Barroso. Data da publicação 14.8.2023) e Rcl 60.263, (Min. Luiz Fux. Data da publicação 21.6.2023).

(7) A ADPF 488, de relatoria da ministra Rosa Weber, não foi conhecida por voto da maioria dos ministros, vencido apenas o ministro Gilmar Mendes, em cujo voto conhecia da ação e julgava parcialmente procedente o pedido. Segue a transcrição do dispositivo do voto do ministro Gilmar Mendes: *Ante o exposto, divirjo da eminente Relatora para conhecer da ação e, no mérito, julgar parcialmente procedente o pedido, para declarar a incompatibilidade com a Constituição Federal das decisões judiciais proferidas pela Justiça do Trabalho que incluem, na fase de execução, sujeitos que não participaram da fase de conhecimento, ao argumento de que fazem parte do mesmo grupo econômico, a despeito da ausência de efetiva comprovação de fraude na sucessão e independentemente de sua prévia participação no processo de conhecimento ou em incidente de desconsideração da personalidade jurídica.*

(8) A ADPF 951, de relatoria do ministro Alexandre de Moraes, que versava sobre a sucessão de empresas, não foi conhecida por voto da maioria dos ministros, vencido somente o ministro Gilmar Mendes, em cujo voto conhecia da ação e julgava parcialmente procedente o pedido. O dispositivo do voto divergente é literalmente idêntico ao dispositivo do seu voto vencido na ADPF 488, o que corrobora a probabilidade de o ministro Gilmar Mendes acompanhar o relator no Tema 1.232 de Repercussão Geral.

> incidente de desconsideração da pessoa jurídica, nos termos do art. 133 a 137 do CPC, com as modificações do art. 855-A da CLT, devendo ser atendido o requisito do art. 50 do Código Civil (abuso da personalidade jurídica). Aplica-se tal procedimento mesmo aos redirecionamentos operados antes da Reforma Trabalhista de 2017.

Como se vê, o voto do ministro relator fixou três premissas: (i) possibilidade de redirecionamento da execução contra empresas do grupo que não participaram da fase de conhecimento; (ii) necessidade de instauração de incidente de desconsideração da personalidade jurídica; e (iii) observância dos pressupostos do art. 50 do Código Civil (abuso da personalidade jurídica).

A proposta de tese apresentada pelo ministro Dias Toffoli deve ser vista à luz dos princípios da celeridade e da efetividade processual, tão caros à Justiça do Trabalho. No entanto, é imperativo equilibrar a aplicação de tais princípios com a necessidade de se garantir um julgamento justo e equânime. A eliminação do incidente de desconsideração da personalidade jurídica pode agilizar o processo, mas também levanta preocupações sobre a preservação dos direitos de defesa das empresas incluídas na fase de execução.

Analisaremos, na sequência, cada uma das premissas fixadas no voto do ministro relator.

## 2.1. Não incidência do art. 513, § 5º, do CPC no Processo do Trabalho e a possibilidade de inclusão de empresa do grupo na fase de execução

De acordo com a proposta apresentada no voto do ministro relator, a não aplicação do art. 513, § 5º, do CPC ao Processo do Trabalho não configura violação ao art. 97 da Constituição Federal nem afronta à Súmula vinculante 10, como se vê no seguinte trecho do voto:

> (...) o redirecionamento da execução trabalhista tem como fundamento o reconhecimento da responsabilidade solidária de empresa pertencente ao mesmo grupo econômico, nos termos do art. 2º, §§ 2º e 3º da CLT, e, assim, está fundada tão somente em juízo interpretativo das normas celetistas, que possuem — nos termos já expostos — suas particularidades. Desse modo, seguindo a linha de entendimento que tenho adotado na apreciação das reclamações em que suscitada essa mesma matéria, entendo que não há violação do art. 97 da Constituição ou da Súmula Vinculante n. 10 quando o Tribunal de origem nem sequer adentra na análise do art. 513, § 5º, do CPC, apenas interpretando e aplicando ao caso concreto outras normas mais específicas. (...)

A propósito, conforme já sustentamos em outra ocasião,[9] as normas do CPC não são autoaplicáveis ao Processo do Trabalho, visto que os arts. 769 e 889 da CLT

(9) TAVEIRA, Ulisses de Miranda Taveira; TAVEIRA, Vinícius de Miranda Taveira. "Tema de repercussão geral 1.232: breves reflexões sobre repercussões da suspensão das execuções trabalhistas". Disponível em: https://www.migalhas.com.br/depeso/388297/tema-de-repercussao-geral-1-232.

estabelecem que as normas processuais civis incidem subsidiariamente ao Processo do Trabalho e desde que compatíveis com este. Em paralelo, o art. 15 do CPC preceitua que suas normas se aplicam aos processos laborais supletiva e subsidiariamente. Alia-se a isso que o art. 2º, § 2º, da CLT expressamente prescreve que todas as empresas do grupo são solidariamente responsáveis.

Além disso, é preciso salientar que a norma do 5º do art. 513 do CPC não existe soberana e isoladamente, coexistindo com outras normas principiológicas e legais em nosso ordenamento, inclusive do mesmo Código, de modo que sua interpretação e aplicação deve se dar de modo sistemático, em conjunto com as demais normas existentes. Com efeito, destacamos que o art. 133 do CPC autoriza a desconsideração da personalidade jurídica como mecanismo de inclusão de terceiros responsáveis, inclusive na fase de execução, sendo que o art. 855-A da CLT prevê literalmente a aplicação do incidente de desconsideração da personalidade jurídica no Processo do Trabalho.

Logo, fica evidente a existência de arcabouço legal em nosso ordenamento capaz de sustentar a inclusão de empresas do grupo nas execuções trabalhistas, sem que isso configure declaração de inconstitucionalidade tácita do art. 513, § 5º, do CPC, ou mesmo violação ao contraditório, à ampla defesa ou ao devido processo legal.

Ademais, deve-se lembrar que são bastante frequentes na Justiça do Trabalho os casos em que as empresas do grupo nem mesmo existiam na época da propositura da ação e somente vieram a ser constituídas posteriormente, o que, por si, inviabiliza, em tais situações de modo intransponível, a inclusão das novas empresas do grupo na época do ajuizamento. Igualmente, a existência da empresa do grupo, muitas vezes, é desconhecida pelo autor quando da distribuição da ação. Em tais hipóteses, além da incidência das regras do art. 2º, §§ 2º e 3º, da CLT, é plenamente possível sustentar-se a possibilidade de instauração de incidente de desconsideração da personalidade jurídica para a inclusão da empresa do grupo na fase de execução, garantindo-se, com isso, o respeito ao contraditório prévio.

Portanto, a nosso ver e em consonância com o voto apresentado pelo ministro relator do Tema 1.232, a questão acerca da aplicação ou não do § 5º do art. 513 do CPC ao Processo do Trabalho reside no âmbito da interpretação infraconstitucional, perpassando pelos filtros dos arts. 769 e 889 da CLT, além se comunicar com outras normas legais coexistentes.

## 2.2. Necessidade de instauração do incidente de desconsideração da personalidade jurídica para inclusão de empresa do grupo na fase de execução

Na proposta de tese apresentada em seu voto no Tema 1.232, o ministro relator reconheceu a licitude de inclusão de empresas do grupo na fase de execução trabalhista, desde que instaurado o incidente de desconsideração da personalidade jurídica.

Sustentou, na fundamentação do voto-relatório, que o redirecionamento da execução contra empresas do grupo deve ser necessariamente precedida de contraditório, em consonância com as garantias fundamentais do contraditório substancial, da ampla defesa e do devido processo legal. De acordo com ministro relator, o contraditório *a posteriori* nos embargos à execução não é suficiente para garantir o respeito às aludidas garantias fundamentais em razão da relevância dos potenciais impactos decorrentes de atos constritivos sobre os bens das empresas do grupo. Nesse sentido, cabe transcrever alguns trechos do voto-relatório:

> (...) Com efeito, o redirecionamento da execução trabalhista, ainda que para incluir no polo passivo da execução corresponsável solidário, nos termos do art. 2º, §§ 2º e 3º da CLT, não pode se dar ao arrepio das garantias constitucionais do processo, no qual seja assegurada ao corresponsável que não participou da fase de conhecimento ao menos a oportunidade de, ao ser chamado a integrar o polo passivo, na fase de execução do julgado, discutir se existe (ou não) a razão alegada pelo exequente para sua inclusão no feito, produzindo as provas pertinentes.
>
> (...) o redirecionamento da execução trabalhista operada sem oportunidade efetiva de defesa não conduz a um processo adequado e justo, por permitir a constrição judicial e, por conseguinte, a perda de bens sem a mínima possibilidade de discussão e influência do convencimento do juiz quanto às premissas fática e jurídica que a ensejaram. Convola-se o processo, assim, em instrumento de flagrante arbítrio estatal. (...)

Importante destacar que a proposta de tese no Tema 1.232 estabelece, de modo explícito, que tal entendimento incide, também, nos processos anteriores à Reforma Trabalhista (Lei n. 13.467/2017).

Em que pese o instituto da *disregard doctrine* e o incidente de desconsideração da personalidade jurídica tenha surgido originalmente para se alcançarem os bens dos sócios, é fato que o nosso ordenamento jurídico já previa outras hipóteses — que não no Processo do Trabalho — de utilização do incidente de desconsideração da personalidade jurídica como meio processual adequado para responsabilização de empresas do grupo, como, por exemplo, no art. 50 do Código Civil, art. 28 do Código de Defesa do Consumidor, assim como o art. 82-A da Lei n. 11.101/05.

Logo, com a provável aprovação da tese proposta pelo voto do ministro relator no Tema 1.232, somente será possível executar-se empresa do grupo que não participou da fase de conhecimento após a instauração do incidente de desconsideração da personalidade jurídica, nos moldes do art. 855-A da CLT e arts. 133 a 139 do Código de Processo Civil.

Como consequência, entendemos que a responsabilização de empresas do grupo tende a se tornar mais difícil nos processos da Justiça do Trabalho, reduzindo, assim, a proteção ao crédito alimentar trabalhista.

### 2.3. Aplicação do art. 2º da CLT c/c art. 50 do Código Civil. Necessidade de configuração do abuso da personalidade jurídica

Além de exigir a instauração do incidente de desconsideração da personalidade jurídica, a tese proposta no Tema 1.232 vai além, estabelecendo os parâmetros materiais para a responsabilização de empresas do grupo.

Antes de analisarmos o teor de tal premissa proposta pelo ministro relator, ressaltamos que, a nosso ver, a análise dos requisitos para configuração do grupo de empresas e sua responsabilização no âmbito do Direito do Trabalho extrapola os limites do objeto do tema objeto do 1.232. Com efeito, a discussão restringia-se à possibilidade de inclusão na fase de execução de empresa integrante do grupo, tendo em vista o disposto no art. 513, § 5º, do CPC. A propósito, ao delimitar a controvérsia constitucional no relatório, o ministro relator assim se manifestou no voto:

> (...)
>
> II – Delimitação da controvérsia constitucional
>
> No caso em exame, discute-se a possibilidade de se incluir no polo passivo da lide, na fase de execução trabalhista, empresa integrante de grupo econômico que não tenha participado do processo de conhecimento, daí derivando, em termos constitucionais, os seguintes questionamentos a serem enfrentados pela Corte no presente paradigma:
>
> (i) a inclusão de empresa integrante de grupo econômico no polo passivo da execução trabalhista, sem que ela tenha constado do título executivo, vai de encontro aos postulados do devido processo legal, do contraditório e da ampla defesa? e
>
> (ii) o Tribunal de origem, ao assim proceder, afasta a incidência do art. 513, § 5º, do CPC vigente — que veda o redirecionamento da execução àquele que não tenha participado da fase de conhecimento — sem a observância da cláusula de reserva de plenário (CF, art. 97) e da Súmula Vinculante n. 10? (...)

Como se vê, o RExt 1.387.795-MG (*leading case* do Tema de Repercussão Geral n. 1.232) versava exclusivamente sobre matéria de caráter processual, com o fim de se estabelecer se, à luz da Constituição Federal, é lícita ou não a inclusão de empresas do grupo na fase de execução, e se é ou não necessária a adoção do incidente de desconsideração da personalidade jurídica para tal fim. O exame dos requisitos substanciais para responsabilização de empresas do grupo não se inseria no bojo da discussão.

Apesar de tal extrapolação, caso a tese proposta seja aprovada, terá eficácia vinculante, de modo que os órgãos do Poder Judiciário Trabalhista deverão segui-la, nos termos dos arts. 926, 927, III, e 988, § 5º, II, do Código de Processo Civil.

O ministro relator propôs em seu voto que as empresas do grupo somente respondam quando, além de estarem presentes os pressupostos do art. 2º, §§ 2º e 3º, da CLT, também se verifiquem os pressupostos do art. 50 do Código Civil. Vejamos o teor do referidos dispositivos:

> CLT, Art. 2º:
>
> (...)
>
> § 2º Sempre que uma ou mais empresas, tendo, embora, cada uma delas, personalidade jurídica própria, estiverem sob a direção, controle ou administração de outra, ou ainda quando, mesmo guardando cada uma sua autonomia, integrem grupo econômico, serão responsáveis solidariamente pelas obrigações decorrentes da relação de emprego.
>
> § 3º Não caracteriza grupo econômico a mera identidade de sócios, sendo necessárias, para a configuração do grupo, a demonstração do interesse integrado, a efetiva comunhão de interesses e a atuação conjunta das empresas dele integrantes.
>
> Código Civil, art. 50. Em caso de abuso da personalidade jurídica, caracterizado pelo desvio de finalidade ou pela confusão patrimonial, pode o juiz, a requerimento da parte, ou do Ministério Público quando lhe couber intervir no processo, desconsiderá-la para que os efeitos de certas e determinadas relações de obrigações sejam estendidos aos bens particulares de administradores ou de sócios da pessoa jurídica beneficiados direta ou indiretamente pelo abuso.
>
> § 1º Para os fins do disposto neste artigo, desvio de finalidade é a utilização da pessoa jurídica com o propósito de lesar credores e para a prática de atos ilícitos de qualquer natureza.
>
> § 2º Entende-se por confusão patrimonial a ausência de separação de fato entre os patrimônios, caracterizada por:
>
> I – cumprimento repetitivo pela sociedade de obrigações do sócio ou do administrador ou vice-versa;
>
> II – transferência de ativos ou de passivos sem efetivas contraprestações, exceto os de valor proporcionalmente insignificante; e
>
> III – outros atos de descumprimento da autonomia patrimonial.
>
> § 3º O disposto no *caput* e nos §§ 1º e 2º deste artigo também se aplica à extensão das obrigações de sócios ou de administradores à pessoa jurídica.
>
> § 4º A mera existência de grupo econômico sem a presença dos requisitos de que trata o *caput* deste artigo não autoriza a desconsideração da personalidade da pessoa jurídica.
>
> § 5º Não constitui desvio de finalidade a mera expansão ou a alteração da finalidade original da atividade econômica específica da pessoa jurídica.

Assim, segundo a proposta do relator no Tema 1.232, a responsabilidade dos integrantes do grupo não decorre exclusivamente da demonstração do interesse integrado, da efetiva comunhão de interesses ou da atuação conjunta das empresas dele integrantes, conforme disposto no art. 2º, § 3º, da CLT. Deve estar presente, também, o requisito estabelecido no art. 50 do Código Civil, qual seja, o abuso da personalidade jurídica, caracterizado pelo desvio de finalidade ou pela confusão patrimonial.

Em consonância com o art. 50 do Código Civil, o desvio de finalidade se configura quando se utiliza a pessoa jurídica com o propósito de lesar credores e para a prática de atos ilícitos de qualquer natureza. A confusão patrimonial ocorre pela ausência de separação de fato entre os patrimônios, caracterizada por (i) cumprimento repetitivo pela sociedade de obrigações do sócio ou do administrador ou vice-versa; (ii) transferência de ativos ou de passivos sem efetivas contraprestações, exceto os de valor proporcionalmente insignificante; ou (...) outros atos de descumprimento da autonomia patrimonial.

Com isso, se aprovada, a tese proposta do ministro relator no Tema 1.232 acarretará profundas mudanças nos requisitos para responsabilização de empresas do grupo, pois a responsabilidade solidária não mais será consequência automática da existência do grupo empresarial nos termos preconizados no art. 2º, §§ 2º e 3, da CLT. Deverá, também, estar presente alguma das hipóteses de abuso de personalidade jurídica: desvio de finalidade ou confusão patrimonial.

Sobre tal ponto, o ministro relator destacou em seu voto que:

> É fundamental que o instituto da desconsideração nos grupos econômicos não atinja a empresa que atua de boa-fé. (...) a simples exigência da configuração de grupo econômico é critério que abstrai da necessidade de se resguardar, também, outros princípios da ordem econômica, como a livre iniciativa, a propriedade privada e a busca do pleno emprego.
>
> O cumprimento da função social da empresa passa, necessariamente, pela garantia da regular consecução da atividade econômica, premissa que informa o princípio da preservação da empresa. (...)

Logo, com a aprovação da tese proposta, mesmo que a existência do grupo de empresa seja incontroversa ou seja fato notório, as demais integrantes do grupo apenas responderão solidariamente com a empregadora se verificado o abuso da personalidade jurídica, caracterizado pelo desvio de finalidade ou pela confusão patrimonial.

## 3. A abrangência da decisão do Tema 1.232 de Repercussão Geral

Após a conclusão da votação, caso a tese proposta prevaleça como apresentada pelo ministro relator, certamente surgirão divergências sobre a abrangência da eficácia do Tema 1.232. Entre as prováveis controvérsias, destacamos as seguintes: (i) incidência ou não da tese do Tema 1.232 nos processos nos quais a responsabilização do grupo foi reconhecida na fase de conhecimento; (ii) aplicação ou não nas ações em que se condenou solidariamente empresas do grupo de empresas em decisão proferida na fase de execução já transitada em julgado; (iii) incidência ou não nos casos em que se discute a sucessão empresarial ou fraude à execução.

### *3.1. Não incidência nos casos em que a responsabilização de empresas do grupo foi reconhecida em sentença na fase de conhecimento*

Tendo em vista que a tese proposta pelo ministro relator no Tema 1.232, se aprovada, acarretará mudanças sensíveis em relação à jurisprudência prevalecente dos tribunais trabalhistas, é certo que a modulação dos efeitos da decisão, nos termos do art. 927, § 3º, do Código de Processo Civil, evitaria muitas divergências acerca da aplicação ou não da tese em processos nos quais a matéria já tenha sido decidida anteriormente.

Contudo, caso não seja estabelecida a modulação, entendemos que o Tema 1.232 não deve ser aplicável nos casos em que a responsabilização de empresas do grupo tenha sido reconhecida por sentença na fase de conhecimento.

Primeiro, porque o Tema 1.232 versa sobre a inclusão de empresas do grupo na fase de execução – e não na fase cognitiva. Logo, se a empresa do grupo participou da fase de conhecimento e a questão foi objeto da sentença, não se incide o Tema 1.232 por falta de aderência, mesmo que a sentença ainda não tenha transitado em julgado.

Ademais, quando já houve o trânsito em julgado da decisão que decidiu sobre a responsabilização de empresa integrante do grupo, deve prevalecer a coisa julgada, em respeito às garantias da segurança jurídica e da coisa julgada, consagradas no art. 5º, XXXVI, da Constituição Federal.

Nessa linha, vale destacar a matéria objeto dos Temas de Repercussão Geral 360 e 733, ambos já julgados pelo Supremo Tribunal Federal, cujas teses transcrevemos abaixo:

Tese do Tema 360 de Repercussão Geral:

> São constitucionais as disposições normativas do parágrafo único do art. 741 do CPC, do § 1º do art. 475-L, ambos do CPC/73, bem como os correspondentes dispositivos do CPC/15, o art. 525, § 1º, III e §§ 12 e 14, o art. 535, § 5º. São dispositivos que, buscando harmonizar a garantia da coisa julgada com o primado da Constituição, vieram agregar ao sistema processual brasileiro um mecanismo com eficácia rescisória de sentenças revestidas de vício de inconstitucionalidade qualificado, assim caracterizado nas hipóteses em que (a) a sentença exequenda esteja fundada em norma reconhecidamente inconstitucional, seja por aplicar norma inconstitucional, seja por aplicar norma em situação ou com um sentido inconstitucionais; ou (b) a sentença exequenda tenha deixado de aplicar norma reconhecidamente constitucional; e (c) desde que, em qualquer dos casos, o reconhecimento dessa constitucionalidade ou a inconstitucionalidade tenha decorrido de julgamento do STF realizado em data anterior ao trânsito em julgado da sentença exequenda.

Tese do Tema 733 de Repercussão Geral:

> A decisão do Supremo Tribunal Federal declarando a constitucionalidade ou a inconstitucionalidade de preceito normativo não produz a automática reforma ou rescisão das

decisões anteriores que tenham adotado entendimento diferente. Para que tal ocorra, será indispensável a interposição de recurso próprio ou, se for o caso, a propositura de ação rescisória própria, nos termos do art. 485 do CPC, observado o respectivo prazo decadencial (CPC, art. 495).

Conforme se extrai do item "c" da tese do Tema 360, a eficácia rescisória dos embargos à execução (art. 884, § 5º, da CLT)[(10)] somente é possível quando a declaração de constitucionalidade ou de inconstitucionalidade pelo Supremo Tribunal Federal tenha sido anterior ao trânsito em julgado. Em outras palavras, nas hipóteses em que o trânsito em julgado da sentença reconhecendo a responsabilidade solidária do grupo configurou-se antes da conclusão do julgamento do Tema 1.232, a coisa julgada prevalece em relação à decisão da Corte Constitucional.

### 3.2. Não aplicação nas ações nas quais se condenaram solidariamente empresas do grupo, em decisão na fase de execução já transitada em julgado

Nos casos em que a responsabilização de empresas do grupo tenha sido objeto de discussão em incidente de desconsideração da personalidade jurídica na execução, embargos à execução ou embargos de terceiro, com trânsito em julgado anterior à conclusão do julgamento do Tema 1.232, também incide a premissa exposta no item "c" da tese do Tema 360, devendo prevalecer a coisa julgada, sob pena de se instaurar um cenário de absoluta insegurança jurídica.

Importante observar que a decisão que julga o incidente de desconsideração da personalidade jurídica e analisa o mérito do pedido de desconsideração faz coisa julgada, conforme arts. 356, §3º, 502 e 503 do CPC e 836 da CLT.

### 3.3. O Tema 1.232 não incide nos casos em que se discute a sucessão empresarial ou fraude à execução

A tese proposta no Tema 1.232, se aprovada pelo Plenário, não deve se aplicar a outras hipóteses estranhas ao objeto do tema, não incidindo por analogia ou extensivamente nos processos em que se debate a inclusão de empresas sucessoras.

De fato, o Tema 1.232 não versa sobre sucessão, que não se confunde com grupo de empresa, sendo, inclusive, regulado por regras específicas na CLT, nos arts. 10,[(11)]

---

(10) *Art. 884, § 5º Considera-se inexigível o título judicial fundado em lei ou ato normativo declarados inconstitucionais pelo Supremo Tribunal Federal ou em aplicação ou interpretação tidas por incompatíveis com a Constituição Federal.*

(11) *Art. 10 – Qualquer alteração na estrutura jurídica da empresa não afetará os direitos adquiridos por seus empregados.*

448[12] e 448-A.[13] Nesse sentido, a 1a Turma do Supremo Tribunal Federal já julgou improcedente a Reclamação Constitucional 58.577, na qual se pretendia a suspensão de uma execução contra sucessora em razão da decisão liminar proferida no Tema 1.232:

> EMENTA: AGRAVO INTERNO NA RECLAMAÇÃO. EXECUÇÃO. DIRECIONAMENTO A EMPRESA QUE NÃO CONSTOU DA FASE DE CONHECIMENTO. ALEGAÇÃO DE OFENSA À ORDEM DE SUSPENSÃO NACIONAL DE PROCESSOS PROFERIDA NO RE 1.387.795 – TEMA 1.232 DA REPERCUSSÃO GERAL. DESCABIMENTO. AUSÊNCIA DE ESTRITA ADERÊNCIA ENTRE O CASO CONCRETO E O PARADIGMA. DECISÃO DE ORIGEM QUE RECONHECE FRAUDE TRABALHISTA NA SUCESSÃO EMPRESARIAL. AGRAVO A QUE SE NEGA PROVIMENTO.
>
> (STF – Rcl: 58.577 AP, relator: Luiz Fux, 1ª Turma, Data de Publicação: 26.6.2023)

Igualmente, o Tema 1.232 também não incide nas hipóteses de redirecionamento da execução contra terceiro por fraude à execução, por falta de aderência estrita entre a hipótese fático-jurídica (fraude à execução) e o precedente, que versa sobre grupo de empresas.

A propósito, ao deliberar sobre a suspensão de execuções determinada liminarmente no Tema 1.232, o Supremo Tribunal Federal já analisou a questão, refutando a configuração de identidade material, como se verifica no julgado abaixo:

> RECLAMAÇÃO. TRABALHISTA. ALIENAÇÃO DE IMÓVEL: FRAUDE À EXECUÇÃO. ALEGADA CONTRARIEDADE À DETERMINAÇÃO DE SUSPENSÃO NACIONAL NO RECURSO EXTRAORDINÁRIO N. 1.387.795-RG, TEMA 1.232: AUSÊNCIA DE IDENTIDADE MATERIAL. PRECEDENTES. RECLAMAÇÃO À QUAL SE NEGA SEGUIMENTO.
>
> (STF – Rcl: 61.022 MG, Relatora: Cármen Lúcia, Data de Publicação 3.8.2023)

## 4. Possíveis repercussões do Tema 1.232 sobre a desconsideração da personalidade jurídica contra sócios no Processo do Trabalho

Muito embora o Tema 1.232 não trate da responsabilização dos sócios por meio da desconsideração da personalidade jurídica, acreditamos que a tese, conforme proposta pelo relator, provavelmente repercutirá na jurisprudência trabalhista sobre tal hipótese.

Isto porque, como visto, a tese apresentada pelo relator em seu voto (e acompanhada pelos ministros Alexandre de Moraes e Flávio Dino) estabelece que a desconsideração da personalidade jurídica para responsabilização de empresas do grupo somente pode ocorrer se estiverem presentes os pressupostos do art. 50 do Código Civil.

---

(12) *Art. 448 – A mudança na propriedade ou na estrutura jurídica da empresa não afetará os contratos de trabalho dos respectivos empregados.*

(13) *Art. 448-A. Caracterizada a sucessão empresarial ou de empregadores prevista nos arts. 10 e 448 desta Consolidação, as obrigações trabalhistas, inclusive as contraídas à época em que os empregados trabalhavam para a empresa sucedida, são de responsabilidade do sucessor.*

Assim, é possível extrair dos fundamentos do voto do relator a premissa de que a desconsideração da personalidade jurídica no Direito do Trabalho somente se revela lícita quando configurado o abuso da personalidade jurídica, nos moldes do art. 50 do Código Civil.

Nesse passo, caso a tese proposta prevaleça – o que acreditamos que deva ocorrer, como já referimos anteriormente – parece-nos difícil sustentar a aplicação da denominada Teoria Menor da desconsideração da personalidade jurídica a partir da conclusão do julgamento do Tema 1.232, não mais se aplicando a norma do art. 28 do Código de Defesa do Consumidor. Será necessário demonstrar a ocorrência de abuso da personalidade jurídica, caracterizado pelo desvio de finalidade ou pela confusão patrimonial, à luz do art. 50 do Código Civil.

Em que pese sejamos adeptos à corrente que ainda adota a Teoria Menor no Direito do Trabalho, reiteramos que, em razão do caráter obrigatório das decisões de recursos extraordinários com repercussão geral, a tese proposta no Tema 1.232, se aprovada, terá eficácia vinculante, de modo que os órgãos do Poder Judiciário Trabalhista deverão segui-la, nos termos dos arts. 926, 927, III, e 988, § 5º, II, do Código de Processo Civil.

## 5. Considerações finais

O Tema 1.232 de Repercussão Geral trata de alguns dos temas de maior recorrência nas execuções trabalhistas: a possibilidade ou não de inclusão de empresas do grupo na fase de execução e a necessidade de adoção do incidente de desconsideração da personalidade jurídica para tal fim.

No voto do ministro relator – que tende a ser seguido pela maioria dos ministros – fixaram-se três premissas a proposta de tese: (i) possibilidade de redirecionamento da execução contra empresas do grupo que não participaram da fase de conhecimento; (ii) necessidade de instauração de incidente de desconsideração da personalidade jurídica; e (iii) observância dos pressupostos do art. 50 do Código Civil (abuso da personalidade jurídica).

De acordo com a proposta apresentada no voto-relatório, a não aplicação do art. 513, § 5º, do CPC ao Processo do Trabalho não configura violação ao art. 97 da Constituição Federal nem afronta à Súmula Vinculante 10, pois decorre da interpretação normativa infraconstitucional em razão da existência de outras normas aplicáveis, especialmente o art. 2º, §§ 2º e 3º, da CLT.

Contudo, pela tese proposta, o direcionamento da execução contra empresa do grupo que não participou da fase cognitiva deve ser precedida do incidente de desconsideração da personalidade jurídica, sob pena de violação do contraditório substancial, ampla defesa e devido processo legal.

Além de exigir a instauração do incidente de desconsideração da personalidade jurídica, a tese proposta no Tema 1.232 vai além, estabelecendo os parâmetros materiais para a responsabilização de empresas do grupo.

Segundo o voto do relator, a responsabilidade dos integrantes do grupo não decorre exclusivamente da demonstração do interesse integrado, da efetiva comunhão de interesses ou da atuação conjunta das empresas dele integrantes, conforme disposto no art. 2º, § 3º, da CLT. Deve estar presente, também, o requisito estabelecido no art. 50 do Código Civil, qual seja, o abuso da personalidade jurídica, caracterizado pelo desvio de finalidade ou pela confusão patrimonial.

Entendemos que a análise e fixação dos requisitos para configuração do grupo de empresas e sua responsabilização, no âmbito do Direito do Trabalho, ultrapassa o objeto da delimitação do tema objeto do 1.232, já que a discussão restringia-se à possibilidade de inclusão na fase de execução de empresa integrante do grupo, tendo em vista o disposto no art. 513, § 5º, do CPC. Contudo, apesar de tal extrapolação, caso a tese proposta seja aprovada, terá eficácia vinculante, de modo que os órgãos do Poder Judiciário Trabalhista deverão segui-la, nos termos dos arts. 926, 927, III, e 988, § 5º, II, do Código de Processo Civil.

Levando em conta que a tese proposta pelo ministro relator no Tema 1.232, se aprovada, acarretará mudanças sensíveis em relação à jurisprudência prevalecente dos tribunais trabalhistas, a modulação dos efeitos da decisão, nos moldes do art. 927, § 3º, do Código de Processo Civil, evitaria diversas divergências acerca da aplicação ou não da tese em processos nos quais a matéria já tenha sido decidida anteriormente.

Contudo, caso não seja estabelecida a modulação, entendemos que o Tema 1.232 não será aplicável nos casos em que a responsabilização de empresas do grupo tenha sido reconhecida por sentença na fase de conhecimento.

Primeiro, porque o Tema 1.232 versa sobre a inclusão de empresas do grupo na fase de execução — e não na fase cognitiva. Ademais, quando já houve o trânsito em julgado da decisão que decidiu sobre a responsabilização de empresa integrante do grupo, deve prevalecer a coisa julgada, em consonância com as teses dos Temas de Repercussão Geral 360 e 733, ambos já julgados pelo Supremo Tribunal Federal, prestigiando, assim, as garantias fundamentais da segurança jurídica e da coisa julgada.

Igualmente, nos casos em que a responsabilização de empresas do grupo tenha sido reconhecida em incidente de desconsideração da personalidade jurídica na execução, embargos à execução ou embargos de terceiro, com trânsito em julgado anterior à conclusão do julgamento do Tema 1.232, também incide a premissa exposta no item "c" da tese do Tema 360, devendo prevalecer a coisa julgada, sob pena de instauração de absoluta insegurança jurídica.

A tese proposta no Tema 1.232, se aprovada pelo Plenário, não se aplicará a outras hipóteses estranhas ao objeto do tema, não incidindo por analogia ou extensivamente nos processos em que se debate a inclusão de empresas sucessoras. Igualmente, também não deverá ser aplicada aos casos em que se direciona a execução contra terceiro por fraude à execução, por falta de aderência estrita.

Muito embora o Tema 1.232 não trate da responsabilização dos sócios por meio da desconsideração da personalidade jurídica, acreditamos que a tese, conforme proposta pelo relator, provavelmente repercutirá na jurisprudência trabalhista sobre tal hipótese. Após a conclusão do julgamento, será difícil sustentar a aplicação da denominada Teoria Menor da desconsideração da personalidade jurídica no Direito do Trabalho, não mais se aplicando a norma do art. 28 do Código de Defesa do Consumidor.

Em síntese, a decisão do Supremo Tribunal Federal no Tema 1.232 de Repercussão Geral poderá redefinir os contornos da responsabilidade solidária trabalhista entre empresas do grupo econômico. Em tal contexto, é crucial que os operadores do Direito do Trabalho se atentem às repercussões práticas das novas diretrizes e que as decisões judiciais sejam embasadas em provas sólidas e criteriosas da ocorrência do abuso da personalidade jurídica. Apenas assim será possível alcançar um equilíbrio entre os princípios da celeridade e efetividade processuais e da proteção dos direitos dos trabalhadores e da função social da empresa.

Como visto, a conclusão do julgamento do Tema 1.232 trará importantes mudanças no Direito do Trabalho e no Processo do Trabalho. Assim, o presente artigo tem o propósito de contribuir para o debate acerca dos assuntos relacionados ao Tema 1.232, sem nenhuma pretensão de esgotar o tema.

## Referências

DELGADO, Mauricio Godinho. *Curso de Direito do Trabalho*. 16. ed., rev. e ampl. São Paulo: LTr, 2017.

TRT-3. *APPS 0010148-21.2020.5.03.0112*. Rel. Rodrigo Ribeiro Bueno, 9ª Turma, Publicação 4.2.2022.

TST. *TST-RR-79400-82.2005.5.02.0042*. Relª.: Desª. convocada Cilene Ferreira Amaro Santos, 6ª Turma, Publicação: *DEJT* 31.05.2019.

______. *TST-RR-1001625-96.2018.5.02.0048*. Rel. Ives Gandra da Silva Martins Filho, Publicação: 10.12.2021.

______. *ADPF 488*. Relª. Minª. Rosa Weber, Tribunal Pleno, Data de Publicação 16.2.2022.

______. *AgReg ADPF 951 DF*. Rel. Min. Alexandre de Moraes, Tribunal Pleno, Data de Publicação: 6.2.2024.

STF. *Rcl 52.864-AgR*. Rel. Min. Dias Toffoli, 1ª Turma, *DJe* de 5.8.2022.

______. *Rcl 58.577 AP*. Relator: Luiz Fux, 1ª Turma, Data de Publicação: 26.6.2023.

______. *Rcl 61.022 MG*. Relatora: Cármen Lúcia, Data de Publicação 3.8.2023.

TAVEIRA, Ulisses de Miranda Taveira; TAVEIRA, Vinícius de Miranda Taveira. "Tema de Repercussão Geral 1.232: breves reflexões sobre repercussões da suspensão das execuções trabalhistas". *Migalhas*. Disponível em: https://www.migalhas.com.br/depeso/388297/tema-de-repercussao-geral-1-232.